哈尔滨商业大学应用经济学学科建设项目

# Research on EDUCATION FINANCE

# 教育财政研究

王曙光 苏兆斌 吴 迪 ◎著

中国财经出版传媒集团

经济科学出版社

Economic Science Press

育财政进行比较分析，探索教育财政创新发展举措。

本书引用的有关数据除特别标注或说明外，均来源于《中国统计年鉴》《中国财政年鉴》《中国教育经费统计年鉴》和政府官网公布的数据资料；书中涉及或阐释的政策、法律法规和数据资料，时间截至2021年12月底。

本书由哈尔滨商业大学王曙光、南宁师范大学苏兆斌和三明学院吴迪撰写，王曙光教授负责全书策划与总纂。在撰写过程中，哈尔滨商业大学王征宇和章力丹、浙江省交通职业技术学院孙涛、黑龙江东方学院王晰，以及研究生蔡璇、李贺、张泽群、朱家莹、黄鹏、白佳艳和许泽旌参加了部分内容的撰写、数据统计和文字校对等工作。此外，对本书参考文献和引文的作者致以崇高的敬意，并对哈尔滨商业大学的有关领导和同仁，以及经济科学出版社责任编辑初少磊、赵蕾和尹雪晶所提出的宝贵意见表示由衷的感谢！

由于时间和作者水平所限，书中的不足或错误在所难免，希望专家学者和读者批评指正。

作者

2021 年 12 月

# 目  录

**第一章  教育财政基础理论** ........................... 001

第一节  厘清市场与政府的关系 ................ 001

第二节  财政历史变迁及其职能 ................ 021

第三节  教育财政的内涵与改革 ................ 037

**第二章  教育财政收支规模** ........................... 054

第一节  教育财政收支基础理论 ................ 054

第二节  教育财政收入规模分析 ................ 059

第三节  教育财政支出规模分析 ................ 065

**第三章  教育财政管理体制** ........................... 079

第一节  教育财政体制基础理论 ................ 079

第二节  教育财政体制基本内容 ................ 090

第三节  教育财政体制总体评价 ................ 096

**第四章  教育财政政策机制** ........................... 107

第一节  教育财政政策基础理论 ................ 107

第二节　教育财政政策历史变迁　　117

第三节　教育财政政策收益价值　　135

第五章　教育财政经济分析　　143

第一节　教育财政经济基础理论　　143

第二节　教育财政与经济的关系　　162

第三节　教育财政经济实证分析　　173

第六章　教育财政效益研究　　188

第一节　教育财政效益基础理论　　188

第二节　教育财政效益评价分析　　191

第三节　教育财政成本管理问题　　196

第七章　教育财政效率分析　　205

第一节　教育财政效率基础理论　　205

第二节　政府教育资源效率管理　　210

第三节　中国教育财政效率分析　　227

第八章　高等教育财政研究　　240

第一节　高等教育财政基础理论　　240

第二节　国外高等教育财政模式　　254

第三节　中国高等教育财政战略　　262

第九章　非政府教育投融资　　270

第一节　民办教育经费的投融资　　270

第二节　个人教育投资及其学费　　291

第三节　社会教育捐赠资金规制　　294

第四节　民间借贷教育资金分析　　298

参考文献　　308

# 第一章

## 教育财政基础理论

　　教育是按照一定要求培养人的工作，它是国家"科教兴国"战略的关键，必须把教育事业放在优先位置。财政是国家参与社会产品或国民收入分配的行为活动，是一个古老的历史范畴和经济范畴，是现代经济社会发展不可或缺的重要工具。"财政是国家治理的基础和重要支柱"，教育财政既是政府对教育经费和其他相关教育资源管理的重要手段，又是公共财政的重要内容。本章主要释析、厘清市场与政府的关系、财政历史变迁及其职能、教育财政的内涵与改革三个问题，其中，市场经济与政府的关系包括市场经济的界定、市场效率与公平、市场有效与失灵和政府干预与失效；财政历史变迁及其职能包括财政概念及公共财政的概念、职能和改革；教育财政的内涵与改革包括教育财政的概念、变迁、基础和改革。

## 第一节

### 厘清市场与政府的关系

　　党的十九大明确提出"使市场在资源配置中起决定性作用，更好发挥政府作用"，为处理好市场与政府关系提出了政策要求。因此，必须强化市场与政府功能的有机配合，尊重和重视市场规律，充分发挥政府引导作用。政府要为市场发挥作用创造必要的条件和环境，为市场经济发展"保驾护航"，有效提供公共产品与服务，解决政府财政的"越位""缺位"的问题。

## 一、市场经济的界定

一般认为，市场的含义包括两种解释：一是起源于古时人类对固定时段或地点进行交易的场所的称呼，现指商品和劳务交换的场所，其主体是市场参与者，客体是主体在市场活动中的交易对象；二是指市场机制，即市场各构成要素之间相互影响、相互制约的关系及特定资源配置功能的实现方式。这里所称的市场是指市场机制。市场机制使市场分配成为最基本的分配形式，包括各种市场资源和劳动产品，都是通过市场交换来进行分配，实行"各增其值、等价交换"的原则。

对市场经济的含义，人们的看法不尽一致。一般认为，市场经济又称自由市场经济或自由企业经济，是指产品和服务的生产及销售完全由自由市场的自由价格机制所引导的社会经济。在理论上，市场经济是自由的经济、公平的经济、文明的经济，是以市场机制作为配置资源的基础手段，是生产社会化和商品经济发展到一定高度的产物，具有自发性、盲目性、竞争性和滞后性等特点。中国社会主义市场经济与社会主义基本制度相结合，市场经济体系包括生产资料市场、消费品市场、劳动力市场、资本市场、技术市场、信息市场和房地产市场等。

## 二、市场效率与公平

### （一）效率的含义与标准

#### 1. 效率的含义

效率（efficiency）一词来源于自然科学，原本是物理学、机械学中的概念，后被应用于相应的工程领域。其含义是有效输出量对输入量的比值，具有数量的概念。一般而言，效率是指单位时间内完成的工作量。现代经济学所说的效率，通常是指市场经济条件下的资源配置效率。如果一个社会的资源配置能使社会总福利和总剩余最大化，这个社会的资源配置就是有效率的。

由于资源的稀缺性，人们不得不考虑如何利用有限的资源来满足人类无穷的欲望，因此人类需要不断地进行资源的调整配置，以使其达到最有效的使用。资源配置合理与否，对一个国家经济发展水平有着极其重要的影响。一般来说，资源如果能够得到相对合理的配置，经济效益就会显著提高，经济就能充满活力；否则，经济效益就可能低下，经济发展就会受到阻碍。

**2. 效率的标准**

效率标准可用帕累托最优判断，帕累托最优又称帕累托效率，是由意大利经济学家维尔费雷德·帕累托提出，是指在既定的个人偏好、生产技术和要素投入量下，资源配置已达到了这样一种境地：无论任何改变都不可能使一个人受益而其他人不受损。也就是说，如果要增加一个人的效用，就必须以减少他人的效用为代价。

帕累托最优是实现资源配置的一种理想状态，但仅以此作为评价的唯一标准是不全面的。一个饥肠辘辘的乞丐从一个挥霍无度的富翁处拿走一个面包，也不是帕累托更优或效率提高。如果社会财富只被少数人拥有而大多数人仍旧贫困，这时的社会经济福利水平不值得称赞。此外，帕累托最优只是阐明资源配置的理想状态而没有涉及分配问题，可见效率标准有一定的缺陷，应引入公平标准。

**（二）公平的含义与标准**

**1. 公平的含义**

公平一般是指人们对一定社会历史条件下人与人之间利益关系的一种评价。其内涵是经济公平和社会公平。

（1）经济公平。经济公平是指国家对每一个社会成员参与竞争、就业等一切经济活动的资格一视同仁，所有社会成员按同一规则参与经济活动，个人按其生产贡献份额获取相应的收入份额，即机会均等。经济公平追求的是竞争规则和参与过程的公平，强调要素投入和要素收入相对称，是在平等竞争的环境下通过等价交换原则来实现的，是市场经济的内在要求。

（2）社会公平。社会公平是指国家通过对国民收入和社会财富的调节与再分配，以达到社会普遍认可的公平和公正的要求，即结果公平。例如，通过社会保障和财政补贴对缺乏竞争能力的弱者提供帮助，通过税收对个人收入和财产进行调节，避免两极分化。因此，社会公平是收入分配的理想状态，贫富差距大是不公平的体现，而缩小贫富差距就是促进公平。

**2. 公平的标准**

公平是一种价值判断，即主观认识对客观存在的一种反映，不同的人会有不同的公平观，不同社会制度下人们对公平也会有不同的价值判断与评价分析。这里采用功利主义标准和罗尔斯标准。

（1）功利主义标准。由边沁（Jeremy Bentham）提出。边沁认为，全部社会福利是每个人的效用之和、社会福利最大化，即总福利和平均福利的最大化。该标准强调社会所认可的公平是每个人的收入和财富相同，即最终走向平均主义。

（2）罗尔斯标准。由约翰·罗尔斯（John Rawls）提出。罗尔斯认为，社会公平状况取决于社会中生活处境最差的那个人。例如，A 和 B 两个国家，A 国人均年收入 10000 美元，但最低收入仅为 1000 美元；B 国人均年收入 5000 美元，最低收入也是 1000 美元，罗尔斯认为 B 国相对于 A 国公平。该标准最大限度地保护了社会中可能出现的弱势群体，要求政府帮助社会中处境最差的人。

**3. 公平的计量**

在现实生活中，对公平精确量化确有较大的困难。根据经济学和社会学研究惯用的计量方法，对公平的衡量主要采用基尼系数和贫困指数两种方式。

（1）基尼系数。基尼系数是意大利经济学家科拉多·基尼（Corrado Gini）于 1922 年提出的定量测定收入分配差异程度的数值。基尼系数一般是指不公平收入占全部收入的比例。图 1 - 1 展示了洛伦兹曲线，由绝对平等线和实际洛伦兹曲线所围成的面积 A，除以由绝对平等线和绝对不平等线所围成的三角形 OFE 的面积（A + B），即为基尼系数。

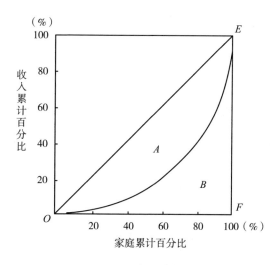

图 1-1　洛伦兹曲线

以基尼系数表示的公平是结果公平，其值为 0~1，越接近 0 表明收入分配越是趋向平等；反之表明收入分配越趋向不平等。国际上认定的标准为：基尼系数在 0.2 以下表示绝对公平；0.2~0.3 表示较为平均；0.3~0.4 表示较为合理；0.4~0.5 表示贫富差距较大；0.5 以上说明收入差距相当悬殊。

2012 年 12 月西南财经大学中国家庭金融调查显示：2010 年中国家庭的基尼系数为 0.61，大大高于 0.44 的全球平均水平。国家统计局数据显示：2012~2016 年中国居民收入的基尼系数总体呈下降趋势，分别为 0.474、0.473、0.469、0.462 和 0.465，虽然 2016 年同比提高了 0.3 个百分点，但并没有改变其总体下降的趋势。

（2）贫困指数。贫困指数是指处于贫困线以下的人口占社会总人口的比例。其比例越大说明贫困者越多，收入分配相应也就越不公平；反之则体现为公平。计算贫困指数的前提是确定某一收入水平为贫困线，通常为满足基本生活水平所需要的收入，但其中基本生活水平的标准具有不确定性。若贫困线定得高，贫困指数所反映的公平程度就会低一些；如果降低一些，贫困指数所反映的收入分配状况就会变好，因此用贫困指数来反映收入分配的公平性程度有一定的偏差或困难。

世界各国确定贫困标准应综合考虑财力、收入水平和生存需要等因素，因国情不同而标准各异。一般分为绝对贫困和相对贫困，前者指难以维持基本生活，是可以消除的；后者指无法过上大多数人的生活，是长期存在的。国际和中国贫困标准是不断调整的，世界银行公布的贫困线，从1990 年的每人每天生活费 1.01 美元调至 2015 年的 1.90 美元，发展中国家使用 3.10 美元的一般贫困标准；① 2018 年 10 月新标准确定为：中等偏低收入贫困线为每人每天生活费 3.2 美元（约合人民币 12.2 元），中等偏高收入贫困线为每人每天 5.5 美元（约合人民币 21 元）。

1985 年，中国确定人均年纯收入 200 元作为贫困线，以后根据物价指数等因素逐年进行调整，如 2001 年调至 865 元、2010 年调至 2300 元、2015 年调至 2968 元，2020 年调至 4000 元。可以看出，中国的贫困标准与国际标准还有一定的差距。2015 年美国、日本和欧洲主要发达国家已消除绝对贫困，但相对贫困率仍高达 15% 左右，而中国仅为 5.70%。2020 年3 月国家统计局发布的《中华人民共和国 2019 年国民经济和社会发展统计公报》显示：2019 年末农村贫困人口 551 万人，同比减少 1109 万人；贫困发生率 0.6%，同比下降 1.1 个百分点。在精准脱贫政策下，中国在2020 年实现农村人口全部脱贫。

### （三）公平与效率的关系

#### 1. 公平与效率的统一性

公平与效率是既对立又统一的矛盾统一体，协调公平与效率的矛盾是现代市场经济正常运行和社会稳定的必要条件。公平与效率的统一性表现在以下两个方面。

（1）公平分配是提高效率的前提。只有重视保持收入公平分配，防止两极分化，才能激发劳动者的积极性，促进社会稳定和谐，最终促进效率的提高。

（2）提高效率是公平分配的基础。只有发挥市场分配机制的激励作用，提高企业和社会的劳动生产率，才能为社会不断创造出物质财富，才能实现人们生活水平不断提高基础上的社会公平。低效率只能带来社会普

①　杨正位，马海龙. 精准理解我国的贫困标准［N］. 经济日报，2016 – 09 – 14。

遍贫穷，而不能带来真正的公平。

**2. 公平与效率的协调性**

公平与效率总是不平衡的，或强调公平而损害效率，或强调效率而损害公平。我们必须充分认识公平与效率的内在统一性，效率是实现公平的物质基础，只有提高效率创造出更多的物质财富，才可为实现公平提供保证；而社会公平有利于提高劳动者的积极性，促进生产力发展与和谐社会建设。

协调公平与效率之间的关系应立足实际，具体问题具体分析。进行新时代中国特色社会主义建设，必须把效率作为优先考虑的目标，并采取有效措施防止收入分配差距过大及危害社会对收入的再分配，对低收入者及失业者予以保障，真正实现社会公平的目的。

## 三、市场有效与失灵

市场经济无疑是有效率的，亚当·斯密对此做过精彩的阐述，但效率的发挥需要满足一定的前提条件，否则就会出现市场失灵。

### （一）市场有效的特征与前提

**1. 市场有效的特征**

市场有效是指市场在完全竞争的理想状态下经济运行自发产生高效率。市场作为一种经济运行和资源配置方式，在有效配置资源、调动市场经济主体和各要素的积极性，以及提高经济运行效率等方面具有不可比拟的优越性。其特征主要体现在以下四个方面。

（1）自主性。在市场经济中生产什么、为谁生产、生产多少和怎样生产，以及投资方向与规模、买卖数量和消费方式，是由市场经济主体自主决定的，即各个市场主体必须能自主决策、自主经营和自负盈亏，并以实现利润最大化为目标。

（2）竞争性。为生存和发展、追求最大利润，参与市场经济中的各个市场主体必然会展开激烈的竞争，一般通过采用先进技术、加强经济管理、提高商品与服务质量、降低成本等措施来占领市场，以最大限度地获取利润。

（3）平等性。各个市场主体应遵循统一的市场法则，按照公平、公正、公开原则进行竞争，保证其在市场经济活动中具有完全平等的地位和权利。

（4）法制性。市场经济在某种意义上是一种法治经济，它要求市场竞争和一切经济活动都要在科学、严谨的法制框架内有序地进行；要有一整套法律、法规、规章制度来规范市场主体的行为，并维护正常的市场秩序。

**2. 市场有效的前提**

市场机制可实现交换、生产、交换和生产的帕累托最优，但最优条件需要有特定的前提，该前提就是完全竞争市场。所谓完全竞争市场，是指竞争充分而不受任何阻碍和干扰的一种市场机制。

完全竞争市场的假设条件：一是市场上有数量众多的生产者和消费者，且任何一个生产者或消费者都不具备影响市场价格的能力；二是企业产品具有同质性，不存在差别；三是厂商可自由进出一个行业而不存在任何障碍，所有的生产要素都能自由流动；四是市场上的信息是完全的和充分的。

## （二）市场失灵的含义与表现

经济市场中所有的生产者和消费者从自身利益最大化和理性行为方式出发，通过市场竞争、供求与价格引导的相互作用，进而推动社会资源配置达到最优状态。当完全竞争市场条件不具备时，市场效率不复存在，就会导致"市场失灵"。

**1. 市场失灵的含义**

市场失灵是指市场机制本身存在无法解决的或解决不好的缺陷或问题。如果完全依靠市场机制的作用，就无法或不能充分实现社会资源的最优配置和社会福利的最佳状态。帕累托效率为实行市场经济社会描述了一种合理配置资源的最理想状态，但现实中大多数经济活动都可能是以其他人情况变坏为条件，而使某些人的情况变得更好。

因此，可将帕累托效率释义为：经济活动的任何措施都应使"得者所得大于失者所失"。从全社会看，如果任何重新调整和改变会使社会福利大于由此而产生的社会成本，即在受损者得到充分的利益补偿后还有社会福利的净增加，那么这种改变和调整就是有效率的。由于市场失灵的存在，完全依靠市场机制本身是不能达到这种社会资源配置的帕累托最优状态的。

**2. 市场失灵的表现**

（1）垄断的形成。市场经济的首要特征是市场主体选择和决策的自主性，在完全竞争的条件下有众多的生产者和消费者，但不能控制市场。在价格机制作用下，各种资源能在各部门、各行业之间进行合理、自由流动，价格机制使各种资源能流向高效率的企业，使资源配置能够达到最优状态。然而现实中并不存在或不是永远存在这种完全竞争的自由市场，一些具有天然垄断性质的行业，如供水和供电规模经济效益明显，这就意味着市场机制在这些领域存在天然失灵的可能性。随着生产经营规模不断扩大，生产经营越来越集中到少数企业，并控制一些行业和部门，从而产生垄断现象。自然垄断的平均成本和需求曲线如图1-2所示。

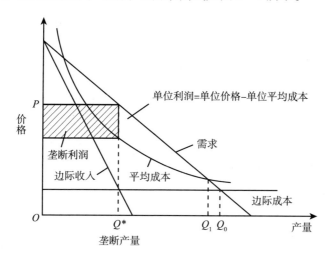

**图1-2　自然垄断需求与成本示意**

由图1-2可知，生产的平均成本随着生产规模的扩大而不断减少，因而仅有一家企业从事该行业的经营是最有效的；在不亏本的前提下，该企业最大的可变产量处于$Q_1$处，即当需求曲线与平均成本曲线相交时处于不亏不盈的状态；自然垄断的企业也不能按边际成本定价，因为边际成本低于平均成本，如果没有政府干预，垄断企业将会限制其产量于$Q^*$处，企业的边际收入等于边际成本，企业将获得垄断利润，垄断利润的数额即为阴影表示的面积。

（2）市场不完全。市场无法有效提供的产品不仅是公共产品和其他有外部收益产品，还有一些（私人）产品市场也无法提供或充分提供，即存在着市场不完全的问题。例如，在保险市场上保险业虽发展很快，但市场仍不能完全为个人面临诸多的重要风险提供保险，一方面是因为私人保险市场范围太窄；另一方面，有很多风险本身就是由政府行为引起的，如失业受政府宏观调控政策影响，因而政府部门可直接进入保险市场。

此外，市场在提供信贷上也远不够称职。例如，在中小企业贷款和住宅贷款等领域，市场上对资金的需求是大量存在的。但该类贷款的盈利并不高，甚至可能形成亏损，故这种私人产品金融单位（市场）并不愿意提供。对于尚处于起步阶段的市场经济，市场不完全的领域是非常广泛的。

（3）分配不公平。在市场经济条件下，每一个参与市场活动的人都是追求自身利益最大化的经济人，人与人之间又必然存在着差别，如在体格、天分、智力、学历、知识、技能、环境、家庭条件等各种先天和后天因素的差异，这种差异必然会影响个人在市场竞争中的能力，加之机会的不均等，从而影响每个人的收入分配。

市场经济就是靠收入差别来产生利益的刺激，从而优胜劣汰并带来效率。但如果完全自发地依靠市场机制来进行分配，那么个人收入差距会越来越大，贫富两极分化会越来越严重，甚至会违背人类社会最基本的公平准则。这不仅影响经济发展，还会带来社会的不稳定。可见，收入分配的不公平是市场机制无法依靠自身力量解决的难题之一。

（4）信息不对称。竞争性市场生产者和消费者要有充分、真实的信息进行决策，生产者应知道消费者需要何种商品、数量多少和需求变化，消费者想了解产品的品质和性能，不同的生产者、消费者之间也需要信息的沟通。

在市场经济条件下，生产者和消费者的生产、销售、购买都属于自身行为，不可能完全掌握充分的信息，加之"经济人"追求利润最大化的动机，信息掌握者通常只将对自己有利的信息提供给需求者或只提供部分信息，引致信息的提供者与需求者间的不对称，以及逆向选择风险，从而导致资源配置的低效率，这是市场机制本身无法解决的。

（5）外部效应性。外部效应是指私人成本与社会成本或私人得益与社会得益之间的非一致性，即某人或企业的行为活动影响了他人或其他企业却没有承担相应的成本或获得应有的报酬。包括正负两种类型：前者是给他人带来了利益却没有获得应有的报酬；后者是给他人造成了损失却没有承担相应的成本。外部效应的存在，导致具有外部效应的产品无法通过市场供给达到最优配置。

公共产品具有典型的正外部效应性，如治理环境污染、兴办义务教育给社会或他人带来利益，但这种活动完全依靠市场机制则无法获得应有的报酬，因而追求自身利益最大化、理性的市场主体就会更多地希望别人来生产和提供这类公共产品，自己则"免费搭车"。假设大家都这样想，必然会导致公共产品供应不足、社会福利遭受损失，而这正是市场主体进行自由选择的必然结果。

（6）偏好不合理。个人偏好的合理性是市场资源配置最优化的前提条件，因为市场是按所有个人偏好来配置资源的。在现实生活中，某些人某时对某产品的偏好是不符合理性要求的，如消费者对某产品的评价低于其合理评价而只愿意低价或免费享受，则该产品称为优效品；消费者对某产品的评价高于其合理评价而愿意高价享受，则该产品称为劣效品。

无论是优效品还是劣效品都违背了市场效率的条件，导致市场的无效率。就优效品而言，由于其具有较强的正外部性，社会边际收益往往超过个人边际收益，个人对社会收益的认知和评价不足，因此导致其支付意愿不强和消费不足；劣效品则恰恰相反，其负外部性较强，个人的边际收益往往超过社会的边际收益，从而产生过度消费的状况。

（7）经济波动性。经济周期是市场经济固有的特征，市场机制通过价格和产量的自发波动达到需求与供给的均衡，而过度竞争又不可避免地导致供小于求与供大于求的不断反复过程。供小于求，物价上涨，会导致通货膨胀；供大于求，压缩生产，会导致失业率上升。

自由放任的市场经济不可能自动、平稳发展，其原因：一是价格信号在某些重要的市场上并不具有伸缩自如、灵活反应的调节能力；二是从供求看，不同经济主体在实现其经济利益时所具有的竞争性和排他性，也会使市场的自发力不能经常保证供求平衡，从而使人员失业、通货膨胀、经济波动与失衡等问题周期性出现，甚至发展为经济危机。

综上所述，市场失灵是市场经济机制运行本身所固有的一种缺陷，是以居民和企业为主体的私人经济无力解决的问题，此时需要市场以外的力量来进行干预和调节，即需要以政府为主体的公共经济或公共财政的介入，用非市场机制方式来解决市场失灵的问题。可见，市场经济条件下为什么需要政府干预、政府如何干预等问题，都是以"市场失灵"为切入点来进行界定和分析的。

## 四、政府干预与失效

### （一）政府财政的目标

一般而言，"市场失灵"需要政府予以干预，其干预的核心是财政政策与货币政策。现代财政的公共性就是要实现或强调政府职能转变，政府职能回归到弥补市场缺陷、满足公共需要和提供公共产品上来。因此，满足公共需要和提供公共产品是政府财政的基本目标。

**1. 满足公共需要**

人类的一切活动都有自身的动机、都源于某种需要，政府财政活动也不例外。人类的社会需要可归结为私人需要和公共需要两类，政府财政活动以满足公共需要为目标。

（1）公共需要的含义。公共需要是指社会公众对公共产品与服务的需要。一般情况下，社会成员可无差别地共同享受政府为满足公共需要所提供的产品和服务，且不必承担相应的费用。公共需要是一种整体的、多数人的需要。

公共需要的基本属性：一是只有政府出面组织和实施才能实现的事务；二是只有政府举办才能有效协调各方面利益的事务；三是企业和个人不愿意举办而又是社会存在和发展所必需的事务。其内涵的"需要"是社会公众在生活和工作中共同的、可无差别共同享用的、需要付出部分代价的需要，且满足公共需要的物质手段是来自社会产品剩余的需要。

（2）公共需要的特征。公共需要既有一般性和共同性，又有历史性和特殊性。公共需要的一般性和共同性一方面是指公共需要在任何社会性质、发展阶段和社会形态下都是存在的；另一方面是指有些需要的项目（如国防、安全、教育、行政管理和社会保障等），在任何社会性质、发展阶段和社会形态下都属于公共需要的范畴。

公共需要的历史性和特殊性是指公共需要不是一成不变的，而是逐步发展变化的，具体存在于特定的社会形态之中。对公共需要的历史性、特殊性可沿着两条线索分析：一是社会生产力或经济发展的不同阶段，公共需要的具体内容及结构有所不同；二是社会生产关系发展的不同阶段，公共需要的认定及内容也存在差异。

（3）公共需要的范围。在公共需要中有些是任何个人或集团都无法满足和提供的，有些虽可由个人或集团提供，但由于其消费的不可分割性或存在规模效益而无法获得最佳的社会经济效益，因此对于这种"偏好一致性"的公共需要只能通过政府财政予以满足。在现代市场经济条件下，公共需要的范围主要是围绕实现政府职能的需要来确定的，总体上可分为以下三个方面。

第一，政府行使政治职能的需要。即政府财政对外防御侵略和敌对势力、对内保障社会政治经济秩序稳定的需要，如国防安全、外交、公检法司、中央政府及各级地方政府的行政管理等，这些都属于纯粹的公共需要。

第二，政府行使经济职能的需要。即政府财政保障市场经济顺利高效运行所必需的各种调控政策措施等的需要。现代市场经济条件下，应逐步取消或减少财政直接提供的公共产品，而以财政政策引导或控制为主。

第三，政府行使社会职能的需要。即政府财政提高人们生活质量和福利水平的一些公益性、基础性条件的需要，如文化教育、医疗卫生、社会保障和生态环境保护等，有的纯属公共需要，更多则是介于公共需要和私人需要之间的准公共需要。

**2. 提供公共产品**

在市场经济活动中，以弥补"市场失灵"为出发点的政府干预，属于政府的公共产品与服务的供给行为。现代政府主要的经济职责就是提供维持市场有效运转所需的公共产品，要理解政府财政就必须全面把握公共产品理论。

（1）公共产品的含义。公共产品的提出约在 20 世纪初，60 年代成为西方财政理论的重要组成部分。公共产品的严格定义由美国经济学家萨缪尔森（Samuelson）提出："公共产品是指这样一种产品，不论每个人是否愿意购买它们，它们带来的好处不可分开地散布到整个社区里。"① 我们认为，公共产品是指每个人对某产品的消费不会影响或减少他人对其消费的产品。即公共产品供消费者享用，不需要也不可能让其按市场方式分担费用或成本。

公共产品与私人产品、社会产品有着较大的区别。例如，公共产品与私人产品的提供者通常分别是政府部门和私人部门，但私人产品并不一定完全由私人部门提供，如政府部门提供给个人的食品和住房等；反之，公共产品也不排除由私人部门提供的可能，如个人捐建的学校和图书馆等公共设施。社会产品是由物质生产部门创造的物质产品，通常不包括社会服务，更不包括精神产品；而公共产品不仅指物质产品和公共服务，还包括无形产品和精神产品。

（2）公共产品的特征。公共产品与其他产品尤其是私人产品相比，具有以下四个特征。

第一，消费的非排他性。其非排他性是指某个人或集团对公共产品的消费，并不影响或阻碍其他人或集团同时消费该产品，如人们享受新鲜的空气，在一般情形下如果让某个人不享受显然是不可能的。其内涵：一是技术上找不到办法能阻止他人享受公共产品；二是技术上可行而经济上不可行；三是不可拒绝性。而私人产品具有排他性，消费者为产品付钱后他人就不能享用该产品。

第二，获取的非竞争性。其非竞争性是指一部分人对某一产品的消费不会影响其他人对该产品消费的数量和质量，受益对象之间没有利益冲突，如国防、外交和环保等产品。其内涵：一是边际成本为零，即增加一

---

① ［美］萨缪尔森. 经济学［M］. 12 版. 北京：华夏出版社，1996.

个消费者但不增加供给者的边际成本；二是边际拥挤成本为零，即产品共同消费，不存在消费中的拥挤现象。私人衣服、食品和住宅等产品，消费者一般需要通过市场获取。

第三，效用的不分割性。不分割性是指公共产品是面向整个社会或群体提供的，即所提供的公共产品是不能分割成若干部分而分别归个人或集团消费，如安全和国防等。根据受益范围的大小，可将公共产品分为全国性或区域性的，但它必须向该区域的所有成员提供其效用。而私人产品的效用则具有可分割性，如私人用的衣服和食品等消费品。

第四，目的的非营利性。非营利性是指提供的公共产品与服务不以营利为目的，而是为满足社会公共需要或为社会提供市场不能提供或提供不足的公共产品与服务，并以追求社会利益和社会福利的最大化为目标，如城市公共绿地和城乡义务教育等。而私人产品与服务的提供则是为追求利润或利益的最大化，如个人的家庭用车和家政服务等。

公共产品的上述四个特征是密切联系的，核心特征是非排他性和非竞争性，其他两个特征是其必然的外延或延伸。

（3）公共产品的类型。按照公共产品特征划分，可分为以下三类。

第一，纯公共产品。纯公共产品是指同时具有非排他性和非竞争性的产品。它具有规模经济的特征，消费上不存在"拥挤效应"，一般不能通过技术手段进行排他使用，否则代价将非常昂贵，如国防和秩序等。国家建立防务体系，就几乎不可能排除任何居住在境内的人不受保护，即便是罪犯。此外，多一个婴儿出生或多一个移民，也不会增加该国的国防费或妨碍其他人享受保护。

第二，俱乐部产品。俱乐部产品是指那些受益人相对固定、通过俱乐部形式组织起来的利益共同体所提供的公益性产品。俱乐部会员有明确的身份，且需要分担俱乐部的产品成本。其产品特点是消费上具有非竞争性，但却可轻易排他，如公共游泳池和公园等，故而将其形象地称为俱乐部产品。该公共产品可通过收费方式把不付费的消费者排除在外，即有票者可消费，无票者则不能消费。

第三，公共资源产品。公共资源产品是指资源具有公共性质、社会公众拥有使用与消费权利的产品。其产品特点是消费上具有竞争性，但无法有效排他，如学校教育和路桥等。它具有拥挤性，当消费者的数量增加到"拥挤点"以后就会出现边际成本为正的情况，即每增加一个消费者将会减少原有消费者的使用效应。因而谁来得早谁就可能获得消费和满足，因而具有一定的竞争性。

需要说明的是，俱乐部产品和公共资源产品通称为"混合产品""准公共产品"，即不同时具备非排他性和非竞争性。在现实生活中，真正的纯公共产品并不多，多数产品属于介于公共产品与私人产品之间的"准公共产品"。

（4）公共产品的提供。公共产品的提供方式包括政府提供、私人提供、混合提供和俱乐部提供等类型。其中，政府提供即公共提供，在经济上主要依靠税收；俱乐部提供的重要特征是俱乐部产品只对其成员提供，即只有俱乐部成员的身份才能消费俱乐部产品；私人提供即自愿提供，共同消费者根据享受的公共产品的边际效用支付公共产品的价格，个体或单位处于慈善或某种价值追求志愿提供社会所需的公共产品；混合提供即公私合作，是在公私部门之间将"提供与生产"进行分工，可广泛引入外包等市场机制。公共产品提供方式的不同组合见表1-1。

表1-1　　　　　　　　　　公共产品提供方式的不同组合

| 提供方式 | 公共生产 | 私人生产 |
| --- | --- | --- |
| 政府提供 | 政府生产政府提供，如公立学校、图书馆和体育场等 | 私人生产政府提供，如监狱外包和城市环保外包等 |
| 私人提供 | 政府生产私人提供，如电力、燃气和自来水供应等 | 私人生产私人提供，如私立学校和图书馆等 |
| 混合提供 | 政府生产混合提供，如收学费的公立大学和城市公共交通等 | 私人生产混合提供，如享受政府补贴的私立学校等 |

由上述分析可知，市场只适用于提供私人产品和服务，对提供公共产品是失效的，而提供公共产品恰恰是政府活动的领域，是政府的首要职责。传统上政府直接负责公共产品的生产与提供，存在着公共产品过度提供、财政赤字负担过重和无法迅速回应公众多元化需求等诸多问题，使政府承担了越来越多的对经济活动的规制和干预功能，财政支出规模也与日俱增。而现代财政学则关注政府提供公共产品与市场提供私人产品之间的

恰当组合，使之合理地确定政府提供公共产品和财政支出的规模。

### （二）政府干预的争论

实践证明，市场机制在资源配置中发挥主导性的作用，强调市场机制必须与国家干预或政府宏观调控相结合，但各国在运用市场机制和政府作用上有所不同。一般认为，社会经济运行应以市场调节为主，只是在市场难以调节或欠缺的领域才需要政府进行干预。从西方财政理论看，在不同时期、不同国家、不同学派或专家，对政府要不要干预、干预什么、如何干预有不同的认识。

#### 1. 主张政府干预

重商主义和凯恩斯主义等主张，在市场经济前提下进行积极的政府干预。早在 16～17 世纪，占经济学统治地位的重商主义认为，货币是社会财富的主要形态，流通领域是财富的直接来源。他们提出：为能使外国货币大量流入、增加本国财富，必须由政府控制经济活动，采取各种经济方法和行政手段，扶持本国出口产业的发展，实行贸易保护主义和严格外汇管制，实现贸易顺差，以获取和积累金银货币，即主张政府对经济进行全面干预。

但随着资本主义经济危机的爆发和"市场万能"神话的彻底破灭，主张对市场进行政府干预的凯恩斯主义应运而生并成为主流学派。他们认为，有效需求的不足使自由放任的市场机制不可能实现"供给自动创造需求"，市场经济不能自动实现充分就业，并提出了以需求管理为主的政府干预思想，即依靠政府刺激需求政策，以弥补市场自发调节的不足，实现充分就业的均衡，其措施主要是实行扩张性的财政政策，其核心内容是"增支减税"。

#### 2. 反对政府干预

新经济自由主义主要以反对政府干预而著称，主要包括以弗里德曼（Friedman）等为代表的货币学派，以拉弗（Laffer）等为代表的供给学派，以布坎南（Buchanan）等为代表的公共选择学派，以及以卢卡斯（Lucas）等为代表的新古典宏观经济学派。他们的共同特点是继承和发展了传统的经济自由主义思想，更为注重市场机制本身的力量。例如，货币学派认为，社会经济动乱是政府采用了旨在干预市场经济的错误财政货币政策，因而提出货币最重要，主张实行单一规则的货币政策，精简政府机构，减少政府对经济的干预。

与此同时，供给学派认为，要医治滞胀顽症就必须彻底否定凯恩斯主义，以"拉弗曲线"为理论依据反对高税率政策，极力主张实施减税政策，以降低政府干预的程度；公共选择学派立足于"经济人"分析，主要以成本收益法为基础、利益最大化为原则，提出政府干预永远只是第二位的选择；新古典宏观经济学派也认为，宏观经济政策是无效的，甚至是有害的，因而反对政府干预经济，他们提出政府不过多地卷入经济是最好的选择。

### 3. 适度政府干预

经济自由主义和新古典综合派等主张进行适度的政府干预。17世纪中叶到20世纪初，反对重商主义的经济自由主义占经济学的主流地位。其代表人物斯密（Smith）认为，市场机制这只"无形的手"能自动增进整个社会的福利，通过市场的自发调节能实现资源最优配置，从而反对政府干预，但也不否认其作用。政府活动主要限制在：一是保护社会发展，使其不受其他独立社会的侵犯；二是保护社会中每一成员，使其不受社会其他任何人的侵害或压迫；三是支持某些公共事业发展和公共设施建设。经济自由主义提倡建立"廉价政府"，尽量减少政府干预的成本费用。

以萨缪尔森等为代表的新古典综合学派重新对凯恩斯学说加以解释、补充、修改和发展。该学派认为，市场价格机制和国家经济干预的有机结合是经济良性运行的基本前提，主张宏观经济学与微观经济学的有机结合，既要重视政府干预，又要重视市场调节。他们提出应改变政府干预的单一政策，而主张采取灵活多样的经济政策解决相应的和不同的经济问题，其中包括以需求管理为目标而相机抉择的财政和货币政策，以反经济周期为目标的财政和货币政策，以充分就业为目标的扩张性财政和货币政策，以及实现多项目标的多种政策的综合运用等。

值得注意的是，上述对政府干预的认识和主张不是绝对的，只是相对而言。现代市场经济中基本不存在极端的经济自由主义思想和完全自由放任的政策主张，以及极端的集权主义和实行政府全面管制的政策主张。经济自由主义也主张政府发挥一定的职能作用，做好市场做不好的事情；凯恩斯主义及其追随者不否认市场机制的作用，而是主张市场机制与政府干预相结合，他们之间主要是在政府干预的内容和程度上存在差异。

### （三）政府干预的手段

针对市场失灵问题，政府进行干预从而发挥其经济调控作用。其干预手段主要包括以下三个方面。

（1）法律行政手段。该手段主要包括国家通过立法调整社会经济关系、干预和管理社会经济生活，保证市场经济良性运行；制定发展战略和规划，引导和调节经济运行；直接采取行政方法，常见的方法有规定产品价格、实行公共管制、责令造成污染的企业限期治理或停产等。例如，为解决垄断问题，政府可利用《垄断法》对自然垄断行业实行国有化、管制和定价措施等；为控制生产者造成环境污染，政府可规定法定的排污标准或企业的生产量、强制排污工厂停产和治理等。

（2）经济管理手段。政府干预经济主要是组织公共产品生产，即由政府出资（财政拨款等）兴办所有权归政府所有的工商企业和单位，提供市场不能提供或提供不足的公共产品，合规、合理使用财政资金。政府组织公共产品生产不仅是出于提供的目的，还在于有效调节市场供求和经济稳定。例如，为弥补市场信息的不充分和不对称，政府有关部门向社会提供有关产品供求状况、价格趋势，以及宏观经济运行和前景预测的资料，也属于公共产品与服务的范围。

（3）政策调节手段。政府可运用的政策手段灵活多样，主要包括产业政策、财政政策、货币政策、外资政策、国防政策、外交政策、人口政策、就业政策、科技政策、教育政策、文化政策、教育政策、医疗卫生政策、社会保障政策和国际收支政策等，其中财政政策是主要的政府宏观经济调控的政策手段。财政政策包括公共支出、公共收入、财政管理等政策，如公共支出政策包括财政购买性支出政策和转移性支出政策等，公共收入政策包括税收政策、非税政策和政府公债政策等。

上述三种手段，都不同程度上与财政活动有着密切的联系。例如，法律方法中也包含了财政法律制度，提供公共产品本身即由财政出资，采取财政政策则更不待言。采用财政手段通过征税和收费为政府部门组织生产和提供公共产品，其最终目标是满足社会公共需要，并通过财政投资、税收优惠和财政补贴等方式调控市场经济运行，这更说明了市场经济条件下政府干预的必要性。

### （四）政府干预的失效

#### 1. 政府干预失效的表现

政府在经济运行中能够发挥上述重要作用，弥补市场机制存在的缺陷，使人们有理由对政府扮演的角色给予足够的重视。但必须注意，政府的作用不能随意夸大，因为政府机制也存在失效或无效的问题。一些西方国家在第二次世界大战后，更为重视政府对经济过度干预造成的不良后果。

西方理论界认为，政府失效比市场失灵更受关注。政府干预失效的主要表现：一是政府干预未达到预期的目标；二是虽达到了政府干预目标但成本太高，造成了资源的浪费；三是虽实现了政府干预目标，但同时又产生了未预料到的负效应。

#### 2. 政府干预失效的原因

（1）政府决策失误。政府决策是一个十分复杂的过程且具有不确定性，使得政府制定合理的政策较为困难。例如，政府对市场信息掌握不完全或失真，制定的政策有误或失效，甚至消除了市场作用。宏观上包括发展战略和经济政策失误，微观上包括一个投资项目选择或准公共物品与服务提供方式选择不当等；政策措施变化频繁，企业较难适应，市场经济效率下降。

（2）政府权力寻租。政府寻租是指政府官员凭借政府保护而进行的寻求财富转移的活动。也被称为"看不见的脚"，包括政府无意寻租、政府被动寻租和政府主动寻租三种形式。政府官员滥用权力寻租和牟取私利使市场失去作用，被称为"看不见的脚"踩了"看不见的手"，会导致资源的无效配置和分配格局的扭曲，降低社会效率，影响政府声誉，或因此降低政府活动的效率。

（3）政策时滞效应。政策时滞主要包括认识、决策、执行和效果的时滞。其中，认识时滞是指从问题产生到被纳入政府考虑的时间；决策时滞是指从政府认识到某一问题到政府最后得出解决方案的时间，这个过程可能要经反复的讨论、争论；执行时滞是指从政府公布某项决策到付诸实施的时间，如从中央到省域到市县到基层；效果时滞是指从政府政策执行到实际可观察到经济形势发生预期变化的时间。

（4）政府职能错位。包括政府职能的"越位"和"缺位"，前者是指可能通过市场机制办好的事务而政府却通过财政等手段参与，如政府投资于竞争性生产领域而代替了市场职能；后者是指该由政府通过财政等手段办理的事务而没有办或没有办好，如政府对公共设施、义务教育、公共卫生和环境保护等方面无投入或投入不足等，这些都是政府干预失效或财政失责的表现。

## 第二节
### 财政历史变迁及其职能

财政是历史发展的产物，随着国家的产生与发展不断发展变化。为更好地阐明和把握教育财政的含义，首先要明晰财政一词的含义。

### 一、财政概念的界定

#### （一）财政一词的由来

财政英文为"public finance"，其中"finance"一词起源于 13～15 世纪的拉丁文 finis，有结算支付期限的意思；16 世纪形成法语 finance，是指公共收入和公共理财活动；17 世纪后专指国家的理财活动；19 世纪后又泛指一切公共团体的理财活动；20 世纪初"finance"一词由法国传入其他国家。可见，"finance"是一个多义词，翻译成中文为"财政、财务、资金、金融、融资"等意。为使词义更加明确，故在 finance 前加 public 限制，这与中文"财政"的含义相同，否则会含混不清。

在中国古汉语中，"财"与"政"常分开使用。综观我国几千年留存下来的古籍，可以看到"国用""国计""度文""理财"等用词，这是关于政府理财之道的记载；有"治粟内史""大农令""大司农"等，则是有关现代财政管理部门的记载。当今中国使用"财政"一词虽已习以为常，但出现在中文词汇中却只有百年的历史。据考证，财政一词是日本在引进"finance"后，采用汉字中"财"与"政"的含义而创立，并于1882年在清朝官方文件《财政奏折》中首次出现。清朝光绪二十四年（公元1898年）在戊戌变法《明定国事》诏书中有"改革财政，实行国家预算"的条文；光绪二十九年（公元1903年），清政府设立财政处为官方用财政名称之始。

### （二）财政含义的争议

长期以来，我国诸多专家学者对财政的含义有着不同的认识，大体分为以下三种观点。

第一种观点认为，财政是由国家分配价值所产生的分配关系。这种价值分配，在国家产生前属于生产领域的财务分配，在国家产生后属于国家性质的财政分配。

第二种观点认为，财政是为满足社会共同需要对剩余产品进行分配而产生的分配关系。它不是随国家的产生而产生的，而是随着剩余产品的产生而产生的。

第三种观点认为，财政是为满足社会共同需要而形成的社会集中化的分配关系。它是市场经济发展的产物，是为提供公共产品与服务、弥补市场失效的需要而形成的分配。

### （三）财政含义的释析

中国古汉语中的"财"与"政"常分开使用。"财"即钱财之意，是金钱和物资的总称；"政"即治理国家事务，或指国家某一部门主管的业务，或指家庭或集体生活中的事务。因此，财政的字面含义，是指以钱财治理国家事务。

新中国成立以来，诸多专家学者认为，财政是以国家或政府为主体的理财活动，是指国家为实现其职能在参与社会产品分配中所形成的分配关系。与微观经济主体的企业财务和家庭理财相比，财政具有公共性，因而财政、国家财政、政府财政和公共财政的基本含义大体是相同的。

我们认为，"财"为钱财之意，"政"为治理国家事务，因而财政的字面含义即指以钱财治理国家事务之意。本书将财政一词界定为：财政是指国家为实现其职能而依法参与社会产品分配及其管理的行为活动，内含养财、聚财、用财、管财、节财之道。

### （四）财政的历史考察

研究财政的演进过程，有利于进一步认识财政的内涵和本质。一般认为，财政的演进主要包括家计财政、国家财政和公共财政三个阶段。

#### 1. 家计财政的考察

在自然经济状态下，财政主要是家计财政。家计与国计是相对应的概念，即个人或私人之意，因而家计财政是指个人的、私人的财政。古代各国是以拥有土地及特权为财源的"所有权者国家"。中国古代实行君主专制，"溥天之下，莫非王土；率土之滨，莫非王臣"。皇帝"家天下"是典型的"家国同构"状态，整个国家都属于皇帝私人所有，财政作为国家的收支活动就很自然地具有了个人或私人的性质，即"家计"的性质。

中世纪的欧洲实施封建庄园、农奴、等级及基督教制度，是典型的"家计财政"的代表。欧洲中世纪的早期和中期，基本上只有领地而没有民族和国家的概念。美国历史学家汤普逊（Thompson）将欧洲中世纪的封建制度描述为：封建制度是指由地主贵族、俗人或僧侣、男爵或主教、主持在一定的领土范围内，对那里的居民办理行政、执行司法和征收赋税等的制度。政府的政体实质是分裂的，王权只保留了一个空洞的宗主地位（宗主权），而国王被缩为一个阴影。

#### 2. 国家财政的考察

国家财政是国家需要和生产建设型的财政。与国家财政相一致的国家形态是企业者国家，财政作为国家直接计划配置社会资源的财力手段，是为满足实现国家自身职能的需要而进行分配的手段。企业是政府的行政附属物，个人是企业或单位的行政附属物，整个社会和国家是以政府为中心形成的大企业，财政也自然成为这个大企业的总财务。社会经济活动的实质就是国家和政府的活动，财政是服从于国家需要的财政即国家财政。

国家财政分配的主体是政治权力行使者、生产资料所有者和生产经营组织者"三位一体"的政府，其主体同时承担着三种不同的任务：作为政权行使者要履行社会经济管理任务，作为生产资料所有者要承担整个国家的经济建设任务，而作为生产经营组织者则要对企业生产经营活动进行计划安排和指挥控制。财政要同时兼顾上述三种不同职责的财力需要，属于生产建设型财政，体现了"一要吃饭，二要建设"的需求。

**3. 公共财政的考察**

公共财政是与市场经济相适应的财政类型。西方学界认为，市场经济大致经历了自由放任、国家干预和混合市场经济三个时期，在自由放任的市场经济时期，政府财政是与"夜警国家"相一致的形态，"看不见的手"发挥着资源配置的主要作用。西方学界主要代表人物如斯密、李嘉图、萨伊、马尔萨斯、瓦格纳和马歇尔等，从国家职能需要出发分析财政收支活动，该时期财政的主要特点是职能单一、规模较小、实行严格法治。

20世纪20年代震撼世界的大危机到来，美国罗斯福"新政"的成功极大地鼓舞了人们对政府的信心，为此凯恩斯主义的国家干预理论几乎得到了所有西方国家的青睐，继而汉森、马斯格雷夫、新剑桥和新古典综合等学派从市场失灵出发，在重新界定政府经济职能和范围的基础上，研究建立现代市场经济条件下的政府财政，西方财政发展到一个新阶段，该时期财政的主要特点是职能复杂、规模较大、法治得到修正。

在以货币、供给等学派为代表的反对凯恩斯主义的财政理论中，公共选择、新古典宏观经济和新凯恩斯主义经济等学派的公共财政理论得以丰富和发展。公共财政是一种依托于市场经济体制和个人价值理念塑造中的新形式，混合市场经济时代的公共财政，实际上是自由放任和国家干预市场经济时代的财政在一定程度上的"中和"，该时期财政的主要特点是职能趋于稳定、规模逐渐适中、制度得以健全、强调法治又不失弹性。

## （五）财政的主要特征

财政特征是财政有别于其他分配范畴的主要标志。一般认为，财政的特征主要包括以下三点。

（1）阶级性和公共性。由财政或政府的关系产生了财政的阶级性和公共性并存的鲜明特征。阶级性强调财政为统治阶级服务；公共性突出财政的公共性质。

（2）强制性和有偿性。强制性是指财政运行是凭借国家政治权力，通过财政法律制度来予以强制实施；有偿性是指国家取得财政资金后，按财政预算支出使用。

（3）收支性和平衡性。收支性是指财政运行中有收有支的活动；平衡性是指财政支出等于财政收入即收支平衡，如果略有结余或财政赤字则属于非平衡性。

## 二、公共财政的概念

### （一）公共财政的提出

20 世纪 50 年代，中国在借鉴苏联财政理论体系的基础上，建立了马克思主义理论指导下的新中国财政观；为适应建立计划经济体制的需要，60～90 年代形成了具有中国特色的国家分配论为主流的财政理论；90 年代中期以来，为适应建立中国社会主义市场经济体制而借鉴西方公共财政理论，逐步探索具有中国特色的公共财政理论体系。1999 年 3 月第九届全国人民代表大会第二次会议正式确立公共财政作为财政改革的目标模式，表明中国公共财政体系由此进入运作与实施阶段。

2005 年和 2006 年的《政府工作报告》都提出了完善和健全公共财政体系的要求；2007 年党的十七大明确了"围绕推进基本公共服务均等化和主体功能区建设，完善公共财政体系"的改革目标；2012 年和 2013 年党的十八大及其三中全会分别提出了"完善促进基本公共服务均等化和主体功能区建设的公共财政体系""财政是国家治理的基础和重要支柱"及深化财税体制改革的目标；2017 年党的十九大又明确提出了加快建立现代财政制度、规范预算制度和完善地方税体系等改革要求。

### （二）公共财政的含义

中国改革开放以后，国内一些学者将英文"public finance"直译为公共财政，刻意将财政与公共财政区分开来。他们认为，国家或政府理财活动适用于所有国家的财政。但在不同的经济体制下，不同国家或政府的经济活动决定着不同的财政性质，从而形成不同的财政类型。因而公共财政是适应市场经济要求的一种特殊财政类型，是建立在以市场机制作为社会资源配置的基础上，以弥补市场失效、满足公共需要为目的，其活动范围限于市场失效的领域。

我们认为，公共财政是指市场经济中以国家为主体，通过政府集中一部分社会资源用于履行政府职能和满足公共需要的经济活动。它是区别于自然经济时期的家计财政和计划经济时期的国家财政的一种财政模式，是与市场经济相适应的，并满足社会公共需要和提供公共产品的民主法治财政。其前提条件是市场失灵，解决市场不能提供的公共产品，实现社会资源在公共产品之间、公共产品与私人产品之间的最优配置。

### （三）公共财政的特征

公共财政的特征是公共财政有别于其他分配范畴的主要标志。一般认为，公共财政特征主要表现在以下六个方面。

（1）市场的弥补性。公共财政活动的领域、规模、内容和方式，从本质上说是由市场决定和认可的，是与市场经济运行相适应的政府财政。弥补市场失灵、提供公共产品和满足社会公共需要是现代公共财政必须履行的职责，应按照"市场能做的政府就不要去做，市场不能做而社会又必需的政府就要去做"的准则界定公共财政活动的方向和范围，弥补市场缺陷的功能和效率，避免出现公共财政"越位""缺位"等问题。因此，该公共财政特征下也可称为"市场财政""补缺财政"。

（2）实施的法治性。市场经济是法治经济，公共财政在市场经济下必须受法律约束。实施法治财政必须按照预算法等法律制度，严格程序、标准、内容与方法及其预算与决算审批，依法取得财政收入、严格按预算安排财政支出，以此决定、约束、规范和监管财政的行为活动，即一切财政收支活动必须纳入法治轨道。公共财政法治化在中国具有特殊意义，因为中国有着数千年的"人治"习惯。因此，依法进行聚财、用财、管财是极为重要的，该公共财政特征下也可称为"法制财政"。

（3）服务的公共性。公共财政在为市场提供服务时必须公平对待所有的市场活动，为经济主体的公平竞争提供外部条件，以避免市场主体或依靠政府权力寻租或遭受额外的费用和损失。其核心是公共财政服务，表现为依法对私人和企业取得公共财政收入，以社会利益和公共需要为目的来安排公共财政支出，对弱势群体及特殊困难给予社会保障等。因此，公共财政一般不应介入私人产品，是为市场提供公共产品和公共服务的政府财政，该公共财政特征下也可称为"服务财政"。

（4）收支的透明性。在市场经济体制下政府实际上是国家或社会的代理机构，承担公共受托责任。单位和个人向政府纳税后，要求政府勤俭节约、有效用好税款就理所当然。政府征税后，除部分资金用作自身维持经费外，其余资金主要用于促进经济发展及保障公民权益等，并在公共财政分配活动中公开透明、接受社会及公众监督。换言之，政府及其为政者本身就是由纳税人供养，为公众服务、用好税收、服务人民，无疑是公共财政的内在要求。因此，该公共财政特征下也可称为"受制财政"。

（5）内容的福利性。公共财政是反映公众愿景、体现民生福利的财政，其还财权于民，以改进民生和提高人民福利水平为目标。一般在整个公共财政支出中用于教育、就业、环保、医疗卫生和社会保障等的民生支出占有相当高的比例，甚至处于主导地位。例如，教育最能体现民生的特点，但中国教育支出占 GDP 的比重长期在 2%~3% 徘徊，2012 年首次超过 4% 的大关。2020 年达到 4.22%，与 1992 年的 2.71% 相比提高了 1.51 个百分点。因此，该公共财政特征下也可称为"福利财政"。

（6）立足非营利性。市场经济条件下的公共财政收支活动应以满足公共需要为宗旨，即立足于非市场竞争领域，不介入一般竞争性领域，不与民争利。因为政府是政治权力的管理者，如果介入市场营利性活动，不可避免地会干扰市场经济正常运行秩序，公共财政资金也会为牟取利润而偏离公共财政轨道，导致公共产品与服务的供应不足，政府也难以做到为市场经济主体提供非歧视的、无差别的公共服务。因此，该公共财政特征下也可称为"无利财政"。

## （四）公共财政的框架

公共财政的首要任务是为市场经济主体提供均等的公共服务，政府不仅要矫正市场失灵，还要培育市场、弥补"市场残缺"，建立完整、规范的市场经济体系；公共财政不仅要在收入领域通过法律、经济和行政手段调节收入分配、解决社会分配不公的问题，还要在生产等领域加大对基础产业、基础设施和民生建设的投入，优化经济结构，加快供给侧结构性改革，保证经济的可持续发展，提高企业经济效率和居民生活水平。

正确理解公共财政应厘清三个方面的认识：一是公共财政不等于"吃饭财政"，财政范围除此以外，还包括基础设施、环保、农业和民生等方面；二是公共财政不等于现代财政，现代财政是公共财政发展的产物，其内涵是国家、人民、公共、法治、科学的财政，即以人为本，缩小能力鸿沟，促进社会机会公平；三是公共财政不等于取消国有经济，实际上财政对国有企业的投资从根本上说也是满足公共需要的途径之一，但出发点和归宿要立足于满足公共需要而不是以营利为目的。

财政从服务于一要吃饭、二要建设的"两位一体"，到一要吃饭、二要建设、三要发展的"三位一体"，再到经济建设、政治建设、文化建设和社会建设的"四位一体"，最终到公共财政的经济建设、政治建设、文化建设、社会建设和生态文明建设"五位一体"的全面发展过程，顺应了习近平新时代中国特色社会主义思想的基本要求。党的十九大及其四中全会提出了深化财税制度改革，以及推进国家治理体系和治理能力现代化的要求，更加彰显了公共财政体系框架的丰富与完善。

## 三、公共财政的职能

### （一）学界对财政职能的争论

"职能"是一个多义词，如《现代汉语词典》解释为："人、事物、机构应有的作用"；多数人认为，职能是事物的客观固有功能、事物内部所固有的属性。我国学界对财政职能的认识也有较大的分歧，这里从财政属性入手，来阐述和分析财政职能及其范围的问题。[1]

---

[1] 张鑫. 当代财政与财政学主流 ［M］. 大连：东北财经大学出版社，2006.

**1. 财政属性的争论**

财政属性是指财政的性质和关系，即财政的归属或范畴。20 世纪 60 年代以来，学界探讨了财政是上层建筑和经济基础的属性问题，主要包括以下三种观点。

（1）财政上层建筑的属性。任何社会形态下的财政都是国家上层建筑的组成部分。财政是以国家为前提，具有强烈的阶级性和历史性；它以实现国家职能为目的，以国家政治权利为依据；国家属于上层建筑并决定财政的性质，即财政属于上层建筑的范畴。

（2）财政经济基础的属性。任何社会性质下的国家财政都是经济基础的范畴。财政本质上是一种分配关系，形态是货币和实物，且分配本身就属于经济基础的范畴；财政性质最终取决于生产资料所有制的性质，财政的收支及其管理体现了分配的特征。

（3）财政双重属性的问题。财政具有上层建筑和经济基础的双重属性，但对社会主义与资本主义的财政属性有分歧，如前者有、后者无双重属性，两者均有双重属性。本章认为，财政从根本上说是经济基础，又含上层建筑，而不是纯粹的"经济基础"。

**2. 财政职能的争论**

（1）财政职能的使命论。该观点主要是引入 20 世纪 50 年代苏联财政职能的基本观点，其理论来源是马克思的货币职能论。一般认为，财政职能是指财政本质在作用中的表现和财政社会使命的表现，具有分配和监督两种职能。这种使命论观点与我国学界后期所研究的财政职能的内容有着较大的或本质上的区别。

（2）财政职能的作用论。该观点认为财政职能是财政能动的主观作用，主要回答财政是"干什么"的问题，只强调财政作用而不去研究财政职能的问题。该观点认为，我国社会主义财政具有分配（分配资金）、建设（支持生产建设或周转）和监督（监督管理）3 种职能。这种作用论观点在 20 世纪 60 ~ 70 年代的财政学界有所体现，但影响较小。

（3）财政职能的功能论。该观点认为财政职能是财政本质的客观反映、内在要求和固有功能，与财政作用既有联系又有区别，如发挥财政职能作用就是发挥财政的能动作用。该观点认为，财政具有分配、调节和监督 3 种职能，或筹集资金、供应资金、调节平衡和反映监督 4 种职能。这种功能论观点在 20 世纪 70 ~ 80 年代的财政学界影响较大。

（4）财政职能的职责论。该观点认为财政职能属于财政客观的固有功能，既是财政内在的职责和任务，也是财政"应干什么""如何干"的问题。它是一定程度上的财政职能使命论、作用论的回归并内含功能论，从而形成了财政的职责论。该观点认为，财政具有效率、公平和稳定 3 种职能。这种职责论观点在 20 世纪 90 年代以后的财政学界影响较大。

**3. 财政范围的争论**

财政范围有时也称为财政体系，中国财政学界从 20 世纪 60 年代至今对其有着不同的认识，主要区分为传统的和现代的财政范围。

（1）传统的财政范围。20 世纪 60 ~ 80 年代对财政范围的研究主要包括三类观点：一是"大财政"观，即凡是反映以国家为主体、具有强制性和无偿性特征的分配都是财政的范围，如财政的范围（体系）包括国家预算、银行信用和国营（国有）企业财务；二是"中财政"观，即财政的范围包括国家预算和国营企业财务，且后者仅指与国家预算发生相互关系的那一部分；三是"小财政"观，即财政的范围包括国家预算和预算外资金，其中前者是主导、后者是补充。

（2）现代的财政范围。自 20 世纪 80 年代以来主要包括五类观点：一是政府经济职能视角，即财政提供公共产品和安排财政收支等；二是政府财政职能视角，即财政的资源配置、收入分配和经济稳定等活动；三是财政本质视角，即财政本质或财政分配关系及其规律，或财政分配活动及其管理等；四是财政分配对象视角，即财政参与国民收入或社会产品等分配活动；五是财政内容视角，即财政学说或财政思想或财政认识、分配活动、财政管理、财政政策和财政制度等。

本书认为，中国社会主义市场经济条件下的财政研究对象或研究范围是政府提供的公共产品与服务及其法律规范。主要包括：一是财政学说与理论，主要包括财政、财政学基础理论；二是公共产品与服务，主要包括市场经济效率、公共产品与服务的提供、政府财政基本职能；三是财政收支与规范，主要包括财政收支的基础理论、规模、结构、形式、绩效、制度与分析等；四是财政政策与管理，主要包括财政政策机制、财政管理体制、财政预算管理和财政监督管理等。

### （二）本书对财政职能的认识

一般认为，财政职能是指财政在社会经济生活中所具有的职责和功能，它是财政经济范畴本质的反映。从我国社会主义市场经济财政宏观调控的角度看，财政具有资源配置、收入分配和稳定经济三种基本职能。

#### 1. 财政资源配置的职能

财政资源配置职能是指政府通过财政收支及相应的财政政策，调整和引导现有经济资源的流向和流量，以达到资源的优化配置和充分利用，实现最大的经济效益和社会效益的功能。它是国家经济职能的体现和财政职能的核心，影响社会生产中生产什么和怎样生产的问题。

（1）财政资源配置的内容。财政资源配置是指调节资源在区域经济之间、产业部门之间和利益主体之间的合理、有效配置。其主要包括以下内容。

第一，调节资源在区域经济之间的配置。世界各国、区域间发展不平衡是较为普遍的现象，包括历史、地理和自然条件等多方面的原因。这一问题在我国尤为严重，解决这一问题仅靠市场机制难以奏效，有时还会产生逆向调节，即资源从落后地区向发达地区流动，这显然不利于整个的经济均衡和社会稳定。这就要求政府在这方面发挥财政资源配置的职能作用，如增加落后地区的财政投资和转移支付，优化资源配置，改善区域环境，以促进国民经济的协调与稳定发展。

第二，调节资源在产业部门之间的配置。产业部门资源配置包括调整产业投资结构和改变现有企业生产方向两个途径，财政都能发挥积极的调节作用。例如，增加能源、交通、原材料等基础产业和基础设施投资或减少加工部门投资，优化产业结构；利用财税政策引导企业的投资方向，如对长线和短线产品生产规定不同的税率和折旧率等，可起到对不同投资的奖限作用；改变企业生产方向，除必要的"关停并转"等行政手段外，还可采取有利于市场竞争和产业发展的税收政策调节。

第三，调节资源在利益主体之间的配置。政府功效取决于财政收入占GDP的比重，提高该比重意味着社会资源中归政府部门支配使用的部分增大，非政府部门即企业和个人可支配使用的部分减少；反之，则相反。社会资源在利益主体之间的分配，主要是根据公共需要在整个社会需要中所占的比重而定的，但该比重可随着经济发展、政府职能和活动范围的变化而变化。政府部门支配使用的资源应与其承担的责任相适应，政府部门支配使用的资源过多或过少都不符合优化资源配置的要求。

（2）财政资源配置的手段。财政资源配置主要是调节社会经济资源在区域经济之间、产业部门之间和利益主体之间的合理、有效配置。其手段主要包括税收、公债和财政支出。

第一，税收。政府是一个非生产性的部门，它要参与到社会资源配置中并达到合理、有效配置的目的，就必须依靠国家财政权利的力量，按照法律形式集中一部分的社会资源。因此，税收是征收社会财富的一种最重要的强制手段。

第二，公债。公债是现代市场经济国家经常使用的一个财政工具。许多国家都通过发行公债筹集资金，并将其配置到适宜的领域。我国 1998 ~ 2004 年和 2008 年至今实施的积极财政政策，就是通过大规模发行公债来为基础设施等"瓶颈"产业进行融资。

第三，财政支出。财政支出过程实质上是社会资源配置的过程。例如，财政投资就是政府根据特定时期产业政策的要求，将集中起来的社会资源配置到某个行业或某个地区；财政补贴支出是政府为了支持某种产业或某个地区的发展将社会资源配置到其中。

**2. 财政收入分配的职能**

财政收入分配是指对国民收入的再分配，即通过对国民收入的分配形成流量收入分配和存量财产分配的格局。在市场经济条件下，政府通过调节政府、企业、个人占国民收入的份额，改变国民收入在各利益主体之间的比例关系，以实现分配公平的目标。

（1）财政收入分配的目标。财政收入分配的主要目标是实现财政分配公平。财政分配公平是指财政分配符合一国社会绝大多数成员认可的正义观念。从理论上看，财政分配公平包括经济公平和社会公平，前者强调要素投入和要素收入相对称，在平等竞争的条件下通过等价交换实现；后者很难用某个指标来衡量，通常是指收入差距维持在现阶段各阶层居民所能接受的合理范围内。在现实社会中，财政分配公平是指合理的分配程序和分配结果，但需要注意以下三个问题。

第一，财政分配公平不限于平等。实质意义上的公平可能要求在某些情况下实行法律上和财政分配上的不平等。就内容而言，财政分配公平是一般情况下财政分配的平等与特殊情况下财政分配不平等的有机结合；在税收方面是平等与不平等的结合，也就是横向公平（即条件相同者同等对待）和纵向公平（即条件不同者区别对待）的结合。

第二，财政分配体现全过程公平。指财政分配起点、过程和结果的公平。起点的公平主要是指机会均等，包括参与财政决定的机会均等和法律适用的平等，如税法规定免税政策，则所有符合条件的人都应享受免税的优惠；过程的公平主要是指财政行政和财政执法的公平；结果的公平则是指财政分配结果的合理和公正。

第三，财政分配要求服务均等化。我国社会主义市场经济运用包括市场在内的各种调节手段来实现收入公平分配目标，既要鼓励先进、促进效率、合理拉开收入上的差距，又要防止两极分化、逐步实现共同富裕、促进基本公共服务均等化。因此，为实现企业利润和个人收入公平分配目标，通过财政分配进行分配调节是非常必要的。

（2）财政收入分配的内容。财政收入分配的内容主要是调节企业利润水平和个人收入水平。调节企业利润水平主要是通过调节使企业利润水平能够反映企业的生产经营管理水平和主观努力状况，使企业在大致相同的条件下获得大致相同的利润。

调节企业的利润水平，主要是通过征税来剔除或减少客观因素的影响，如通过征收消费税剔除或减少价格的影响；通过征收资源税、房产税和土地使用税等，剔除或减少由于资源、房产和土地状况不同而形成级差收入的影响；统一企业所得税税制、公平税负，也是实现企业公平竞争的重要外部条件。调节居民的个人收入水平，主要是通过征收个人所得税和遗产税等达到目的。

（3）财政收入分配的手段。我国财政收入分配的手段主要包括税收制度和转移支付等。例如，通过征收所得税，可调节不同企业和个人等微观主体的收入水平；通过征收房产税等财产税，可缓和财富在不同人群中的分布不均状况；通过征收资源税，可缩小部门和地区间资源条件的差距等。

通过政府财政转移支付、社会保障及各种补助支出，实现收入在全国范围内的转移分配，以保证社会成员的基本生活需要和社会福利水平，惠及民生、构建和谐社会，维护社会的安定团结。

**3. 财政稳定经济的职能**

财政稳定经济是指财政保证经济通畅、健康和稳固地良性运行。经济稳定通常包括充分就业、物价稳定和国际收支平衡。稳定经济并不是不要经济增长，而是在经济适度增长中的稳定，即动态稳定而非静态稳定。因此，稳定和增长是相辅相成的，稳定经济包含着经济增长的内容，是指保持经济的稳定、健康、协调、持续发展。

（1）财政稳定经济的内容。其内容包括调节社会总供求在总量上与结构上的平衡。实现经济稳定增长的关键是实现社会总供求的平衡。如果总供求实现平衡，物价水平基本稳定，经济运行处于良好状态，充分就业和国际收支平衡目标也较容易实现。

政府预算收支总量增加或减少，可直接影响总需求，即增收减支会抑制总需求，相反减收增支则会扩大总需求。社会总供求在总量上实现了平衡，还应考虑结构方面的平衡。社会总供求的结构包括部门结构、产业结构、产品结构、企业结构和地区结构，财政在调节总供求结构方面的原理，类似于财政通过资源配置职能的实现优化国民经济结构。

（2）财政稳定经济的手段。其手段主要包括财政预算政策和收支制度。预算收入代表可供政府支配的公共产品，是社会供给总量的组成部分；预算支出会形成货币购买力，是社会需求总量的组成部分。因此，当社会总需求大于总供给时，通过预算收大于支的结余政策调节；当社会总供给大于总需求时，通过支大于收的赤字政策调节；在社会供求总量平衡时，实行收支平衡的中性政策。

通过制度性安排，发挥财政"内在稳定器"的作用。在财政收入方面，当经济过热而出现通货膨胀时，企业和居民收入增加，相应提高税率，使税收的增长幅度超过 GDP 的增长幅度，从而可以抑制经济过热；反之，则相反。在财政支出方面，运用财政转移性支出（如社会保障、补贴等）并与税收相配合，在经济高涨、失业人数减少时降低转移性支出，对经济可起到抑制作用；反之，则会对经济复苏和发展起到刺激作用。

## 四、公共财政的改革

### （一）公共财政的问题分析

建立和发展社会主义市场经济必然需要建立公共财政。虽然我国公共财政管理正在逐步予以规范，但受计划型财政管理模式影响，仍存在一些问题，突出表现在以下四个方面。

（1）财政供给"越位"与"缺位"并存。在中国传统的计划经济体制下，财政供养范围过大、包揽过多，大大超出了政府职能范围和财力承受水平；相反，应由政府承担的一些社会公共需要和事务却得不到应有的资金保障。例如，除政策性亏损补贴外，财政实际上承担了部分经营性亏损补贴；过长的事业单位供给战线，行政经费膨胀，科技、教育和社保投入不足等。在政府职能界定不清晰，活动范围没有法律明确规定的情况下，财政支出格局及其运行机制的调整是必要的。

（2）财政支出结构不合理。我国在财政收入占 GDP 比重偏低的情况下，财政支出逐步向重点领域倾斜，特别是 1998 年和 2008 年实施的积极财政政策，取得了良好成效。但从总体看，财政预算约束力仍旧较弱，财政资金远不能满足重点支出的需要，能源、交通、农业等重点支出占财政支出比重的增速较为缓慢；相反，一大部分资金（包括预算外资金）却被用于竞争性生产建设和行政管理等非重点领域，导致财政对国家重点项目较难实施更加有力的资金保障等问题。

（3）政府收入机制不规范。突出地表现为较严重的税收费化（缺位）和收费杂化（越位）。这种税收"缺位"和收费"越位"并存的问题直接导致了收费规模的扩张和政府收入机制的混乱，严重影响政府提供公共产品的资金来源。突出的问题有乱收费、乱摊派、乱罚款屡禁不止；财政的职能被肢解，国家财政不能统管收支；国家宏观经济管理部门与财政部门职责划分不清，如物价部门可核准行政部门收费等。其直接原因主要是社会公共权力缺乏制约，滋生"寻租"等问题。

（4）财政预算管理不科学。存在的突出问题主要包括：在预算分配过程中，预算分配指标到位率低，执行中追加频繁，往往造成实际支出数高于预算数；预算分配特别是转移支出和专项支出缺乏可靠的科学依据，人为因素较多；预算年度的起始日期先于人大审批日期，形成预算审批的法律空档及预算约束的缺位；预算编制方法上欠科学性和合理性，不能真实反映情况，诸多财政性资金在预算外循环。国家财政实际上没有做到通盘掌握政府公共物品的供给规模、结构与效益，以致较难履行市场经济条件下的公共财政职责。

## （二）公共财政改革的思考

### 1. 财政资金应突出公共性特征

市场经济的基本特征是市场机制在资源配置中起决定性作用。凡是市场办得了、办得好的，就不应由政府承担。但长期以来，一方面，财政做了许多应由市场去解决的事宜；另一方面，那些本来应由政府去做的事情，反而因其财力的"缺位"而没有能力做到或做得不好。

因此，财政资金必须逐步退出应由市场配置资源的经营性和竞争性领域，转到满足社会公共需要的方面上来，逐步提高财政对公共需要的保障能力。适应公共财政要求的管理手段与方法，不断提高财政支出效率，以充分体现财政公平、公正、公开的原则。

### 2. 合理规范财政资金供给范围

科学规范财政资金供给范围是构建和完善公共财政基本框架、提高财政保障能力和支出效率的基础与前提。在具体的财政实践中，重点是要解决财政供养人口过多、对一些经营性的事业单位包揽过多、不合理的补贴和投资过多等问题。

当前，政府及其财政部门应抓住机构改革的有利时机，做好定编定岗工作、清理超编人员、控制人员经费和有效遏制行政经费过快增长的势头。通过转变财政支持经济发展的方式，逐步减少直至取消财政对一般竞争性领域的投资，集中财力保障政权建设，以及科技、教育、社保、文化、农业、生态、环保和基础设施建设等重点领域和项目的支出需要。

### 3. 科学建立政府收入保障体系

按照公共财政的要求，根据公共产品及其保障方式的不同，对现行税费体系进行合理调整和定位，逐步建立以税收为主、收费为辅的政府收入机制。将现有收费中不具有公共产品性质、不再体现政府职能的，可按照市场机制运作的收费方式逐步推向市场，如勘察设计收费和公证收费等。

此外，应取消现有收费中用于提供纯公共产品、具有税收特征的收费，进行费改税，如农村乡统筹和交通部门收费等；保留那些提供受益范围确定、体现受益性原则较明显的准公共产品收费。通过税收与收费的科学"归位"，不断提高公共财政的保障能力。

### 4. 积极强化政府采购制度管理

政府采购制度是公共财政顺利推行的重要保证，该制度作为市场经济国家加强公共支出管理的基本手段，是建立公共财政体系的重要内容，也是现阶段有效节约财政开支的最直接的办法。目前我国各地都在积极开展政府采购工作，效果十分显著，并取得了可喜的成就。

因此，对政府提供的公共产品和服务，如各类办公用品、设备工程、公共设施、大型会议及有关劳务等，应逐步通过公开招标的方式向社会购买，最大限度地提高财政资金的使用效益；强化政府采购的科学化管理和绩效评估，不断提高政府采购的财政资金质量与效率。

# 第三节

## 教育财政的内涵与改革

教育财政是历史发展的必然产物，是国家建设和公众需求的重要保障。释析教育财政的含义、分类和功能，有助于研究教育财政的理论基础、变迁过程、主要内容、政策法令和管理方法。

## 一、教育财政的概念

### （一）教育财政的界定

#### 1. 教育的基本含义

中国教育最早见于《孟子·尽心上》："君子有三乐，而王天下不与存焉。父母俱存，兄弟无故，一乐也；仰不愧于天，俯不怍于人，二乐也；得天下英才而教育之，三乐也。"许慎在《说文解字》中解释："教，上所施，下所效也；育，养子使作善也。"教育成为常用词，则是在 19 世纪末，辛亥革命元老、中国现代教育奠基人何子渊和丘逢甲等有识之士开风气之先，排除顽固守旧势力的干扰，成功创办和推广新式学堂。随后清政府迫于压力对教育进行了一系列改革，1905 年废除科举制并在全国范围内提倡新式学堂，1909 年以后西学逐渐成为学校教育的主要形式。

在西方国家，教育一词源于拉丁文 educate，前缀"e"有"出"之意，合为"引出""导出"，即通过一定的手段把某种本来潜在于身体和心灵内部的东西引发出来。后又转换为英文的 education、法文的 education、德文的 erziehung。可见，教育是内发之意，强调顺其自然，旨在把人所固有的或潜在的素质自内而外引发出来变为现实。当代西方教育重视能力和情感方面的教学，重视师生互动、学生自主思考、自主探究、合作学习的方式，重视学生个人综合素养的培养和学生自主学习能力、自主活动能力的提高。2018 年 12 月联合国大会决议，将每年 1 月 24 日定为国际教育日。

在中国学界，一般认为教育是指按照一定要求培养人的工作，或是用道理说服人使其照着（规则、指示或要求等）做。教育有广义和狭义之分，前者泛指一切有目的地影响人的身心发展的社会实践活动；后者指专门组织的教育，即学校教育，包括全日制、半日制的、业余的学校教育，函授教育，刊授教育，广播学校和电视学校的教育等。因此，教育是根据国家现实和未来的需要，遵循人身心发展的规律，有目的、有计划、有组织、系统地引导人们获得知识技能、陶冶思想品德、发展智力和体力的一种活动。

**2. 教育财政的含义**

关于教育财政的含义，中国学界探讨较少，归纳起来大体有两类观点：一是强调教育财政是一种管理活动，如"教育财政是指国家各级政府为发展本国本地区教育事业而对用于教育的财力资源进行的一系列专门性管理活动""教育财政是指国家对教育经费及其他相关教育资源的管理"等，可理解为广义上的教育财政；二是强调教育财政是一种支出活动，如教育财政是指国家及其财政部门实际用于教育活动的财政支出等，可理解为狭义上的教育财政。

我们认为，教育财政是指国家及其财政部门安排教育资金和其他有关教育资源的管理活动。其内涵主要包括：一是教育财政的行为主体是中央和各级政府及其财政、教育部门，以及从事教育活动的机构；二是在教育财政的行为活动中，财政部门处于核心地位，履行教育财政经费的监管职责；三是教育财政依据国家《教育法》《预算法》等政策法令和规章制度开展活动；四是政府财政教育经费和其他教育资源是国家教育事业发展的重要保障。

### （二）教育财政的分类

教育财政作为政府公共财政支出的重要内容之一，其分类与财政收支分类密不可分。但教育财政又有其本身的特性，与政府教育体制和财政体制以及各国国情、历史背景相关，因而教育财政分类标准或视角与内容方法各不相同。

**1. 按政府管理体制标准的分类**

各国的政府管理体制至少可分为中央或联邦和省或州、地方二级管理体制。与此相对应，教育财政按照该种管理体制标准分类，可分为中央或联邦教育财政和地方（包括省、地两级）教育财政，这与中国的中央财政与地方财政的关系相类似。

在中国，中央政府教育财政是指国家财政预算中所安排的对中央所属部委的教育拨款，对地方政府包括省及省以下地方政府的教育转移支付拨款，以及由中央专设的各项教育基金收付与使用等；地方政府教育财政是指由省及省以下包括地（市）、县（市），乡镇基层地方政府的教育财政经费的筹集与使用情况。

按政府管理体制标准分类的优点：由各级财政与教育部门分别管理各自的教育财政资金，既有利于调动各方的积极性，又能保证各地可根据自身情况因地制宜地配置好教育财政资金。

**2. 按教育体制标准的分类**

当前，世界各国一般实行学前（幼儿）、初等、中等、高等和其他形式的教育体制（或称为教育程度）。按该种教育体制标准分类，教育财政可分为学前（幼儿）教育财政、初等教育财政、中等教育财政、高等教育财政和其他教育财政。

（1）学前（幼儿）教育财政是指学龄前儿童的政府财政教育经费投入。主要包括幼儿教育的场所设施建设支出、幼儿教育的管理与行政支出等。

（2）初等教育财政是指小学阶段的政府财政教育经费投入。主要包括学校的设施建设支出、教师的工资待遇支出，以及教学管理与行政支出等。该阶段的教育属于义务教育，其教育经费基本上由政府财政承担。

（3）中等教育财政是指中学阶段（包括中专和职校、技校）的政府财政教育经费投入。中国普通的初中教育仍属于义务教育，其教育经费主要由财政承担；中专、技校及部分职校的经费来源除由政府财政承担一部分外，其余由办学单位承担或通过非政府方式筹集。

（4）高等教育财政是指大学阶段的政府财政教育经费投入。大学教育包括专科生、本科生、硕士研究生和博士研究生教育（博士后属于人才工作经历，中国未列入教育财政口径）。目前，世界上绝大多数国家认为高等教育不属于义务教育范围，政府仅承担部分教育经费。

（5）其他教育财政除上述以外，主要包括成人教育支出，教师、职员的进修与培训支出，如聋哑学校、残疾人教育培训中心等特殊教育的财政经费支出。

按照教育体制标准的分类，可明确看出教育财政经费在各个教育层面下的使用情况，从而有助于明确教育产品的公共性质，调整公共教育财政支出结构，并使之趋于合理，以保障公共教育经费的有效运用，促进教育事业的更快发展。

### （三）教育财政的功能

功能具有效能、功效之意或对象满足需要的属性，一般是指事物或方法所发挥的积极作用。教育财政的功能是指家或政府及其主管部门筹措、分配和监控教育财政经费的效能。

（1）筹措教育财政经费的功能。该功能主要是指筹措教育经费和其他教育资源，以保证国家教育发展的需要。其途径主要包括：一是制定有关法律法规，确定教育经费的筹集渠道及相应的比例，保障教育经费筹措的合法性和有效性；二是在各级政府公共财政支出中保证教育支出的逐步增长；三是通过各种行政或经济手段吸纳社会资金或资源投资教育事业。

（2）分配教育财政经费的功能。该功能主要是指分配教育财政经费和配置教育财政资源。其基本依据是国家有关教育法律法规与政策、社会对各级各类教育的需求，以及各级各类教育自身的经费需求。教育事业的发展，一方面取决于教育财政经费及其他教育资源的多寡；另一方面取决于教育财政经费的分配是否合理，教育财政资源的配置是否科学。

（3）监控教育财政经费的功能。该功能主要是监控教育财政经费的合法使用和其他教育资源的有效利用。监控教育财政经费管理的全过程，包括教育财政经费取得渠道、使用项目、预算决算和绩效评估等环节。对各级各类教育机构的财务活动合法合规地予以监控，防止违法违纪使用教育财政经费，杜绝铺张浪费，保障教育财政经费用得其所、教育资源发挥应有的效益。

## 二、教育财政的变迁

教育财政是伴随着社会经济发展逐步发展与完善的，这里以教育与经济关系为出发点，以教育财政理念与体制为主线，来释析教育财政变迁的历程及其逻辑。

### （一）教育财政变迁的历程

#### 1. 先经济后教育发展的财政理念（20 世纪 80 年代以前）

中国"先经济后教育"的教育财政管理理念，是由新中国成立初期"一穷二白"的经济状况所决定的，也是为尽快恢复经济困境而提出的基本战略。新中国成立后，因长期战争创伤，整个国家百废待兴，但可利用的财政资金极其有限，为快速摆脱现实困境，国家提出了大力发展重工业战略，仅有的财政资源优先用于重工业或工业发展，故此"先经济后教育"财政理念应运而生。

该理念在认识方面主要表现为：在产业属性上，把教育视为一种消费、一种社会福利，不具有生产性；在教育哲学性质上，认为教育属于上层建筑，教育发展取决于经济基础，即只有经济发展起来了，才能发展教育；在国家发展序列上，认为教育与经济发展、恢复生产、国家安全相比处于次要地位；在财政预算上，教育和教育支出被边缘化，在与其他事业（产业）争夺资源的博弈中淡出。

该理念在实践方面主要表现为：一是在国计民生的统筹安排中教育被不断边缘化，在财政资源有限的条件下，教育支出被视为消费支出自然属于削减之列；二是每当国家出现经济困难，教育经费就成为首要削减的对象，如1961年财政部党组在《关于当前财政情况的简要报告》中，建议当年行政费在年初指标基础上削减10%，卫生事业费削减20%，教育和其他各项事业费削减30%。

教育公共性初现财政的"缺位"问题，主要表现在：新中国成立初期，国家提出了教育面向全体国民开放和普及小学教育的目标（方晓东等，2002），中央直管公办中小学教育事业费，中学由专署区县管理，小学经费来自地方附加，该种政策持续到1980年；财政投入严重不足，新中国成立后30年内教育经费短缺严重，如1970年教育财政投入仅占GDP的1.22%，且缺乏政策文件的规范和法律的约束。

**2. 教育经济同步发展的财政理念（1980～1991年）**

改革开放后，中国各个领域发生了翻天覆地的变化，1980年12月1日《人民日报》头版头条刊发了《全党全国人民都要重视教育》的重要社论；1982年9月党的十二大提出将教育和科学作为经济发展的战略重点。[①] 这是我们党首次提出教育作为国家发展的重点战略，也是中国教育发展史具有里程碑意义的重要节点。同时改革教育财政体制，初步形成了教育与经济同步发展的财政理念。

1985年5月通过的《中共中央关于教育体制改革的决定》提出，社会主义建设必须依靠教育，教育必须为社会主义建设服务，这直接影响了教

---

① 中央教育科学研究所. 中华人民共和国教育大事记（1949—1982）［M］. 北京：教育科学出版社，1984.

育财政配置理念的转变，促进了改革开放以后教育财政投入的增长。由于政府财政盘子较小，教育财政支出占 GDP 的比重增长乏力，只是在九年制义务教育的开端 1986 年出现了一个小峰值，1991 年该项指标仅增至 2.86%。

**3. 教育优先发展的财政管理理念（1992~1998 年）**

教育优先发展的理念内生于社会主义市场经济体制发展日益深入阶段。伴随着经济的发展和综合国力的提升，以及对教育发展重要性的认知转变，教育优先发展的财政配置理念应运而生。

（1）教育优先发展理念的缘起。1992 年 1 月教育部印发的《全国教育事业十年规划和"八五"计划要点》中提出教育工作的基本指导方针，把教育放到优先发展的战略地位，使教育同经济协调发展并适度超前。1992 年 10 月党的十四大报告指出："必须把教育摆在优先发展的战略地位，努力提高全民族的思想道德和文化科学水平，这是实现我国现代化的根本大计。"这也是中国教育史上首次在党的全国代表大会中提出"教育优先发展"的战略。

（2）教育财政管理进一步规范。1993 年 2 月中共中央、国务院印发的《中国教育改革和发展纲要》规定：逐步提高国家财政性教育经费支出占国内生产总值的比例，20 世纪末达到 4%；各级政府必须认真贯彻规定的"中央和地方政府教育拨款的增长要高于财政经常性收入的增长，并使按在校学生人数平均的教育费用逐步增长"的原则，要提高各级财政支出中教育经费所占的比例。这是新中国成立后中国首次对教育财政整体投入提出的量化指标。

（3）教育财政转移支付确立。教育财政转移支付制度是完善教育资源配置的一种配套制度。为解决贫困地区教育发展资金短缺问题，1995 年国家提出了"科教兴国"战略，极大提升了教育的重要地位，同时推行了教育财政转移支付政策，转移支付的数量和范围均逐年加大，有效地缓解了贫困地区教育困境，开启了义务教育均衡发展的序幕；1996 年 6 月国务院出台《关于国家助学贷款管理规定》之后，基本形成了"奖助贷补减"相结合的贫困学生资助措施。

（4）教育财政层级配置失衡。例如，1995 年，我国义务教育生均经费为 378.91 元，与高等教育生均经费 5442.09 元相比，相差 14.36 倍。农村义务教育生均经费与高等教育生均经费相比反差很大，若计算生均公用经费差值更大。1995 年全国义务教育生均公用经费为 44.38 元，与高等教育生均公用经费 2339.73 元相差 52.72 倍，农村义务教育生均公用经费与高等教育生均公用经费相差更是高达 89.09 倍。1996 年和 1997 年虽有所下降，但 1998 年再次反弹，且呈现上升态势。义务教育投入偏低，影响了义务教育的普及程度和范围，进而影响全体国民素质的提升（冯俏彬，2002）。

（5）城乡教育经费反差巨大。教育法规明确规定农村居民要缴纳教育费附加，但对城镇居民则无要求，且各地征收教育费附加分为按人口、收入或承包土地量等不同方式征收。此外，教育法对义务教育基本建设投入规定为城镇由政府负担，农村则由乡村负责，部分可通过向农民集资解决，但较难保障农村义务教育的质量和水平。尤其是偏远贫困地区，农村学校的基本办学条件都难以保障，危房比例高、条件差、基本教学设施缺失、代课教师多等问题突出（王善迈等，2003）。

**4. 教育作为重中之重的财政理念（1999 年以来）**

教育"重中之重"的财政资源配置理念内生于公共财政的转型与发展。1999 年中国政府提出建立公共财政框架，政府财政根据教育公共性程度的不同对投资重点进行选择，由于农村义务教育相对落后，发展的迫切性更强，因而成为教育财政投入的"重中之重"。

（1）教育重中之重财政投资理念的形成。1999 年全国教育工作会议明确提出，财政投入要确保普及义务教育及承担普通高等教育的大部分经费，地方各级政府要保障义务教育财政专款专用支出；非义务教育阶段要适度增加学费的占比，逐步建立公共财政与市场经济相结合教育财政拨款政策和成本分担机制。同时强调省级政府要落实对农村义务教育投入的责任，优化本地区财政支出结构，建立规范化的转移支付制度，重点是贫困县的转移支付，保障县级财政对农村义务教育的支付能力。

（2）教育财政救助社会弱势群体的发展。从 2001 年开始实施义务教育均衡发展战略，对薄弱学校给予最低保障，相继出台了对社会弱势群体的教育财政救助政策。例如，2001 年 6 月教育部和财政部印发了《关于对全国部分贫困地区农村中小学生试行免费提供教科书的意见》，2004 年中国政府免费发放教科书的经费达 4 亿元。[①] 2015 年 11 月国务院决定，从 2017 年春季开始，统一对城乡义务教育学生（含民校学生）实行免除学杂费、免费提供教科书、对家庭经济困难学生补助生活费的"两免一补"政策。

（3）建立与完善教育财政管理制度。21 世纪以来，国家出台或修订了《中华人民共和国教育法》《中华人民共和国高等教育法》《中华人民共和国民办教育促进法》《中华人民共和国义务教育法》《中华人民共和国职业教育法》等法律，以及一系列教育行政法规和发展规划等政策文件。其核心内容主要包括：将城乡义务教育经费、学前教育纳入公共财政保障范围；普通高中以财政投入为主；完善中高职院校生均拨款制度；构建高等教育中央高校预算拨款制度；建立健全从学前教育到研究生教育各阶段全覆盖的家庭经济困难学生资助政策体系。

综上所述，中国教育财政管理理念的变迁，是与公共教育财政制度的变迁相统一的。教育财政制度是利益相关方博弈与协调的内生性制度，体现为利益相关方主体预期和即期收益的满足。从低收入群体看，教育财政保障了其基本教育权利的实现；从高收入群体看，拓展了其教育选择的水平；从政府层面看，实现了国家和个人、长远与近期利益的统一，维护了政府权威和公信力形象与长治久安的统一。因此，公共教育财政制度的实施与完善是利益相关方主体利益协调的最大化（栗玉香，2015）。

## （二）教育财政变迁的逻辑

政府教育财政理念是政府在财政投入和管理方面对教育价值取向的反映。新中国成立后，教育财政理念先后更迭，如最初是以大力发展经济为主，逐步过渡到经济和教育并重理念，再过渡到教育优先发展战略，直至将教育作为一切发展的重中之重。教育财政理念的变迁反映了政府的执政理念从大力发展经济、认识教育对经济发展之重要性，以及教育财政体制的变化过程。其基本逻辑：政府教育财政理念的变迁是以财政和教育财政

---

[①] 更多的农村贫困生将免费得到教科书［N］. 中国青年报，2004 – 02 – 27.

的公共性为核心不断演变的，政府教育财政管理及其配置逐步从"缺失"过渡到"补位"，最终发展到"上位"理念。

教育财政理念主要体现在教育的公共性方面。从教育收益视角看，教育收益具有社会性，教育不仅造福于个人，为个人未来收益奠定基础，而且同样造福于社会，教育的社会收益越大，教育的公共性越高；从教育财政投入视角看，教育财政投入义务教育的比例越大，其教育公共性实现程度越高，伴随公共教育的发展，教育公共性的内涵也日益变迁。受政府教育财政模式选择和财政水平尤其是财政管理理念的影响，不同地区及不同发展时期教育公共性的发展水平也不同，因而一个国家教育的公共性可从公共教育和教育财政制度的沿革来考察。

从财政管理理念看，公共教育财政制度是教育公共性与财政公共性的统一。财政的公共性和教育的公共性也不是一成不变的，其中财政的公共性制约着教育公共性的实现水平。由于财政模式选择影响着财政公共性的实现并制约教育的公共性，故而财政模式也会影响教育公共性的程度。教育财政管理理念是按照政府财政职能及财政运作公共性定位，以及教育公共性体现水平和实现程度的提升、教育与财政公共性统一的逻辑变迁的。教育公共性和财政公共性是公共教育财政体制或制度的根本属性，教育财政管理理念变迁的历程也正是其根本属性不断彰显并走向统一的过程（栗玉香，2005）。

## 三、教育财政的基础

伴随社会经济发展，教育与经济发展的关系越来越密切，教育与经济相互促进、共同发展。这既体现了生产力对教育的决定性作用，也体现了教育对生产力的积极影响。

### （一）生产力对教育的决定性作用

社会生产力为教育发展提供物质基础，也决定了教育的发展方向。主要体现在：教育发展需要必要的物质资源支撑，包括人力、物力和财力方面的投入，并取决于经济发展水平；同时经济发展也对教育发展方向和模式等提出了一定的要求，确保教育发展能满足经济发展对人才培养的需求。

### 1. 生产力决定教育的规模与速度

社会生产力水平对教育发展的规模和速度具有决定性作用。主要表现在：一是生产力发展水平决定了剩余劳动的数量及其受教育人口尤其是高等教育的数量；二是生产力发展水平决定了教育经费的投入能力，体现在投入的绝对值和比例两个方面；三是生产力的发展对教育发展也提出了需求，反映在社会要求教育能提供足够数量和高质量的专业人才，以及对教育需求的增长方面。就中国而言，不断满足人民群众日益增长的文化教育方面的需求，是教育发展的不竭动力。

教育发展规模和速度往往取决于两方面的条件：一是生产力发展为教育发展提供的物质基础，即能提供的剩余产品和人力资源的数量，用于教育条件（主要是教育经费）；二是生产力发展到一定阶段对劳动力的需求状况，也决定着教育体系结构。世界经验证明，每次工业革命后都提出了与之相对应的教育普及层次，如第一次工业革命后提出普及初等教育，第二次工业革命后提出普及中等教育，第三次工业革命后提出普及高级中等教育，信息技术革命后提出大众化高等教育。

### 2. 生产力决定教育的结构与内容

教育结构通常是指各种不同层次和类型的学校的占比和构成。社会生产力发展水平决定了社会经济结构并制约着教育结构。生产力发展导致社会经济结构的变迁，同时教育结构也随之发生改变。例如，各层级教育的比例，普通教育与职业教育，全日制教育与在职教育，尤其是高等教育不同层次、不同类别、不同专业和学科之间的比例关系，都要与当时的生产力发展水平相适应，否则，就会出现教育结构比例失衡、人才培养不足或过剩等诸多问题。

伴随生产力的发展，科技日新月异，知识不断更新换代，教育内容也随之发生变化，促进了学校课程结构与内容的不断完善；课程的改革决定了教育内容的变化，而每次重大教学内容的创新都反映了当时生产和科技发展的新需求。与此同时，生产力发展水平直接影响了教育的手段，即教学手段伴随科技进步而逐步升级，如由音频设备到视频设备再到计算机多媒体的应用，以及互联网教学的普及等方面都反映了生产力发展水平的变化，并由此不断提升教育现代化水平。

### （二）教育对生产力的积极影响

教育对生产力的影响可通过人力资本反映出来，主要体现在教育为社会生产力发展提供了一定的人力资源，而人力资源教育对生产力也会产生直接的影响，同时教育还可通过再生产劳动力和科学知识发挥其促进生产力发展的积极作用。

**1. 教育对人力资源的影响**

西方经济学界认为，除劳动、资本、土地是影响经济增长的基本要素外，还应包括技术改进、知识进步和人力资源质量的提升，其中人力资源在经济发展中起到越来越重要的作用。人力资源是指能够推动经济社会发展的、具有智力劳动和体力劳动能力的人的总和。人力资源包括数量和质量两个方面，从现实应用状态主要包括体质、智力、知识和技能四个方面，其中质量指人所具有的体质、文化知识和技能水平，而一定数量的人力资源是社会生产必要的先决条件。

提升人力资源的数量和质量是教育的根本目的，教育为人力资源的再生产而服务。人类社会发展过程中，设备升级、技术改造和技术研发，要通过教育培养的专业人才来完成；先进的设备、科技的应用，需要教育培养的高素质的技能型人才来完成；科学管理则需要教育培养的大量高水平的管理人员来完成。教育可促进人的综合素质的提升，既包括技能的提升，也包括智力、学习能力和思想素质的提升，通过全面提升人的综合素质使潜在的生产力转化为现实的生产力。

**2. 教育对科学知识的影响**

科学知识在应用之前仅为一种潜在的生产力，只有通过教育才能实现科学知识的再生产，科学知识也需要通过教育获得持续的传承和发展。因此，教育是实现科学知识再生产的基本途径。通过教育将科学知识再生产的效能不断提升，将科学知识在较短的时间内在更大的范围内传播，从而使科学理论知识得到普及、先进生产经验得到推广、劳动生产效率得到提高，进而促进社会生产力的发展。高等教育尤其是研究生教育，更是承担着科学知识再生产的职能。

总之，被生产力决定的教育所培养的人力资源（资本），要通过生产实践或配套管理、服务、研发等职能去巩固相应的经济基础。教育和社会生产力的相互依存和相互作用最终培养出能够适应一定社会需求的劳动者，并使社会经济得以延续和发展，而教育和生产力的相互依存和相互作用最终是社会关系和社会再生产，借此促进社会生产力和经济基础不断发展和强大。

## 四、教育财政的改革

### （一）教育财政的基本制度

教育财政制度健全与否、权威性和有效性如何，不仅对教育经费及有关资源的筹集、分配与使用有着重大影响，而且将影响到教育事业的顺利健康发展。

#### 1. 教育财政的基本目标

1993 年中共中央、国务院发布《中国教育改革和发展纲要》，规定国家财政性教育经费支出占 GDP 比例要达到 4%。这一目标既是一个有效的财政资源配置策略和目标，也是教育财政实行目标管理的一项制度。但因 GDP 增长迅速、财政收入占 GDP 比较低等多种原因，该目标未能如期实现。2010 年 7 月中共中央、国务院印发《国家中长期教育改革和发展规划纲要（2010—2020 年）》，明确 2012 年国家财政性教育经费支出占 GDP 的比例达到 4%。实践中，2012 年该比例首次突破 4%，达到 4.28%。

2012 年落实"4%"目标后，教育财政采取的挂钩机制及相应中央集权产生了政策校正压力，但加大了政府统筹安排财力的难度，因而 2013 年开始取消财政教育支出挂钩办法。2018 年发布的《国务院办公厅关于进一步调整优化结构提高教育经费使用效益的意见》中强调确保两个"只增不减"政策，即保证国家财政性教育经费支出占 GDP 比例一般不低于 4%，确保一般公共预算教育支出逐年只增不减、确保按在校学生人数平均的一般公共预算教育支出逐年只增不减；优先落实义务教育阶段教师工资收入政策。

**2. 教育财政的预算制度**

教育财政预算是指各级政府及有关职能部门制定的教育财政年度收支计划，包括教育财政预算收入和支出两大部分。教育预算制度是制定教育预算所必须遵循的各项原则、程序、规章和要求，也是编制教育预算的准则与规范。中国教育财政预算实行中央和地方政府分工负责的体制。

教育财政预算制度的特点主要表现在：一是规范性，编制教育财政预算的体制、程序和要求，以及预算的编制、审查和审批都有严格的规定；二是严肃性，编制教育财政预算过程的各个环节都有明确的责任；三是权威性，教育财政预算计划一经批准就具有法律效力，必须依法得到执行。

**3. 教育财政的决算制度**

教育财政决算是指各级政府针对教育财政预算执行情况依法编制的会计年度结算报告。主要包括会计年度教育财政经费收支情况和财政决算分析两部分，前者应与预算项目相对应，后者是对教育财政经费使用情况的说明。中国教育财政决算，采用中央和地方分级教育财政决算的体制。

教育财政决算制度是指编制教育决算的准则与规范，包括有关的原则、规章、程序及要求等。其作用在于：一是保证教育财政决算工作的如期顺利完成；二是规范各种教育财政决算活动，使其有章可循；三是预防教育财政决算过程中的各种违规行为，提高教育财政决算的可信度。

**4. 教育财政的审计制度**

教育财政审计是指各级政府审计部门和财政、教育部门内审机构对教育部门或教育机构的教育财政收支及其他相关经济活动进行的审查、考核、评价与监督。其内容主要包括教育财政预算审计、教育财经法纪审计、教育经济审计和教育财务簿据审计。

教育财政审计制度是指保障教育财政审计活动得以进行的各种准则与规范。教育财政审计制度不仅对审计机构、审计人员、审计职能、权限范围和工作要求等有明确的规定，而且对审计工作的原则、依据、体制、程序、方法和审计结果的处理等都有明确具体的要求。

中国实行双重教育财政审计制度，即各级政府审计部门根据国家有关法律法规，对各级政府的教育财政收支和教育机构的财务收支进行审计监督，财政、教育系统内部的审计机构有依法行使教育财政审计监督的权力。

**5. 教育财政的税收制度**

教育财政中的税收是指国家从国民收入中征收的用于发展教育事业的税收或附加。教育费附加不是国家税法所明确规定的、严格意义上的教育税收，但实际上已经具有了教育税收的性质。教育费附加的征收可为国家开征教育税奠定基础。

教育财政税收制度是指国家征收教育税收的各种准则和规范。一般在直接征收教育税的国家，教育税收制度比较完善。目前，中国尚未建立教育税收制度，但有类似教育税性质的教育费附加和地方教育费附加，前者按实际缴纳的增值税、消费税、营业税的7%、3%、1%征收，后者按3%征收。

**（二）教育财政改革的思考**

中国自2012年实现财政性教育经费支出占GDP比重4%的目标后，该比重连年保持在4%以上。2018年全国教育投入总量为4.61万亿元，与新中国成立初期相比年均增长13.4%，有效地促进了教育事业的快速发展。教育财政改革的核心是建立现代教育财政制度，突出教育财政的公共性、法治化和非营利性，完善教育财政体制，构建教育财政经费稳定增长为主、多措并举的管理制度。

**1. 全口径教育财政预算制度**

教育财政预算作为政府的教育财政收支计划，应充分体现现代财政体制框架下政府承担的教育责任，因而应建立全口径教育财政预算制度。在预算编制上，应满足《中华人民共和国教育法》对财政教育经费"三个增长"的法定要求，即公共财政预算内教育经费增长高于财政经常性收入增长、生均公共财政预算教育事业费支出实现逐年增长和生均公共财政预算内公用经费支出实现逐年增长；在财力允许的前提下保证编制财政预算透明、科学、合理，满足教育事业发展的需要。

各级政府要依法保障教育经费投入，努力做到教育经费"两个提高"

"三个确保"的要求，即教育经费支出占 GDP 的比例随国民经济的发展和财政收入的增长逐步提高，教育经费支出占财政支出总额的比例随国民经济的发展逐步提高，以及确保学校的正常运转、确保校舍安全和确保教职工工资按照规定发放。此外，还应立法保证公共教育投入的严肃性和权威性，改革教育财务会计制度，建立专门机构负责教育预算或拨款办法，清晰架构教育财政预算监督体系。

### 2. "后4%时代"教育财政经费投入

从实际教育财政经费投入看，据教育部统计，2012 年全国财政性教育经费首次突破 2 万亿元，占 GDP 的比例首次超过 4%；2018 年全国教育经费总投入 4.61 万亿元，同比增长 8.39%，其中财政性教育经费投入 3.70 万亿元，同比增长 8.13%，占 GDP（91.93 万亿元）的 4.02%，教育财政经费投入总量与 2012 年相比增加了 0.85 倍。从教育财政经费支出看，有三个"一半以上"（义务教育、中西部地区、教师工资与学生资助），充分体现了"保基本、守底线、补短板、促公平、提质量"的原则。

在财政性教育经费支出占 GDP 比重 4% 的目标实现后，是否继续确定这一比例，对比不同专家学者提出了不同的看法。有人认为该指标的衡量标准有欠科学性、合理性，多数教育人士建议应将该比例提至 5%，其最终目的均为保障教育财政投入的不断增长。可以说，4% 的目标是中国在特殊历史背景下制定实施的，今后应从立法、行政、财政等方面建立教育财政投入的长效机制，健全与完善多元化教育经费保障体系，以及教育财政经费的拨款、使用、监管和问责制度机制等。

### 3. 财政投入与教育改革相结合

现代教育财政制度建设应着眼于教育事业发展、立德树人和各级各类教育改革创新，把完善教育财政投入机制与推动教育事业改革发展结合起来。例如，教育财政投入要服务于国家重大战略，在方向上要有前瞻性地设计与之相关的主题，以及学校布局、师资配备和专业结构等方面的安排；着力引导教育财政投入向特殊地区、特殊人群、薄弱环节和关键领域倾斜，以解决教育难点和热点问题；加大教育人力资本投入，确保中小学教师平均工资水平不低于或高于当地公务员平均工资水平。

促进教育财政公平，加大社会教育投入。例如，建立"奖助贷勤补免"、全覆盖的多元化学生资助制度体系，凸显公共财政恪守公平的基本价值取向；扭转教育经费中财政性经费"单腿"增长的格局，积极引导、扩大私人与社会性教育投资；合理划分、确定教育领域财政事权和支出责任，完善教育财政转移支付制度；政府及其教育管理部门应用好、管好每笔教育财政资金，不断完善财政教育管理机制，为实现教育体制机制改革目标，建设具有中国特色、世界水平的现代教育提供资源支撑。

# 第二章

# 教育财政收支规模

　　教育财政收支是教育财政收入与教育财政支出的统称，前者反映市场经济条件下国家教育经济规模与发展水平，后者反映市场经济条件下政府教育支出的范围、规模、结构和方向。本章主要释析教育财政收支基础理论、教育财政收入规模分析和教育财政支出规模分析三个问题。其中，教育财政收支基础理论包括教育财政收入的意义、形式和科目，以及教育财政支出的原则、分类和科目；教育财政收入规模分析包括教育财政收入规模的指标、管理制度和趋势分析；教育财政支出规模分析包括教育财政支出规模指标、变化趋势和问题分析。

## 第一节　教育财政收支基础理论

### 一、教育财政收入的基础理论

　　财政作为以国家为主体的分配活动，凭借公共权力介入国民收入分配过程必然要占有一部分收入份额。从这个意义上说，教育财政收入是指政府为履行其职能、实施公共教育政策和提供教育公共物品与服务需要而筹集的一切资金的总和，表现为政府部门在一定时期内（通常为一个年度）

所取得的教育财政货币收入。

## （一）教育财政收入的意义

一般而言，教育财政主要具有筹措、分配、监控教育经费三大基本功能，教育财政收入可理解为一个筹措和分配过程，并形成特定的分配关系或利益关系。其意义主要体现在以下三个方面。

第一，教育财政收入是教育财政支出的前提。教育财政收入属于财政收支的重要组成部分，其中教育财政支出是以国家和地方财政收入为基础，故而国家和地方财政收入也就构成了教育财政支出的必要前提和基本保证。通常，国家和地方教育财政收入的数量决定着教育财政支出的规模，筹措更多的教育财政收入可为教育财政提供更多的支出保障。因此，只有在经济发展的基础上积极聚集财政资金，才能为更多的教育财政支出创造前提条件。

第二，教育财政收入是各利益相关方利益关系的体现。国家为实现其职能必须掌握一定数量的财政资金，教育财政收入是国家聚集资金的重要手段，对实现国家职能有重要的现实意义。同时，教育财政收入涉及的不仅是聚集资金、资金来源方式和取得多少的问题，而且关系到国家教育政策的贯彻落实，关乎各利益相关方利益关系的处理。只有正确处理好各利益相关方的利益关系，才能实现充分调动各利益相关方的积极性和协调教育分配关系的目的。

第三，教育财政收入为教育事业发展提供物质保障。从当代世界各国教育发展趋势看，政府的作用越来越大。就中国而言，教育财政的根本任务是为教育事业提供物质保障。要研究教育经费占国民生产总值、国民收入、财政收入与支出的合理比例，为政府及有关部门提供决策的依据，为教育事业发展投入较为充分的经费；要发挥教育财政筹措教育经费的作用，将分散在各地区、部门、企业单位及个人手中可用于教育经费的资源通过法律制度筹集起来，以弥补政府教育投入的不足。

## （二）教育财政收入的形式

教育财政收入形式是指政府采取什么方式获得的教育收入，即取得教育财政收入所采取的具体方式或方法。按照教育财收入来源标准划分，政府教育财政收入主要包括财政预算内教育经费、各级政府征收用于教育的税费、企业办学教育经费、校办产业和勤工俭学，以及社会服务收入中用于教育的经费和其他属于国家财政性的教育经费。

按教育财政收入来源标准的分类，有助于把握教育财政经费的收入来源，可使一些专项经费做到专款专用；有助于政府公共教育支出与私人筹资（非教育财政性经费）进行比较，并了解整体教育经费筹集的状况；有助于规范教育财政资金收支，促进教育事业的稳固发展。

### （三）教育财政收入的科目

2007 年中国对政府收支分类进行改革，之后每年一般要进行修订和完善。新财政收入分类主要反映政府收入的来源和性质。根据财政部制定的《2020 年政府收支分类科目》，按经济性质将政府收入分为类、款、项、目 4 级，具体包括税收收入、非税收入、债务收入和转移性收入 4 类 39 款（分别为 20 款、8 款、2 款和 9 款）。

非税收入（103）包括 9 款，其中第 9 款（编号 99）"其他收入"中的教育财政收入包括三项：一是"教育费附加收入（03 项）"，包括教育费附加收入（01 目）、成品油价格和税费改革教育费附加收入划出（02 目）、成品油价格和税费改革教育费附加收入划入（03 目）、中国铁路总公司集中缴纳的铁路运输企业教育费附加（04 目）、中国铁路总公司集中缴纳的铁路运输企业教育费附加待分配收入（05 目）和教育费附加滞纳金、罚款收入（99 目）；二是"地方教育费附加收入（16 项）"，包括地方教育费附加收入（01 目）和地方教育费附加滞纳金、罚款收入（99 目）；三是"地方教育费附加收入（19 项）"，属于中央与地方公用收入科目。

## 二、教育财政支出的基础理论

### （一）教育财政支出的原则

教育财政支出通常也被称为政府教育支出或公共教育支出，是指政府为提供公共教育服务、满足教育事业发展需要而进行的资金支付。建立适应社会主义市场经济要求的教育财政体系，其实质是从满足教育事业发展需要和提高教育教学质量出发，使教育财政支出的范围、规模、结构、效益与政府职能范围、方向相适应，因而应当遵循以下原则。

第一，保证政府职能的原则。财政是政府职能在社会产品分配中的集中体现，教育财政支出就是要保证政府实现其职能。在市场经济条件下，政府活动主要通过财政参与社会资源配置弥补市场缺陷，为社会提供必不可少的公共教育服务。保证政府职能特别是教育事业发展的需要，一方面要求科学界定教育财政支出的范围，明确教育财政资金供给范围；另一方面，教育财政支出要保证重点教育支出特别是义务教育支出的需要。

第二，促进教育发展的原则。一般而言，教育事业发展上升阶段政府的财政性教育支出占公共财政支出的比重呈明显的递增趋势，社会服务性支出占财政支出的比重呈递减的趋势，特别是政府维持性支出占财政支出的比重也呈现明显的递减趋势，社会服务性支出内部的转移支付支出呈上升的趋势。因此，在优化教育财政支出结构时，必须根据国家和各地区所处的经济发展水平、财政能力等情况适时调整支出结构，不断加大教育财政支出的力度，以保证教育事业健康、稳定与高效发展。

第三，兼顾公平效率的原则。公平与效率是建立政府教育财政支出的核心。公平实际上是与收入分配相联系的概念，讲求教育公平就是要在教育财政支出分配中做到合理、公开和透明，使各部门和单位对年度经费预算做到心中有数。效率与资源配置紧密相联，以投入和产出之比计量，高效率主要来自对社会资源的优化配置，要使有限的资源发挥最大的效益，就必须以最小的教育财政投入取得最大的效益，为此，教育财政支出预算规模要适当，支出结构要合理。

第四，依法管理支出的原则。依法管理财政教育支出包括：一是建立健全教育财政支出法律法规体系及其相适应的监督管理机制，使其有法可依，保证教育财政支出活动的科学性和法制性；二是树立依法预算、依法办事的观念，真正做到有法必依、执法必严和违法必究，以保证教育财政支出活动的规范性和有效性。因此，在教育财政支出预算的编制、执行和调整等各个环节，都必须贯彻和强调依法教育支出的原则，避免"以言代支、以权代支"等违法违纪问题的发生。

## （二）教育财政支出的分类

### 1. 按支出用途标准的分类

按财政支出用途标准，可将教育财政分为教育事业费支出和教育基建投资支出。教育事业费支出是指日常的财政教育经常性费用支出。包括人员经费支出和公用经费支出，前者指教职工的工资、奖金和其他福利性开支，以及学生的奖学金和助学金等；后者指教学机构的教学、科研和办公费用，以及教学仪器、设备和图书资料等的购置经费。教育事业费支出一般占政府财政教育支出的 60% 以上。

教育基建投资支出是指财政用于学校房屋建设及危房改造等方面的费用支出。主要包括教学楼建设，与教学相关的科研楼、实验楼和图书馆建设，为教学服务的办公楼和礼堂、教职工宿舍建设，以及学生公寓和食堂建设等。

按教育财政支出用途标准分类方法的好处在于，可掌握教育财政资金的具体使用方向，在教育经费有限的情况下可合理调度资金，可达到先维持（尤其满足教育事业费开支）、后发展（再将剩余资金用于基建投资）的目的。

### 2. 按支出性质标准的分类

按支出性质或支出有无补偿标准，可将教育财政分为教育财政购买性支出和教育财政转移性支出两类。教育财政购买性支出是指政府遵循有偿原则，为满足各种教育事业发展而用于购买与教育相关的商品和劳务的支出。政府只有购买这些商品和劳务，才能生产出公众所需要的公共产品和劳务，这种支出意味着政府对经济资源的索取和消耗，故购买性支出又称为消耗性支出。

教育财政转移性支出是指政府单方面、无偿地支付给其他事业主体或机构所需的教育经费。主要包括各种教育补贴和补助等。政府在付出经费时，并没有相应地获得任何回报，只是扮演一个"中间人"的角色，将一部分纳税人的钱无偿地转移给另外一部分人使用。

这两类教育财政支出标准的分类，有助于分析教育财政支出产生的不同经济影响。在不同经济发展时期政府的教育政策和教育投入的重点有所不同，相应教育财政支出结构也会有所不同。一般而言，在经济发展水平较低时，教育财政支出中购买支出比重较高，转移支出的比重较低；在经济发展水平较高时，购买支出的比重会有所降低，而转移支出的比重会明显上升。

### （三）教育财政支出的科目

2007 年以前，中国财政支出按政府职能分类，分为国防支出、行政管理支出、社会文教支出、经济建设支出和其他支出 5 类。2007 年 1 月起实施政府收支分类改革，采用国际通用做法将财政支出科目按支出功能设置类、款、项 3 级，使之能更清晰地反映支出的总量结构和方向。类级科目反映政府的某一项职能，款级科目反映为完成某项政府职能进行的某一方面工作，项级科目反映某一方面工作的具体支出。根据《2020 年政府收支分类科目》，财政支出按支出功能分类的类级科目包括一般公共服务支出（201）、外交支出（202）、国防支出（203）、公共安全支出（204）和教育支出（205）等 27 类。

上述教育支出（205）的"类"级科目再细分为"款"级科目，包括教育管理事务（01）、普通教育（02）、职业教育（03）、成人教育（04）、广播电视教育（05）、留学教育（06）、特殊教育（07）、进修及培训（08）、教育费附加安排的支出（09）和其他教育支出（99）等 10 款；款级科目再进一步细分"项"级科目，如普通教育中的"项"级科目包括学前教育（01）、小学教育（02）、初中教育（03）、高中教育（04）、高等教育（05）、化解农村义务教育债务支出（06）、化解普通高中债务支出（07）和其他普通教育支出（99）的 8 项。可见，类、款、项三级科目的划分方法，政府教育财政投向何方，在预算支付和决算统计上均能清楚地反映出来。

## 第二节
### 教育财政收入规模分析

## 一、教育财政收入规模的指标

教育财政收入规模是指教育财政收入在数量上的总体水平。它是衡量国家财力和教育事业发展的重要指标。衡量教育财政收入规模的指标包括教育财政收入的绝对量和相对量。教育财政收入的绝对量是指在一定时期内教育财政收入的实际数，反映一国政府的具体财力状况。教育财政收入的相对量是指在一定时期内教育财政收入与有关社会经济指标的比率，即财政征收程度。其指标主要包括教育财政收入占国内生产总值（GDP）比重和人均教育财政收入等，其中教育财政收入占 GDP 的比重为基本指标，也是国际上衡量教育财政收入规模大小的比较通用的指标。

## 二、教育财政收入的来源渠道

按照中国现行法律制度，教育财政收入的来源主要包括财政预算教育拨款、教育费附加及地方教育费附加、学费和杂费、企业办学经费、学校预算外教育投资、社会集资与捐资 6 个方面，其中前两项是教育财政收入的主要来源。

### （一）财政预算教育拨款

财政预算教育拨款是教育经费的主要来源，是靠国家财政预算的分配来实现的。但预算教育事业费、教育基本建设投资和其他预算内教育投资的筹措不尽相同。

预算教育事业费是由中央和地方各级政府分别筹措，相互补充和配合。1985 年《中共中央关于教育体制改革的决定》规定，基础教育及中等教育由地方全权负责，分级管理；普通中等教育和基础教育事业费通常由县和乡镇负责，中等专业教育事业费一般由省和地、市按照隶属关系分别负责；高等教育实行中央、省（自治区、直辖市）、中心城市三级办学和分级管理体制，其事业费的筹措也是实行上述三级负责机制。此外，设立教育事业专项基金，统筹规划、保证重点、扶持贫困、奖励先进，解决一些急需的现实问题。

教育基本建设投资是指用于购置单台价值在 5 万元以上教育、教学设备和新建房屋、设施等的基本建设经费投入，主要包括国家财政预算拨款、自筹及捐资助学、贷款和其他专项资金，其中国家财政预算拨款是教育基本建设投资的主要渠道；其他预算教育经费主要包括各项教育专项补助资金，这些专项补助资金以中央和省级财政投入为主，主要用于老少边穷地区的教育支援建设。

### （二）教育费附加及地方教育费附加

教育费附加是指以单位和个人缴纳增值税、消费税为对象征收的一种附加费。国务院于 1986 年 4 月出台了《征收教育费附加的暂行规定》，并于同年 7 月开征教育费附加，以各单位和个人实际缴纳的增值税、消费税和营业税总额的 2% 计征；2005 年 10 起，教育费附加率提高为 3%；2017 年 10 月国务院决定废除营业税后，其计征依据为缴费人实际缴纳的增值税和消费税总额。教育费附加主要用于发展地方教育事业，拓展地方教育经费筹措渠道。

为发展地方教育事业，一些地方政府还依据教育法规定，开征了地方教育附加费。地方教育附加是指省、自治区、直辖市根据国家有关规定开征的一项地方政府性基金。例如，内蒙古于 1995 年 9 月、辽宁于 1999 年 1 月、福建于 2002 年 1 月起开征地方教育附加，征收率均为 1%。此后，全国省级政府相继开征了地方教育费附加。2010 年财政部统一地方教育附加征收标准调整为 2%。其缴费人和计征依据与教育费附加相同。该收入主要用于各地方教育经费的投入补充。

### （三）其他教育财政收入的来源渠道

#### 1. 学费和杂费

学费不等于教育经费。教育经费作为教育成本来源于国家财政或社会赞助，是国家财政投入公共教育的费用。学费作为受教育者个人学习成本，以家庭、个人投入为主，属于私人教育投入费用。中国现行义务教育免收学费，高中以下教育一般也免收学费。从 1989 年起，新入学的高校学生，需缴培养成本很少一部分的学费，其余大部分培养费用仍由国家负担。因此，学杂费在我国教育投资中所占比例一直较低，到 1993 年也只占教育投资总额的 8.22%。1997 年起，高等教育除师范、农林、地矿、军警和石油院校等少数专业外，均开始收取一定数额的学费。

**2. 企业办学经费**

企业办学是指利用工厂、矿山、企业资源和财力，以厂矿企业投资为主进行办学。厂矿企业办学经费的筹措分为单独筹措和联合筹措两种。通常来说，厂矿企业单独办学的一切办学经费由其单独负责筹措，厂矿企业或部门联合办学的经费由受益方共同筹措，学校在厂矿企业分设教学、培训班的经费由受益方负责筹措。企业办学是多渠道办学和筹措经费的一种重要途径，为支持企业办学，国家允许企业将办学经费列入基本投资计划和营业外开支。

**3. 学校预算外教育投资**

学校预算外教育投资是指高校、中职院校校办企业和开展社会服务活动的创收以及中小学勤工俭学收入等投入教育的资金。校办工厂、校办企业是学校预算外创收的重要手段。学校开展社会服务是指学校利用科技、人才和设备的优势，开展委托培养与举办培训班、转让科研成果、提供科技信息与咨询服务、开放学校体育场馆与实验室、利用学校设备和技术条件对外创收服务等。中小学勤工俭学收入是指按照国家勤工俭学规定组织学生进行劳动教育为主，并按照教学计划进行生产劳动、校办产业等生产经营活动。

**4. 社会集资与捐资**

自 1980 年以来，国家按照国际惯例积极鼓励社会集资、捐资助学。目前社会集资、捐资已成为中国教育经费筹措的重要渠道，并占据教育经费总投资的一定比例。社会集资与捐资的主要形式包括单位集资、个人捐助和境外捐赠等，以及通过建立教育基金制度广泛征集教育基金。1997 年国家教育委员会、财政部等部门联合下发通知确立了地方高校收费标准实行属地化管理，包括学杂费、住宿费等在内均由省级政府确定具体的收费标准。至此，高校收费真正步入地方属地化管理阶段，由地方根据区域经济发展状况自主确定高校收费标准。

## 三、教育财政收入规模的影响因素和变化趋势

### （一）教育财政收入规模的影响因素

世界各国通常将教育财政收入增长作为重要的教育财政目标，但教育

财政收入的增长并不是以政府的意愿为转移，要受到相关因素的制约，主要受经济发展水平、财政收入规模、"两税"收入和税收征管等其他因素的影响。

第一，经济发展水平。一国经济发展的状况或水平可用该国一定时期（通常为财政年度）的GDP等指标衡量。中国教育财政收入占GDP比重远低于发达国家平均水平，且低于部分发展中国家的水平。尽管各国统计口径不完全一致，但基本上可以反映出经济发展水平对教育财政收入规模起着基础性的制约作用。中国明确提出，财政性教育经费占GDP比重不低于4%的目标，因而教育财政投入会随着GDP增长而增长，这是教育财政收入稳定增长的根本所在。

第二，财政收入规模。教育财政收入是财政收入不可缺少的组成部分，财政收入规模是教育财政收入的决定性因素，其中经济发展水平、生产技术能力、收入分配政策等因素又是影响财政收入规模的重要因素。一般而言，财政收入规模越大则表明国家和地方可用财力越大，财政预算教育拨款规模和额度就会越大，因此国家和地方政府在编制教育支出预算时自然会将财政收入规模作为重要因素予以考虑。实践证明，中国财政教育收入规模是随着财政收入规模的扩大而增长的。

第三，"两税"收入。教育费附加及地方教育费附加收入是教育财政收入的重要组成部分，专款专用于教育事业的发展。而教育费附加及地方教育费附加这两种附加收入，直接取决于流转税收中的增值税和消费税（简称"两税"）实际缴税税额，"两税"规模的大小和稳定增长直接制约了教育费附加及地方教育费附加的规模和增长水平，即两种附加收入会随着增值税和消费税的增长而增长。可以说，加强增值税和消费税的征收管理，对稳定教育财政收入增长有着直接的重要作用。

第四，诸如政治、社会、教育、价格等因素对教育财政收入规模也有一定的影响。例如，政治因素对教育财政收入规模的影响，主要体现在政局和政体结构上。一国政局是否稳定对教育财政收入规模有着很大的影响，当一国政权更迭或政局不稳而出现内乱或发生外部冲突或下岗人数急剧增加等突发性事件时，教育财政支出规模必然会出现超常规的变化，从而引起教育财政收入规模的变化。如果一国行政人员素质低、人浮于事，则经费支出增多而产生增加教育财政收入的要求。

### （二）教育财政收入规模的变化趋势

总体上看，我国教育经费依然是以国家财政投入为主，并辅以其他筹资手段。如表 2-1 所示，2000～2018 年，其他经费来源以事业收入为主，占比相对较高；民办教育在 2007 年之前举办者投入相对较高（占比在 2.23%～5.59%），之后急剧下降（2017 年占比为 0.53%）；教育捐赠收入比例则呈现逐年下降趋势，从 2000 年的 2.96% 降至 2017 年的 0.20%；教育事业收入合计比例与学费收入比例保持同步变化，表明其收入来源主要是学费收入，但也呈现一定的下降趋势。

**表 2-1　　　　2000～2018 年我国各类教育经费来源状况**　　　　单位：%

| 年份 | 国家财政性教育经费 | | 民办学校举办者投入 | 捐赠收入 | 事业收入 | | 其他教育经费 |
| | 合计 | 公共财政教育经费 | | | 合计 | 学费 | |
|---|---|---|---|---|---|---|---|
| 2000 | 66.58 | 56.94 | 2.23 | 2.96 | 24.38 | 15.45 | 3.86 |
| 2001 | 65.92 | 58.34 | 2.76 | 2.43 | 24.96 | 16.08 | 3.93 |
| 2002 | 63.71 | 59.40 | 3.15 | 2.32 | 26.66 | 16.84 | 4.16 |
| 2003 | 62.02 | 58.29 | 4.17 | 1.68 | 27.73 | 18.06 | 4.38 |
| 2004 | 61.66 | 58.60 | 4.80 | 1.29 | 27.77 | 18.59 | 4.47 |
| 2005 | 61.30 | 58.75 | 5.37 | 1.11 | 27.79 | 18.45 | 4.42 |
| 2006 | 64.68 | 62.51 | 5.59 | 0.92 | 24.53 | 15.82 | 4.29 |
| 2007 | 68.16 | 66.63 | 0.67 | 0.77 | 26.15 | 17.54 | 4.25 |
| 2008 | 72.06 | 70.43 | 0.48 | 0.71 | 23.22 | 16.20 | 3.53 |
| 2009 | 74.12 | 72.56 | 0.45 | 0.76 | 21.38 | 15.24 | 3.29 |
| 2010 | 74.99 | 72.41 | 0.54 | 0.55 | 20.99 | 15.42 | 2.93 |
| 2011 | 77.87 | 74.66 | 0.47 | 0.47 | 18.54 | 13.90 | 2.66 |
| 2012 | 80.78 | 70.89 | 0.45 | 0.33 | 16.12 | 12.23 | 2.32 |
| 2013 | 80.65 | 70.50 | 0.49 | 0.28 | 16.22 | 12.31 | 2.36 |
| 2014 | 80.53 | 68.82 | 0.40 | 0.24 | 16.54 | 12.35 | 2.28 |
| 2015 | 80.87 | 71.58 | 0.52 | 0.24 | 16.08 | 11.95 | 2.28 |
| 2016 | 80.73 | 71.23 | 0.52 | 0.21 | 16.14 | 12.27 | 2.39 |
| 2017 | 80.37 | 70.29 | 0.53 | 0.20 | 16.34 | 12.44 | 2.55 |
| 2018 | 80.17 | 69.33 | — | — | — | — | — |

资料来源：依据《中国教育经费统计年鉴》（2000～2019 年）统计数据计算得出。

# 第三节

## 教育财政支出规模分析

### 一、教育财政支出规模的指标

教育财政支出规模是指在一定时期（通常为一个财政年度）内政府安排和使用教育财政资金的绝对数量。它是根据国民经济发展状况和政府职能要求等因素，测算和完成的政府集中性教育支出在总量上的反映。教育财政支出规模反映了政府教育对 GDP 的实际占有规模和程度，体现了国家职能和政府教育的活动范围，是研究和确定教育财政分配规模的重要指标。

衡量教育财政支出规模的指标通常有绝对数量指标和相对数量指标两种。前者是指财政年度内政府实际安排和使用的财政资金的总额，一般用元（或千元、万元、亿元）表示；后者是指财政年度内政府实际使用财政资金占相关经济总量指标的比率，其中相关经济总量指标如 GDP 等。例如，教育部关于 2018 年全国教育经费统计快报显示，2018 年全国教育经费总支出为 46135 亿元，同比增长 8.39%，其中教育财政支出为 36990 亿元，同比增长 8.13%；学前教育、义务教育、高中教育、高等教育和其他教育支出占教育经费总支出分别为 7.96%、45.21%、15.57%、26.04% 和 5.22%。

### 二、教育财政支出规模的分析

#### （一）教育财政支出与 GDP 关系

教育经费占 GDP 比例是世界上衡量一个国家教育水平的通行指标，平均约为 4%。对拥有世界最大教育规模的中国而言，4% 目标的实现格外重要、尤为不易。维持如此大规模教育的正常运转，势必需要持续稳定增长的财力保障。伴随全国高校的逐年扩招，全国教育总投资额也呈现逐年递增的趋势，2012 年以来我国在财政收支矛盾较为突出的背景下，教育经费做到了"只增不减",打赢了 4% 的"保卫战"。2018 年国务院办公厅印发的《关于进一步调整优化结构提高教育经费使用效益的意见》又进一步明确提出:保证国家财政性教育经费支出占国内生产总值比例一般不低于 4%,确保一般公共预算教育支出逐年只增不减。

在"2012 年高等教育大事"学术沙龙上陈广超认为:虽然中国教育经费突破了 GDP 的 4%,但从世界各国教育经费占 GDP 的比例看,中国教育经费投入仍需进一步提高。如果考虑到人口因素,中国人均公共教育支出仅为人均 GDP 的 0.82%,而美国为 6.10%、日本为 4.28%、韩国为 3.01%、巴西为 2.29%、俄罗斯为 1.87%,即使"金砖四国"(巴西、俄罗斯、印度、中国),中国教育投入也排在末位(贺祖斌等,2013)。从主要发达国家及新兴市场国家的公共财政支出结构看,欧美发达国家教育支出占比在 11% 左右,其中美国高达 15.8%,日本仅 8.2%,分别为两个极端;在新兴国家中,中国和印度的教育财政支出占比为 13%~15%。从趋势来看,教育支出在新兴市场国家的占比逐渐上升,中国 2003 年教育财政支出占比为 12%,2018 年升至 14.6%(林采宜,2019)。

### (二)教育财政支出变迁的特点

中国教育财政的发展历经鲜明的计划经济、计划经济向市场经济转轨以及新时代中国特色社会主义教育财政的发展过程。研究教育财政支出的演变,有助于全面理解国家及地区教育财政的政策目标、支出变迁、发展轨迹及其对现实的影响和借鉴意义。其总体特点主要体现在以下三个方面。

第一,教育财政支出的规范化。1985 年 5 月中共中央通过的《关于教育体制改革的决定》明确提出了"两个增长",即中央和地方政府教育拨款的增长要高于财政经常性收入的增长,并使按在校生人数平均的教育费用逐步增长。针对过去政府教育财政投入的不规范及其教育经费保障的缺失,国家开始以法律的形式保障教育经费的投入,从而使教育财政投入逐步规范化和制度化。这尤其体现在 1986 年 4 月 12 日第六届全国人民代表大会第四次会议通过的《中华人民共和国义务教育法》中,明确规定"国家用于义务教育的财政拨款的增长比例应当高于财政经常性收入的增长比例，并使按在校学生人数平均的教育费用逐步增长"等。

2018 年 12 月第十三届全国人民代表大会常务委员会第七次会议修正的《义务教育法》第六章专章规定了"经费保障"，其中第四十二条规定：国家将义务教育全面纳入财政保障范围，"国务院和地方各级人民政府用于实施义务教育财政拨款的增长比例应当高于财政经常性收入的增长比例，保证按照在校学生人数平均的义务教育费用逐步增长，保证教职工工资和学生人均公用经费逐步增长"。第四十三条规定："学校的学生人均公用经费基本标准由国务院财政部门会同教育行政部门制定，并根据经济和社会发展状况适时调整。"可见，教育财政支出规范有了法律保障。

第二，教育财政支出稳步提升。20 世纪 90 年代后期，政府财政职能逐渐由过去的以经济职能为主向兼顾公共服务职能转变，教育财政支出比例逐年提高，有效促进了公共教育的发展。例如，适龄人口入学比例逐年提高，普及九年义务教育有效地促进了义务教育的发展，至 1998 年适龄儿童义务教育入学率达到 98.9%，高中教育入学率为 42.8%，高等教育入学率为 9.8%；至 2019 年小学学龄儿童净入学率达到 99.95%，初中毛入学率超 100%，高中教育毛入学率增至 89.5%，高等教育毛入学率增至45.7%；教育财政支出逐年增长，2019 年教育财政支出比 2000 年（2847亿元）增长了 11.99 倍。[①]

伴随地区间经济发展的不平衡，教育财政支出地区之间的不均衡显现。因地区发展间差距巨大，加之中央和省级财政转移支付不足，义务教育财政责任的属地化直接导致了义务教育财政支出地区间的巨大反差。总体上，在省级层面看：东部和中、西部地方政府对教育的重视程度及教育财政支出比率较为接近，但在支出总额和人均教育财政经费方面，限于经济发展水平，前者远高于后者。这不仅反映在省级层面，县、乡级层面差距更为明显。巨大的教育财政支出差距，不仅影响了义务教育的入学率，而且导致义务教育条件和质量的巨大差距，在实践中中国西部地区教育质量明显低于东部地区。

---

① 中国财政年鉴编辑委员会. 中国财政年鉴（2000）［M］. 北京：中国财政杂志社，2001：414-415.

第三，中央教育财政责任扩大。1999 年中央教育财政支出达到 127 亿元，其中国家贫困地区义务教育工程当年支出仅有 8 亿元。2005 年出台的《农村义务教育经费保障机制改革》，以农村义务教育为突破口，首次提出农村义务教育财政按照"分项目、按比例"的方式由"中央地方共担"。2007 年实施新的家庭经济困难学生资助政策体系，中央和地方财政仅 2007 年秋季学期投入的助学经费高达 154 亿元，其中中央财政投入 95 亿元，而 2006 年此项支出资金仅为 20.5 亿元。农村义务教育经费保障机制改革开启了"中央地方共担"义务教育投入责任的先河，且在其他层级和领域产生示范效应。

2010 年新设立支持地方高校发展专项资金，中央当年财政支出 50 亿元；2011 年新设立对地方学前教育补助项目，支出 100 亿元；启动农村义务教育学生营养改善计划，支出 40 亿元；2012 年后国家财政性教育经费继续保持增长态势，至 2019 年国家财政性教育经费已由 2012 年的 2.3 万亿元增至 3.7 万亿元，占 GDP 比例自 2012 年首次超过 4%，之后一直保持在该比例之上。可以说，2005 年至今是新中国成立以来国家财政性教育经费保持持续快速增长时期，这与中国教育财政投入与管理理念的转变有着密切的联系，也是中央财政加大教育投入的必然结果。

### （三）教育财政支出的变化趋势

#### 1. 改革开放前教育财政支出的变化趋势

新中国成立至改革开放时期，中国教育事业有了长足的发展，这与教育经费投入的快速增长是分不开的。1950 ~ 1979 年中，有 7 年的增长率为负值（见图 2 - 1），即 7 年中财政性教育经费支出的绝对值不仅没有增加，反而减少了。这一时期我国财政教育支出的年增长率波动比较大，呈波浪形变化；总趋势是波动幅度逐渐减少，随着时间的变化趋于稳定。

如表 2 - 2 所示，1950 ~ 1979 年，财政教育支出占 GDP 的比重相对较低（见表 2 - 2），基本上在 2% 上下波动，最高为 3.18%（1960 年），最低仅为 1.22%（1970 年）；财政教育支出占国家财政支出的比重均在 10% 以下，并呈现较大波动，最低值为 4.24%（1970 年），最高值为 9.45%（1957 年）。

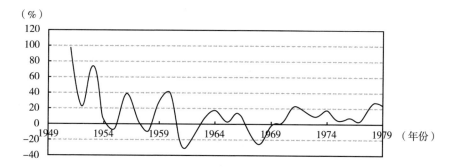

**图 2 - 1　1950 ~ 1979 年我国财政教育支出年增长率**

资料来源：1950 年、1951 年的数据来自《中国教育年鉴（1949—1981）》（中国大百科全书出版社 1984 年版，第 98 页）。其他数据来自《中国财政年鉴（2001）》（中国财政经济出版社 2001 年版，第 362 页）。

表 2 - 2　　　　　　　1952 ~ 1977 年我国教育财政支出及其比重

| 年份 | 教育财政支出（亿元） | 财政教育支出所占比重（%） | |
|---|---|---|---|
| | | 占 GDP 的比重 | 占国家财政支出（不含债务）的比重 |
| 1952 | 11.03 | 1.62 | 6.41 |
| 1953 | 19.25 | 2.34 | 8.78 |
| 1954 | 19.97 | 2.32 | 8.18 |
| 1955 | 19.00 | 2.09 | 7.23 |
| 1956 | 26.53 | 2.58 | 8.89 |
| 1957 | 27.98 | 2.62 | 9.45 |
| 1958 | 25.57 | 1.96 | 6.39 |
| 1959 | 33.36 | 2.32 | 6.14 |
| 1960 | 46.34 | 3.18 | 7.20 |
| 1961 | 32.96 | 2.70 | 9.26 |
| 1962 | 27.55 | 2.40 | 9.34 |
| 1963 | 29.62 | 2.40 | 8.92 |
| 1964 | 34.78 | 2.39 | 8.83 |
| 1965 | 35.81 | 2.09 | 7.79 |
| 1966 | 40.53 | 2.17 | 7.54 |
| 1967 | 36.92 | 2.08 | 8.39 |
| 1968 | 27.50 | 1.60 | 7.68 |

| 年份 | 教育财政支出（亿元） | 财政教育支出所占比重（%） | |
|------|------|------|------|
| | | 占 GDP 的比重 | 占国家财政支出（不含债务）的比重 |
| 1969 | 27.04 | 1.40 | 5.14 |
| 1970 | 27.56 | 1.22 | 4.24 |
| 1971 | 33.69 | 1.39 | 4.60 |
| 1972 | 39.38 | 1.56 | 5.14 |
| 1973 | 43.45 | 1.60 | 5.37 |
| 1974 | 51.02 | 1.83 | 6.46 |
| 1975 | 53.18 | 1.77 | 6.48 |
| 1976 | 57.20 | 1.94 | 7.10 |
| 1977 | 59.66 | 1.86 | 7.07 |

资料来源：中国财政年鉴（2000）［M］. 北京：中国财政经济出版社，2000：414－415.

**2. 改革开放后教育财政支出的变化趋势**

1980～1993 年教育财政支出占国家财政支出的比重逐年增加，从 1980 年的不足 10%（9.29%）增至 1993 年的超过 16.26%（见表 2－3）；1994～2005 年教育支出占财政支出的比重却呈逐年递减态势，递减幅度相对较大，从 20.89% 减至 15.32%；2005 年后，教育经费及国家财政性教育经费支出均呈现稳步上升的态势，且增幅逐年提高（见图 2－2）。

表 2－3　　　　1980～1993 年我国教育财政支出及其占国家财政支出的比重

| 年份 | 教育财政支出（亿元） | 教育财政支出占财政支出（不含债务）的比重（%） |
|------|------|------|
| 1980 | 114.15 | 9.29 |
| 1981 | 122.79 | 10.79 |
| 1982 | 137.61 | 11.19 |
| 1983 | 155.24 | 11.01 |
| 1984 | 180.88 | 10.63 |
| 1985 | 226.83 | 11.32 |
| 1986 | 274.72 | 12.46 |
| 1987 | 293.93 | 12.99 |
| 1988 | 356.66 | 14.32 |
| 1989 | 412.39 | 14.60 |

续表

| 年份 | 教育财政支出（亿元） | 教育财政支出占财政支出（不含债务）的比重（%） |
|---|---|---|
| 1990 | 462.45 | 15.00 |
| 1991 | 532.39 | 15.72 |
| 1992 | 621.71 | 16.61 |
| 1993 | 754.90 | 16.26 |

资料来源：教育部历年全国教育经费执行情况统计公告。

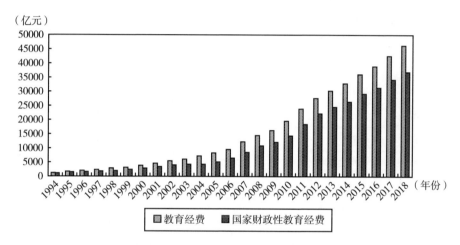

**图2-2 1994～2018年我国教育经费支出及国家财政性教育经费支出**

资料来源：教育部历年全国教育经费执行情况统计公告。

从表2-4可见，1994～2018年国家财政支出和教育财政支出均呈现大幅增长态势，但教育财政支出占国家财政支出的比重并未随之大幅增长，且从21世纪初以来呈振动下降趋势。

**表2-4 1994～2018年我国教育财政支出及其占国家财政支出的比重**

| 年份 | 国家财政支出（亿元） | 教育财政支出（亿元） | 教育财政支出占国家财政支出的比重（%） |
|---|---|---|---|
| 1994 | 5792.62 | 1210 | 20.89 |
| 1995 | 6823.72 | 1465 | 21.47 |
| 1996 | 7937.55 | 1751 | 22.06 |
| 1997 | 9233.56 | 1966 | 21.29 |

| 年份 | 国家财政支出<br>（亿元） | 教育财政支出<br>（亿元） | 教育财政支出占国家财政<br>支出的比重（%） |
|---|---|---|---|
| 1998 | 10798.18 | 2186 | 20.24 |
| 1999 | 13187.67 | 2502 | 18.97 |
| 2000 | 15886.50 | 2847 | 17.92 |
| 2001 | 18902.58 | 3498 | 18.51 |
| 2002 | 22053.15 | 4103 | 18.61 |
| 2003 | 24649.95 | 4455 | 18.07 |
| 2004 | 28486.89 | 4461 | 15.66 |
| 2005 | 33930.28 | 5197 | 15.32 |
| 2006 | 40422.73 | 6511 | 16.11 |
| 2007 | 49781.35 | 8559 | 17.19 |
| 2008 | 62592.66 | 10929 | 17.46 |
| 2009 | 76299.93 | 12238 | 16.04 |
| 2010 | 89874.16 | 14670 | 16.32 |
| 2011 | 109247.79 | 18596 | 17.02 |
| 2012 | 125952.97 | 22236 | 17.65 |
| 2013 | 140212.10 | 24488 | 17.46 |
| 2014 | 151785.56 | 26421 | 17.41 |
| 2015 | 175768.00 | 29221 | 16.62 |
| 2016 | 187841.00 | 31396 | 16.71 |
| 2017 | 203330.00 | 34208 | 16.82 |
| 2018 | 220906.00 | 36995 | 16.75 |

资料来源：中国政府网及教育部历年全国教育经费执行情况统计公告。

### 3. 教育财政支出占 GDP 比重的变化趋势

1993 年制定的《中国教育改革和发展纲要》首次提出 2000 年实现国家财政性教育经费占 GDP 4% 的目标，但实际执行中推至 2012 年才达到该目标，并连续 8 年实现该目标。1980~2019 年国家财政性教育经费占 GDP 的比例如表 2-5 所示。

表 2 - 5　　　　1980 ~ 2019 年我国教育财政支出占 GDP 的比重　　　单位: %

| 年份 | 教育财政支出占 GDP 的比重 | 年份 | 教育财政支出占 GDP 的比重 |
|---|---|---|---|
| 1980 | 2.51 | 2000 | 2.87 |
| 1981 | 2.51 | 2001 | 3.19 |
| 1982 | 2.59 | 2002 | 3.41 |
| 1983 | 2.60 | 2003 | 3.28 |
| 1984 | 2.51 | 2004 | 2.79 |
| 1985 | 2.52 | 2005 | 2.81 |
| 1986 | 2.67 | 2006 | 3.01 |
| 1987 | 2.44 | 2007 | 3.32 |
| 1988 | 2.37 | 2008 | 3.48 |
| 1989 | 2.43 | 2009 | 3.59 |
| 1990 | 3.04 | 2010 | 3.66 |
| 1991 | 2.86 | 2011 | 3.93 |
| 1992 | 2.74 | 2012 | 4.28 |
| 1993 | 2.51 | 2013 | 4.30 |
| 1994 | 2.51 | 2014 | 4.10 |
| 1995 | 2.41 | 2015 | 4.26 |
| 1996 | 2.46 | 2016 | 4.22 |
| 1997 | 2.49 | 2017 | 4.14 |
| 1998 | 2.59 | 2018 | 4.11 |
| 1999 | 2.79 | 2019 | 4.04 |

资料来源: 教育部网站及《中国统计年鉴》。

从表 2 - 5 可知, 我国教育财政支出占 GDP 的比重相对平稳, 1980 ~ 1990 年该比例基本维持在 2.5% 左右; 1991 ~ 1997 年该比重呈逐年递减态势, 最高为 2.67% (1986 年), 最低仅为 1.97% (1995 年); 1998 ~ 2003 年该比重呈现缓慢攀升的势头 (2.59% 升至 3.41%); 2012 年突破 4% 达到 4.28%; 2013 年达到最高的 4.30%, 之后呈缓慢下降趋势, 至 2019 年降为 4.04%。2001 ~ 2019 年我国教育财政支出占 GDP 比重的走势如图 2 - 3 所示。

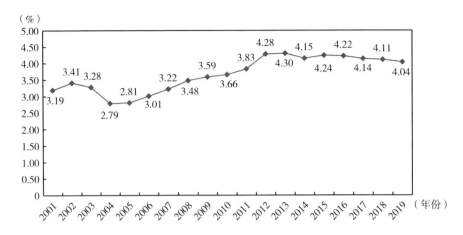

图 2 - 3    2001 ~ 2019 年我国教育财政占 GDP 比例变化趋势

资料来源：教育部网站及中国产业信息网。

## 三、教育财政支出的问题分析

关于我国教育财政支出存在的问题，总体上可从投入力度、主体责任、教育市场化和教育经费配置等方面进行分析。

### （一）财政投入不足导致非义务教育学费偏高

我国教育经费投入实行以政府为主的多渠道筹资制度。根据《中国教育经费统计年鉴》相关数据，2015 年财政性教育经费为 2.92 万亿元，占全国教育经费的 81%；2020 年财政性教育经费为 4.29 万亿元，占全国教育经费的 81%。财政性教育经费属于预算内经费，主要来源于税收收入。

伴随国家教育层级的提高，从学前教育到义务教育再到高等教育，国家财政性教育经费占全国教育经费的比重依次降低。例如，2020 年学前教育国家财政性教育经费为 0.41 亿元，占比 9.62%；义务教育国家财政性教育经费为 2.47 亿元，占比 57.51%；高等教育国家财政性教育经费为 1.40 亿元，占比 32.69%。可见，国家财政教育资金重点投入到义务教育阶段，非义务教育政府负担相对较低，居民负担较重。而民办学校无论何等层级，经费主要来源于学费收入，政府负担较少。同时由于各省域间经济发展水平存在一定差距，非义务教育经费的投入也存在明显差别。

学费过高直接导致贫困生辍学，尤其是三本合作办学院校和一些民办院校的学费更高，难免会让贫困地区的考生望而却步。即便是国家有助学贷款政策，在考虑学习成本和学成回报间的反差之后，很多贫困生选择了放弃继续求学的机会。寒门学子不但难以接触到优质的中学教育资源，也缺少家庭的重视和投入，因此造成学习成绩普遍偏低，难以进入重点大学深造，只能去民办院校就读，从而进一步增加了贫困家庭的负担。

此外，教育市场化虽推动了民办学校、课外教育机构和国外留学等的发展，弥补了我国教育经费不足的状况，但也产生了不公平的问题。一些大城市中高收费的民办学校在高薪的诱惑下聚集了高水平师资力量而获得了快速发展，导致了低水平公办学校与高水平民办学校的分化局面。尤其在大城市，更显著的两极是打工子弟学校与高端民办学校。在课外教育领域，由于家庭经济状况导致教育投入水平存在巨大差异，这也扩大了学校体系内学生已有的差距。此外，经济条件好的家庭把子女送到国外接受高等教育，甚至在基础教育阶段就将子女送到国外学校，如 2017 年出国留学人数达到 60.84 万人。[①]在教育财政的多主体、多样化和局部市场化教育供给时代，公办学校教育财政分配不公平问题尚未解决，教育财政体制又面临着多重教育市场带来的冲击（袁连生和何婷婷，2019）。

## （二）教育经费主体责任中心偏下而执行不力

中国政府可划分为中央、省级、市级、县区和乡镇五级，但在教育经费责任的分担上倾向于以基层为主。新中国成立后，义务教育经费在 2001 年以前，农村由县和乡镇、城市以区承担为主，2001 年后提出以县承担为主；2006 年修订的《中华人民共和国义务教育法》提出省级政府统筹，中央和省级政府虽加大了义务教育经费投入力度，但总体上依然以区县政府负担为主，尤其是高中阶段教育经费长期由区县政府承担；2006 年实行中等职业学校免费制度后，学生免费部分主要由中央和省级政府负担，但资

---

① 教育部.2017 年出国留学、回国服务规模双增长［EB/OL］.（2018－03－30）. https：//chuzhong. eol. cn/news/201803/t20180330_1592965. shtml.

助资金是针对学生的，办学经费给予的补助相对较少，依然是以县为主的投入。高等教育经费的筹措，则以省级政府为主，中央、地市级政府为辅的格局。与其他国家相比，中国基层政府负担教育经费的比例偏高。21世纪以来，中央加大义务教育转移支付力度，支出水平提高，加大薄弱地区帮扶力度，但省级政府教育支出责任变化不大。

因多数省份未公开教育财政转移支付数据，故无法获知省、市和区县三级政府的义务教育经费承担比例。但从全国个别省份的数据分析，在省域内由于区县承担义务教育经费投入的主体责任，各区县义务教育投入水平反差较大，尤其反映在发达省份。与此同时，教育经费主体投入责任以区县为主重心偏下，致使经济实力薄弱的区县级政府负担进一步加重，尤其是对贫困地区和上级教育财政转移支付力度不足的区县，可谓是"雪上加霜"。导致一些县区政府负债前行，采用借支、借款的方式来满足本地区公共教育所需经费。

此外，分税制改革和"营改增"实施后，中央财政收入占据了主导地位，但中央教育事权和支出责任则相对较小。在财政自主权受到一定限制的前提下，地方政府却要承担更多的教育财政事权和支出责任。中央基础教育财政转移责任也相对有限，且在2012年后呈现弱化迹象。省级政府统筹基础教育财政的职责执行不力。从政策文本实施看，省级统筹的制度规范及评价标准、实施细则与监督机制均不够健全，省级政府基础教育财政投入责任往往是依据中央要求解决现实出现问题的一种"应急手段"。因此，省级政府统筹城乡、区域教育协调发展的智能并未得到有效发挥（李振宇和王骏，2017）。

### （三）政府主导教育投入与分配制度尚需改进

教育经费的分配包含教育经费各级政府分配比例、教育经费转移支付的分配和本级政府对教育经费的分配。国际上，各级政府预算中教育经费的分配，是由人大或议会决定的。在发达国家，预算资金的配给是由代表各个利益集团的议员公开博弈的过程，因此教育经费的分配也是在如此博弈的过程中产生的。我国《中华人民共和国预算法》执行过程中缺乏各种利益相关方公开博弈的平台（袁连生，2011）。

上级对下级教育经费的分配和财政转移支付，基本上是由财政部门决定的，缺乏公开透明性，更缺少完善、规范的监控程序。公众很难获取教育财政分配的过程、数额、各地区分配比例等关键的信息。省级政府教育财政转移支付资金分配透明度远低于中央政府，诸多省份尚未公开各项教育资金的分配比例或公式。在中央支援地方高校改革发展资金分配中，应更好地结合地方经济发展水平进行分配，更多地向落后地区倾斜。

本级政府对学校经费的分配，往往由财政和教育部门共同决定，只是不同层级和地区的决定权有所不同而已。政府拨款主要通过学校的基本经费和项目经费拨款来完成。经过不断的发展，基本经费拨款已趋于透明，但项目经费拨款占比较高而且存在随意性的现象，未能真正发挥好财政拨款的效能，公众也很难获知具体的拨款信息。

此外，政府主导教育经费收支及分配也引发了教育监管问题。教育问责制是教育财政政策落实的重要保障。关于教育财政责任的界定，一些制度文件虽有提及但尚不健全，特别是学校层面的教育财政问责制执行不力。即便已出台了一些规定，但责任主体不明晰，因此执行较难；对财政性教育经费比例、生均经费及公用经费、教师工资保障虽有政策文件，却因责任主体过于笼统而往往在追责上造成一定困难，各级政府和官员也很少因为政策执行不到位而受到相应的惩处。责任主体不明晰、不细化是教育财政问责执行不力的根源。也正是由于教育财政问责主体不明，以及执行力度不够，导致教育不公平和各级政府职责的松懈，影响了政府的形象和公信力。

对于教育财政支出相关费用监管问题，尽管政策有明确规定，但是挪用、滥用教育经费的现象依然时有发生，监管存在一定的漏洞。对公办学校收费问题，根据国家相关文件的教育收费管理规定，公办学校没有收费权。但部分公办学校尤其是优质基础教育学校，长期存在自行收取"赞助费""共建费""择校费"等行为。对公办学校借款负债运行问题，相关法规制度没有明确规定，因此公办学校负债现象依旧存在。学校支出是按照国家有关财务规章制度确立的开支范围及开支标准执行，20世纪末以来由于监管松弛及学校经费紧张等原因，部分公办学校在收费、支出、负债等方面存在违规行为，一些学校长期负担巨额债务难以偿还，影响学校办学的正常运转（袁连生和何婷婷，2019）。

### （四）教育经费在不同层级间的配置有待完善

自 2006 年和 2008 年分别出台农村义务教育经费保障和城市义务教育免学杂费政策以来，基本上建立了"两免一补"的义务教育学生资助制度；2007 年普高校和职业院校贫困生资助政策和 2010 年的普通高中贫困生资助政策的实施，继续完善了高中阶段及以上层级的贫困生资助制度。但教育财政转移支付的有关规定，在一定程度上制约了教育资源均衡配置的作用。教育专项转移支付主要用于办学条件的改善，很少用于教师待遇方面。从教育层级看，教育财政转移支付主要用于义务教育和高等教育，很少用于高中和学前教育，尤其是进城务工人员随迁子女学前教育经费的转移支付尚属空白，贫困家庭孩子上不起幼儿园的情况依然存在。

流动儿童教育财政保障机制的缺失，是教育财政制度的缺憾。高等院校学生助学贷款制度尚不完善，针对学生失信恶意拖欠和拒绝还贷的整治措施有待加强，相关制约机制有待完善。在农民工子女义务教育方面，存在农民工子女资助和教育经费统筹流转问题。城市外来人口，尤其是在大城市，增长速度超出了许多城市公办学校的容量，因而民办学校仍是解决农民工子女上学的主渠道。农民工子女选择的学校办学条件往往令人担忧，且还要缴纳高额的学费。农民工子女离开原居住地后的教育经费统筹流转有待加强。

此外，政府教育经费在学生群体间的分配也不够公平。政府教育经费有间接分配和直接分配两种方式，其中间接分配是指政府将经费分配给学校，学校再将经费用于教学设备、设施改善和学生的教育教学；直接分配是指将政府教育经费直接分配给学生或家长。我国政府教育经费大多是间接分配的，直接分配仅包括学生补助等资金。间接分配经费不公平主要表现在：经费主要分配给公办学校，民办学校则很少得到资助，因而民办学校学生难以享受政府教育经费；直接分配经费的不公平同样表现在对学生助学帮助的民办学校和公办学校的差异。

# 第三章

# 教育财政管理体制

教育财政管理体制是指中央与地方以及地方各级政府之间教育财政分配关系的根本制度。它规定教育财政分级管理的基本原则，划定教育财政管理各级政权的权责、财力和收支范围，以及处理教育财政分配中各方责权利关系，以实施教育财政的管理与监督。本章主要释析教育财政体制基础理论、教育财政体制基本内容和教育财政体制总体评价三个问题。其中，教育财政体制基础理论包括教育财政体制的概念、政府与市场间的分工理论、央地之间的财政关系理论和政府分工的教育财政理论；教育财政体制基本内容包括教育财政体制的演进历程和现行教育财政体制的主要内容；教育财政体制总体评价包括教育财政体制建设取得的成就、教育及教育财政体制问题简评，以及教育财政体制改革的主要构想。

## 第一节 教育财政体制基础理论

### 一、教育财政体制的概念

#### （一）教育财政体制的含义

教育财政体制是"教育财政管理体制"的简称，是指规定中央与地方政府、地方政府教育财政之间，以及国家与相关部门、行业之间在教育财政管理方面的职责权限及利益划分的制度。它是财政管理体制的重要组成部分，其核心是正确处理中央与地方、地方政府之间、国家与行业之间教育财权、财力划分问题，即处理教育财政集权与分权关系的问题。

教育财政体制改革是财政体制改革的一块"硬骨头"，其改革涉及方方面面的利益。勾勒教育财政变迁轨迹、总结演变规律，有益于进一步理顺中央与地方政府的教育财政关系。研究教育财政体制的基本理论、主要内容和改革取向，对于深化财税体制改革、建立现代教育财政体制和提升教育教学质效等，都具有积极的理论价值和现实意义。

### （二）教育财政体制的分类

教育财政作为政府公共财政支出的重要组成部分，其分类与公共财政收支的分类密切相关。但教育财政支出又有其独特属性，它受制于本国国情特别是政府财政管理体制和教育管理体制，因而其分类可从多个角度来划分。

#### 1. 以权力集中程度为标准的分类

教育财政体制以权力集中程度为标准，可分为高度集权型、行政分权型、经济分权型教育财政体制三种。

（1）高度集权型教育财政体制。高度集权型教育财政体制是指教育财政预算分配权限主要集中在中央的管理体制。在该种体制下，教育财政预算资金的支配权和预算管理权由中央高度集中统一，地方的权限和机动财力均很小，收支指标是指令性的，地方只能照办，没有收支调剂权。该体制主要特征：教育财权、财力高度集中于中央，地方组织的教育财政收入都统一上缴中央，支出统一由中央拨付，其地方教育财政收入与支出基本上不发生联系。

（2）行政分权型教育财政体制。行政分权型财政体制是指在党中央统一领导和计划下，由地方掌握部分教育财政预算分配权限的管理体制。该体制主要特征：除中央必须集中的教育财政资金外，给地方或大或小的机动财力和调剂权限。在中央与地方政府之间教育财政收支关系的确定上，随意性较大，且缺乏稳定性。例如，新中国成立之前的大多数年份，均实行该类型的教育财政体制。

（3）经济分权型教育财政体制。经济分权型教育财政体制是指现代市场经济中实行地方教育财政自治的财政体制。该体制的主要特征：在保持中央教育财政调控的前提下，地方有自主的教育财政收支权与调剂权。一般以法律形式规定中央与地方政府之间的教育财政收支关系，政府间教育财政关系一旦确定不能随意变更而具有较强的稳定性。

**2. 以政府管理体制为标准的分类**

教育财政体制以政府管理体制为标准，可分为中央或联邦和地方政府教育财政体制两种。我国中央政府教育财政体制主要指国家财政预算中用于中央部属院校的财政拨款，以及对省及省以下地方政府的教育转移支付拨款和中央专设的各项教育基金储备及利用等；地方政府教育财政体制是指由省及省以下包括地（市）、县（市）、乡镇基层地方政府的教育经费筹集及分配等。

以政府管理体制为标准划分的教育财政体制，有利于各级政府财政与教育部门分别管理各自的教育财政资金，实现集权与分权的协调，调动地方各层级、各区域的积极性，也便于其结合自身实际做好教育财政规划与实施工作。

**（三）教育财政体制的基本功能**

第一，筹措教育资源，保障教育发展。其举措主要包括：通过制定有关法令政策确定教育经费筹措渠道及其比例，保证教育经费筹措的合法性和有效性；各级政府应保证财政教育经费支出的逐步增长；通过各种行政或经济手段吸纳社会各种民间资金或资源投资于教育事业。

第二，分配教育经费，配置教育资源。教育财政体制确立教育经费投入规则、配置教育资源的基本依据是国家有关的法令政策，社会对各级各类教育的需求，以及各级各类教育自身的经费需求。因而应加大教育经费投入、科学配置教育资源，以促进教育事业的健康发展。

第三，监控教育投入，提升教育质效。对各级各类教育机构财政资金投入、使用及其财务活动的合规性进行监控、绩效评估，防止违法违纪使用教育经费行为，厉行节约开支、杜绝铺张浪费，保障教育财政经费和资源用得其所，提升教育财政资金应有的质量和效益。

## 二、政府与市场间的分工理论

### （一）政府与市场的分工

政府为实现收入分配公平目标就必须转变其职能，并充分发挥市场的调节功能，减少政府对市场的干预。西方国家的政府职能是为企业资本服务的，以资本为中心。社会主义国家是以共同富裕为宗旨，这也是国家政府最重要职能之一。因此，为了实现共同富裕，必须发挥市场的职能，让市场价值最大限度地发挥，加强对市场的干预，为更多的人造福。但不是采用凯恩斯主义仅通过宏观调控来促进消费、资本运营和出口，而是通过界定市场边界、采取行政定价、调整资源产权，运用税收调节加大再分配力度来实现收入差距的平衡。

要真正实现我国政府职能的转变，就必须转变政府将 GDP 作为衡量地区发展的唯一指标的做法，防控政府官员寻租和盲目追求业绩，造成不可持续发展和盲目规划行为。最为关键的是要将公平的理念贯穿政府的管理实践中，以人民大众为中心逐步缩小收入差距。为了持久公平的共同富裕，市场调节的有效范畴是资本通过市场交换不能获取暴利，资本应通过集约经营等方式来获取合理利润，而不应依靠卖方市场优势来获取暴利。

总之，通过政府和市场的共同作用，来避免城乡之间及城镇内部与农村内部的收入分配差距。为实现共同富裕的目标，必须将全心全意为人民服务的理念作为政府的基本执政理念，强化政府的基础性收入分配和再分配职能，通过政府有力的"手"，让市场发挥有效的合理调节职能，让公平的理念通过理性的调控发挥资源均衡配置的职能。

### （二）收入分配基本理论

对收入分配问题的理论探讨，在西方可追溯到威廉·配第和亚当·斯密的要素分配理论（吴忠观，1995）；在中国可追溯到春秋战国时期荀子的"分""别"论（叶世昌，2003）：前者注重收入分配的形式、种类及彼此关系等，后者注重收入如何分配的问题。从古典政治经济学开始，分配机制问题主要包括按劳分配理论和按要素分配理论：前者主要是按照劳动时间和创造的价值进行分配财富，是相对合理的分配机制，但存在劳动价值判定的难题；而后者是按边际生产力进行分配，未能揭示分配的内在机制，这是不科学的，这是由新古典主义的庸俗性造成的。

对收入分配差距产生的原因，不同的人给出了不同的答案。马克思和西斯蒙第认为，在资本主义社会技术进步和不平等的收入分配制度是收入分配差距产生的根源[①]；李嘉图却把工人陷入贫困的原因归结为工资的下降与物价的上升的双重原因;[②] 库兹涅茨的倒"U"型收入分配理论则论述了落后国家在由传统农业向现代产业转变过程中收入分配差距伴随经济增长先加大后减小的现象。收入分配差距扩大是快速发展的代价，伴随经济发展到一定程度收入分配差距最终会缩小的。以库兹涅茨的倒"U"型收入分配理论为代表的相关理论学派，如刘易斯、陈宗胜等的发展经济学收入分配理论，注重收入差距的变化趋势的探讨，而忽视了收入分配机制等相关问题（刘明国，2011）。

我国收入分配差距问题的研究成果比较丰富，如林建辉（2009）从劳动力、资本、土地三个生产要素研究其在城乡间的不均衡配置对我国城乡居民收入的影响；吴得民（2009）从收入分配机制的宏观调控、马太效应、发展差距、城乡分割的二元经济结构、制度缺陷、地方和行业的垄断与干预、体制改革、社会保障体系不健全等诸因素分析收入差距产生的原因；张爱萍（2010）从增收财产税的视角去探讨如何缩小收入分配差距问题；高斌宇（2011）从理念、制度、体制、个体素质、市场五个因素分析收入差距产生的原因等。可以说，我国学界从不同视角分析了收入分配差距产生的原因，认为造成这些问题的根源即政府与市场之间的相互关系，是解决相关问题的重要环节。

## （三）市场经济初次分配

对市场经济的本质特征，古典政治经济学家们进行了精辟的论述，认

---

① 马克思. 资本论（第一卷）[M]. 北京：人民出版社，1975.

② 李嘉图. 政治经济学及赋税原理 [M]. 郭大力，王亚南，译. 南京：译林出版社，2011.

为市场遵循的基本逻辑是生物界达尔文主义"弱肉强食"的原则，也被称作丛林法则。主流经济学也认为，市场在调节收入分配差距问题上并非有效的。单纯依靠市场的调节功能，很难实现收入分配的公平，这就需要政府的介入，靠政府权力有效监管和调控。也正是因为市场的本质特征凸显的丛林法则，导致了收入分配差距的加剧，也可以说单纯依靠市场的调节作用往往会导致收入分配的马太效应。

机会成本—价格理论认为，在产品处于卖方垄断，呈现供不应求态势时，卖方处于交易的强势状态，卖方可以通过提升价格来获利；但在供过于求时，买方处于交易的强势地位，买方可以将交易的价格压在其生产成本以下来获利。这就注定了通过市场交易来调节收入分配必然会造成收入分配的差距，经济增长基数越大、持续的时间越长、速度越快，造成的差距就越大。

### （四）政府分配调控功能

在收入分配上政府具有收入分配的调控功能，即政府可依据市场的调节状况进行逆市或顺市调节收入的再分配。如何进行收入的再分配，取决于政府的性质。注重公平的政府往往会逆市进行收入分配的调控，否则往往是顺市进行收入再分配，导致收入差距再度加大。

就中国而言，政府具有调整市场与计划的偏差、实施行政定价、界定资源产权的职能。若一个欺弱型或无能型的政府加之遵循丛林法则的市场，政府与市场对收入分配的均衡调节同时失灵，这种相互强化的逆向调节机制将导致收入分配的差距加大，这也是西方国家频繁遭遇有效需求不足乃至经济危机的内在逻辑（刘明国和潘永波，2015）。

### （五）界定公共财政职能

财政职能按照传统主流观点界定为筹集、运用、分配资金，调节和监督资金使用，即分配、调节和监督（何振一，2005）；后演变为"财政新三职能论"（即资源配置、收入分配、经济稳定）（杨灿明，2006）。公共财政以满足社会公共需要为目的，通过公权力对社会资源的有效配置而实现公共产品与服务的有效分配。它以市场经济为基础，并伴随市场经济产生与发展而变迁。市场机制有效运作的基本条件是市场主体的行为最优、完全自由竞争、成本和效益的内部化、市场信息畅通四个方面。

传统观点认为，政府调控和市场机制是实现资源有效配置的重要手段，当市场失灵时可进行政府干预。但政府干预不是万能的，政府调控失灵是现实存在的，需要政府调控与市场调节的合理搭配才能保障资源的合理配置。公共财政职能的有效运作，必须能提高市场部门的经济协调能力；消除机制不健全导致的寻租行为，努力为市场主体提供"相机性租金"，即租金的实现视业绩而定（青木昌彦，1998）。因此，强化公共财政职能是政府提高市场效率的手段，这些手段包括经济、行政手段和制度约束等。

总之，公共财政调控和引导的重点应放在发挥市场的基础性调节作用方面。政府与市场的作用是相互的，政府对公共产品与服务进行供给或干预，往往能促进市场的自我协调能力。为了保证财政的有效运作，必须调整规范政府事权，以实现政府事权与财权的协调统一。

## 三、央地之间的财政关系理论

研究教育财政体制有必要明确中央与地方政府间的财政关系，对此理论的探讨在西方学界尤为突出。

### （一）施蒂格勒的最优分权理论

美国经济学家乔治·施蒂格勒在 1957 年发表的《地方政府功能的有理范围》一文中，对为什么需要地方财政问题进行了公理性解释，其结论：与中央政府相比，地方政府更接近自己的民众；国内不同的人们有权对不同种类和数量的公共服务进行投票表决。为实现配置的有效性和分配的公平性，决策应在最低行政层次政府部门进行。有人认为，他的结论过分强调了分级财政管理的必要性，对中央政府决策的否定偏于极端。实际上，施蒂格勒本人并没有完全否定中央政府的作用，他认为行政级别较高的政府对实现配置的有效性和分配的公平性十分必要。

### （二）夏普的政府职能分权理论

美国经济学家夏普认为，不同级次的政府具有不同的职能，相互间不能替代。因而应明确各级政府职能，把特定职能分派给执行最有效的政府单位，再依据各级政府正常行使职能的财力需要，相应划分财政管理权限。从国家经济职能看，实现调控和社会福利职能应由中央政府执行。要使资源配置获得最大的效用，消费者满足程度是选择其取向的标准。从公共产品需求看，消费者意愿一般具有明显的地域性，而地方政府恰好能敏感地顺应其区域利益，取得资源配置的最佳效果。该理论与施蒂格勒理论如出一辙，其区别：前者着重政府职能，而后者着重公众需要。

### （三）埃克斯坦的受益原则分权理论

美国经济学家埃克斯坦认为，应按受益原则划分中央政府和地方政府的财政权力。其基本含义是指依照公共产品的受益范围来有效地划分各级政府的职能，并以此作为分配财权的依据。因此，有益于某一地区的公共产品应由地方政府提供，而有益于全体国民的公共产品应由中央政府来提供。有些公共产品虽只涉及某阶层或某些人，但因对全社会和国家发展至关重要，也要由中央政府提供，如对残障儿童的特殊教育、特困地区和受灾地区的专项补助等。同时埃克斯坦深入阐述了政府职能划分的依据，表达了力主分权的倾向。

### （四）特里西的偏好误识分权理论

美国经济学家特里西认为，以往的分权理论由于把中央政府放在最优环境下分析，未考虑中央政府有可能错误地认识社会偏好、错误地将其偏好强加于全民。特里西通过数学模型证明，如果一个社会能获得完全的信息，且经济活动也是完全确定的，那么由中央或地方政府提供公共产品是无差异的。但社会经济活动并不完全具有确定性，假定地方政府十分了解本区居民偏好，能完全确定性知晓任何一个公民的个人偏好中的边际消费替代率，而中央政府对全体公众的偏好了解得不全面，那么中央政府确定每个居民边际消费替代率是有随机性的，并在提供公共产品过程中发生偏差，即提供或过多或不足，为回避风险就应让地方政府提供公共产品。

上述理论从多角度说明，财政在中央政府与地方政府之间进行的财政分权本身是有意义的，完全否定行政性分权的观点是不能成立的。在一定条件下，某些公共产品特别是高等教育由地方政府提供就比中央政府提供更有效率，这也为市场经济条件下绝大多数国家实行集权与分权相结合的、多级化的教育财政体制提供了充足的理论依据。

## 四、政府分工的教育财政理论

### （一）教育财政职能的层级分工

我国教育财政宏观职能主要体现在中央财政层级上，地方教育财政公共服务的职能在省及省以下呈现递增趋势。省级教育财政在地方财政中具有主导职能，是中央和地方教育财政间的中介环节，属于中观层面，而微观层面则主要体现在市县级政府。因此，教育财政职能可划分为宏观、中观、微观三个层次，与之相对应的就是中央政府、省级政府和市县级政府的教育财政职能。

**1. 宏观层面：中央政府促进社会经济发展，提升教育服务水平**

随着社会生产和经济的发展，社会分工程度逐步提高，与之相对应的行业领域也日趋分化，社会经济亦日趋复杂，经济体制稳定性也受到了严重影响，而市场机制缺陷进一步恶化了这种状况，经济发展呈现波动状态。由此引发了供需矛盾，出现通货膨胀和失业等诸多问题。因此，需要中央政府发挥宏观经济调控的职能，保障国家经济的平稳运行，加快教育事业的发展。

政府可依据财政收支总量的变化，调节地区间教育财政投入的不平衡；通过财政转移支付帮扶经济发展滞后地区，促进地区间教育的均衡发展。同时，国家教育财政政策也应根据经济发展状况适时作出调整，若需求水平降低，中央政府可通过增加财政支出或减少税收的积极财政政策刺激需求；相反，若存在通货膨胀，中央政府可采取减少财政支出或增加税收的紧缩财政政策抑制通货膨胀，使总支出与现行价格计算的产出水平相当。通过中央财政收支总量调节，促进社会总供求平衡，保障经济平稳运行，从而维持教育财政稳定并平稳地提升支出水平。

**2. 中观层面：省级政府维护社会公平分配，促进公共教育发展**

社会分配不公恰恰是市场有效运行的结果，因而必须以非市场机制调控和供给方能向公平方向转化，可通过个人和某些社会团体捐赠获得补偿。但由于自发的收入再分配活动在再分配规模和范围上相对有限，故此很难有效转变社会的贫富悬殊状态。只有通过政府财政调控，才能实现全社会范围内进行收入、财富和社会福利的再分配活动，扭转贫富悬殊过大的局面，以排除人为因素、能力差距以及社会与自然的偶然因素对社会成员造成的不利影响。省级政府作为中观层面的中坚力量，可直接通过均衡收入和财富的再分配向社会相对公平状态迈进，实现政府应尽的统筹协调发展职能。

省级政府统筹协调社会财富、实现社会资源均衡配置的基本途径主要包括：一是通过征收个人所得税和其他税种来缩小贫富差距；二是通过财政转移支付直接救济贫穷阶层；三是通过政府基本医疗和社会保障，维护个人的基本生活和教育权利；四是政府通过干预自然垄断行业和进行公共投资性支出来改善社会福利分布状态。一般而言，省级政府通过统筹协调省域内居民收入分配，保障人们的基本生活需要，为本域居民提供更多的财富和机会，这是区域发展的基本内容。省级财政通过筹集资金，提供基本的教育、医疗和社会保障，通过教育财政资金配置促进公共教育的发展对实现省域内教育科学有序发展起到至关重要的作用。

**3. 微观层面：市县政府负责配置教育资源，提供公共教育服务**

由于在市场调节中存在着公共产品、外部性经济、非法竞争、人为因素、信息及市场不健全等方面的市场失灵，使得市场不能有效地进行资源配置，因而通过政府协调积累与消费的关系，适时调整资源供给关系及流向来满足公共领域产品与服务的需要；对弱势群体和个人给予一定的帮扶，从而弥补市场的缺陷，拓展市场的广度和深度。落实到现实领域的微观层面，市县可通过财政支出手段，直接购买并提供市场供给不足的产品；通过对企业或行业的补贴或直接投资，以激励某些产品的提供；通过税收优惠政策引导资源的合理流动（毛东庆和王逸辉，2007）。

市县政府教育财政对竞争性教育领域的投资要逐步退出。按照市场经济的要求，教育财政供给结构必须优化，尽职尽责地完成本职业务，促进良性合理竞争，科学界定教育财政投资的范围。改变教育财政投资越界与不足的双重弊端，集中财力确保教育财政投资重点领域的供给。对一般性竞争学前教育领域，市县级政府财政应及时退出；对义务教育的重点领域，必须通过财政支援保障重点发展。在教育发展阶段，因国家体制和经济发展等多种因素制约，市县教育财政应重点保障本地区义务教育发展所需的资金，真正承担起地方应尽的教育义务。

### （二）层级政府教育财政职能的转化

宏观、中观、微观三个层级政府职能统一于财政活动中，教育财政活动同样存在财政职能的三个层级。教育财政宏观、中观职能是以教育财政微观职能为基础的，若没有市县级财政发挥义务教育投入的职责，中观和宏观层级政府就难以发挥教育宏观调控的职能。各层级教育财政职能的有效运作，可从以下方面进行提升和转变。

**1. 中央政府公共财政职能转向组织协调为主**

通过政府财政协调，可促进公共部门与非公共部门投入、产出之间的置换与衔接，优化公共教育服务的供给。强化宏观和中观层级政府协调能力，提升教育财政供给效率。政府大力拓展教育财政资金有偿使用的创收方式，充分利用财税政策倾斜、财政贴息、担保融资等方式引导社会资金投入社会教育服务领域，吸引民间资本投入教育领域，弥补教育财政资金的不足。

**2. 伴随经济发展财政应加大公共教育支出**

社会公共性开支涉及教育、卫生、社会保障、科技、环境保护诸多领域，这也是涉及国计民生的重点领域。从发达国家教育实践来看，政府普遍提升了公共教育性的开支，政府支出中教育等公共性支出日益提升，对维护公共领域的持续健康发展和社会公平起到了积极的作用。在传统管理体制下，基础设施建设投入较多，教育等公共服务领域则相对较少。伴随经济的发展强大，财政职能应更多地转向教育等公共服务领域，通过加大教育财政投入，促进教育的可持续、高质量发展，以期教育为助力经济提供保驾护航，实现"科教兴国"的战略目标。

## 第二节 | 教育财政体制基本内容

中国教育财政的发展具有鲜明的计划经济印迹，也反映了教育发展的特殊性。计划经济向市场经济转轨也体现了教育财政领域的变化，即教育财政的发展具有鲜明的中国特色。教育财政体制取决于教育行政体制和财政管理体制，是保障教育发展良性运行的重要规范。研究教育财政体制演变历程，有助于全面理解国家及地区教育财政的政策目标、投入进程、管理理念、制约因素、发展轨迹及对现实的影响和借鉴意义。

### 一、教育财政体制的演进历程

新中国成立后，我国经济体制、财政体制和教育体制改革历经了数次变迁，教育财政体制也随之发生了一系列的变化，逐步形成了以多渠道筹措、各级政府共同分担的教育财政投入体制，以及利益共享、责任分担的管理体制。伴随国力增强，教育财政体制改革逐步深入，促进了我国教育事业的发展，教育经费及教育机会的供给也日益提升。我国教育财政体制发展可划分为以下三个阶段（龙舟，2009）。

#### （一）传统计划经济体制下的教育财政体制（1949～1979 年）

新中国成立后的 30 年，我国实行计划经济体制和"统收统支、三级管理"的预算体制，因而该阶段教育财政体制与国家的经济体制、预算体制是一致的。1950 年政务院颁布的《各大行政区高等学校管理暂行办法》和 1952 年教育部颁布的《中学暂行规程（草案）》小学暂行规程（草案）》，相继对各级教育经费支出作出了明确的规定。例如，高等学校经费由各大行政区教育部或文教部审核后，并报中央教育部备案；中学经费开支由省市文教局根据中央教育部规定并结合当地实际情况规定，并报大行政区文教部备案，转报中央教育部备查；市县所举办的小学经费，由地方人民政府按需要统一提供。

1950 年政务院发布的《关于统一管理 1950 年度财政收支的决定》中规定：中央人民政府直接管理的学校，大行政区和省市县中等以上教育事业费分别纳入同级预算；乡村小学的经费由县人民政府负责解决；城市小学教育、郊区行政教育费等开支，征收城市附加费解决。1951 年相关规定为：教育费按学校直接领导关系分别列入中央、大行政区和省市三级预算，县级政府没有财政预算权；一般小学和简易师范学校由地方附加费开支。1953 年开始伴随大行政区的取消，县级政府拥有了财政预算权，三级财政管理体制亦变成了中央、省、县三级管理的新体制。1954 年政务院在《关于编制一九五四年预算草案的指示》中规定：国家预算，分为中央预算和地方预算，实行分级管理。在此要求下，教育经费预算在 1954~1957 年分为中央和地方两级，分级管理。这一制度被称为"条块结合、块块为主"的制度。

1958 年 8 月中共中央、国务院颁布了《关于教育事业管理权力下放问题的规定》提出，按照教育事业中央集权和地方分权相结合的原则加强地方对教育事业的领导管理，一般的中专和各级业余学校的设置和发展由地方自行决定，新建高校和中等工业技术学校地方可自行或由协作区协商决定。由于教育事业管理权限下放，部分地区出现了挤占、挪用教育经费的问题。1959 年 11 月《关于进一步加强教育经费管理的意见》，要求各级政府的教育、财政部门要协同管理，各级政府财政部门在编制教育经费概算和核定下级教育经费预算时应与同级教育部门协商，提请同级人民委员会核定，教育经费单列。

1963 年教育部、财政部联合下发了《关于教育事业财政管理若干问题的规定》，重申了实行"条块结合、块块为主"的教育经费管理体制。随后小学和初中的财政管理权由乡镇上收到县，高中上收到省级管理。1963~1965 年较好地贯彻了"统一领导、分级管理"的原则，挪用教育经费的现象受到一定的遏制。这一时期教育财政体制的基本特征是统收统支、高度集中、适度放权，因而有利于国家集中有限财力发展教育，从而保障教育事业的稳步推进。

## （二）市场经济初期两级分权教育财政体制（1980～1992 年）

伴随着改革开放的实施，财政体制也随之改革。经济体制和财政投入及管理体制的改革，决定了我国教育财政体制的变革。1980 年国务院决定实行"划分收支、分级包干"的财政管理体制，教育部随之下发了《关于实行新财政体制后教育经费安排问题的建议》，规定从 1980 年起教育经费拨款由中央和地方两级财政切块负责。该规定明确了中央部属院校由中央负责，省属院校及基础教育由省级政府负责。由于各级教育尤其是基础教育人员经费占比较大，公用经费则相对较少，因此教育经费短缺现象较为普遍，为此学校要勤工俭学。节约下来的资金由各级教育部门统筹安排，弥补教育经费短缺问题。

1985 年 5 月颁布的《中共中央关于教育体制改革的决定》（以下简称《决定》）提出，社会主义建设必须依靠教育，教育必须为社会主义建设服务。因此，教育战略地位的确立直接影响了教育财政理念的转变。《决定》对我国教育体制做出了基本规范，如规定基础教育及中等教育由地方全权负责，分级管理；普通中等教育、基础教育事业费通常由县和乡镇负责，中等专业教育事业费一般由省和地、市按照隶属关系分别负责；高等教育实行中央、省（自治区、直辖市）、中心城市三级办学和分级管理体制，高等教育事业费的筹措实行上述三级负责机制。此外，设立教育事业专项基金，统筹规划、保证重点、奖励先进、扶持贫困，解决一些急需的现实问题。虽然中央对贫困地区提出了帮扶举措，但由于地区间发展差距较大，各地筹措的教育事业费数额相差也较大，特别是贫困地区教育经费缺口依然较大。

1986 年国家颁布的《中华人民共和国义务教育法》，将义务教育实行"地方负责、分级管理"的原则和办法以法律形式确定下来。最初义务教育经费是由政府和受教育者共同负担，政府则以县区及下级政府负担为主。对农村义务教育，1987 年财政部和国家教委发布《关于农村基础教育管理体制改革的若干问题的意见》规定，农村义务教育投入及管理责任主要由乡级政府承担，基础教育财政逐步形成了"分级管理、以乡为主"的体制。高等教育财政实行分权管理体制，中央和地方分工负责，同时建立了成本分担及补偿机制。可见，教育经费来源渠道逐步拓展，教育体制改革有了基本依据，义务教育的投入及管理实现了有法可依。这一时期教育财政分权制取得了一定成效，但教育投入结构尚需完善，经费短缺现象依然较为普遍。

### （三）新时期中国特色公共教育财政体制（1993 年至今）

2000 年 10 月，党的十五届五中全会提出，财政体制改革要构建公共财政体制。1993 年 2 月中共中央、国务院正式发布《中国教育改革和发展纲要》，提出各级政府、社会各个方面和个人都要增加对教育的投入，确保教育事业优先发展；要逐步建立以国家财政拨款为主，辅之以征收用于教育的税费、收取非义务教育阶段学生学杂费、校办产业收入、社会捐资集资和设立教育基金等多种渠道筹措教育经费的体制；明确"要集中中央和地方等各方面的力量办好 100 所左右重点大学和一批重点学科、优势专业"，这就是一直延续至今的"211 工程"建设，国家在财政政策方面对入选的高校进行重点支持和建设。

新时期我国高等教育实施并轨改革，高等教育由过去的国家包学费、包分配转变为自费上学和自谋职业，且学费标准逐步提高。伴随高校收费制度改革而并行的是大学生资助制度，形成了补、助、奖、贷、免相结合的资助政策。由此可见，新中国成立以来我国教育财政体制经历了从集权过渡到中央与地方共同分担、以地方为主的转变历程，权力的集中到教育财政多元投入主体的转变反映了国家经济状况的变化和政府管理理念的转变，以及国家财政体制的不断变迁历程。

## 二、现行教育财政体制的主要内容

我国现行教育财政体制的主要内容是依据 1995 年通过的《中华人民共和国教育法》和 2014 年修订的《中华人民共和国预算法》等法令。

### （一）教育财政筹集体制

1995 年 3 月八届全国人大三次会议通过的《中华人民共和国教育法》，

明确规定了以各级财政拨款为主，以发展校办产业、依法征收教育费附加、社会集资捐资、收取学杂费等多种渠道筹集教育经费为辅的财政筹集体制，并规定逐步增加教育投入，保障公共教育经费稳定的资金来源。该法还明确了 1994 年 7 月《中国教育改革和发展纲要（以下简称《纲要》）提出的国家财政性教育经费支出占国内生产总值（GDP）的比例在 20 世纪末达到 4% 的目标。

为切实保障高校和中等以上职业学校生均公用经费逐年递增，中央和地方省级政府应按照国家规定确定本部门和本地区各类学校公用经费标准，并进行有效实施和考核，加强对各级政府教育投入水平的监控。教育经费实行预算单列，各级教育行政部门将年度计划报同级财政部门，由同级政府列入本地区财政预算。

### （二）农村教育财政体制

教育部、财政部于 2001 年 6 月联合印发了《关于对全国部分贫困地区农村中小学生试行免费提供教科书的意见》，对重点扶贫的县域农村等相关领域的中小学生免费提供教科书（2004 年中央免费提供教科书制度的经费达到 4 亿元，覆盖面已达到中西部贫困家庭学生总数的 32%[1]）；国务院办公厅 2003 年 9 月转发教育部等六部委《关于进一步做好进城务工就业农民子女义务教育工作的意见》，明确农民工子女接受义务教育由流入地政府负责，安置在以全日制中小学为主的义务教育学校。2005 年之后，农村义务教育支出占比伴随相关保障机制改革而迅速增长。

2005 年 12 月国务院《关于深化农村义务教育经费保障机制改革的通知》要求：农村义务教育阶段全部免除学杂费，免费为贫困生提供教科书并补助寄宿生生活费；建立农村基础教育教师工资保障机制，省级政府加大农村薄弱地区教育财政转移支付力度，确保农村中小学教师工资按照国家标准按时足额发放。2009 年中央出台农村义务教育阶段中小学公用经费基准定额，2010 年农村义务教育阶段中小学公用经费基准定额全部落实到位。

---

① 更多的农村贫困生将免费得到教科书［N］. 中国青年报, 2004 - 02 - 27.

### （三）义务教育财政体制

2006 年 6 月新修订的《中华人民共和国义务教育法》出台，这是该法自 1986 年颁布以来进行的重大修订。其中关于教育财政有以下规定：国家全面实施义务教育免费就学，将义务教育全面纳入财政保障范围，义务教育经费由国务院和地方各级政府予以保障；为确保义务教育教师工资按标准及时发放，以及学校的正常运转和校舍安全等，规定按照学校建设标准、教职工工资标准和学生人均公用经费标准等，及时足额供给义务教育经费；保证教职工工资和学生人均公用经费逐步增长；义务教育经费投入实行国务院和地方各级政府按职责共同负担，省级政府负责统筹落实的体制；地方各级政府在财政预算中将义务教育经费单列；国务院和省级政府规范财政转移支付制度，加大一般性转移支付规模和规范义务教育专项转移支付；地方各级政府确保将上级政府义务教育转移支付资金用于义务教育。

2006 年中央开始采取分项目按比例的方式对各省份义务教育经费进行补助，落实义务教育保障机制。2009 年财政部、教育部有关文件提出，义务教育保障机制关乎广大人民群众的切身利益，涉及资金量大，必须注重绩效管理。2015 年对义务教育经费保障机制进行修订完善，基准定额公用经费补助份额进一步提升。学生资助和奖励基本都采取分项目按比例的补助办法。在中央对各省教育专项转移支付以及对高校拨款分配中，逐渐采用公式法，依据客观因素进行分配。

### （四）其他教育财政体制

2012 年 12 月制定的《高等学校财务制度》规定，高等学校应严格控制对外投资，按国家规定可对外投资的应履行审批程序。2015 年 11 月教育部、财政部发布的《关于改革完善中央高校预算拨款制度的通知》，要求所有中央高校采取按照因素、标准、政策等要素科学合理分配资金，提高经费分配的科学公正性。2014 年 8 月十三届全国人大常委会七次会议修订《中华人民共和国预算法》，进一步明确各级政府全部收支出都应纳入预算，强调预算管理的全覆盖等。此后，诸多重要的教育财政改革政策陆续出台，如健全高校及中职学校家庭经济困难学生资助制度、中职免费教育、改革农村义务教育经费保障机制、加大学前教育财政投入和统筹推进世界一流大学和一流学科建设"双一流建设"等。

　　由此可以看出：公共教育财政体制逐步完善，并通过法制确定了国家、地方政府对教育的投入的责任，形成了多渠道筹集教育经费的新体制。义务教育阶段确立了"以县为主"的义务教育财政体制和政府转移支付支援薄弱地区的制度，不断加大农村义务教育支持力度，并逐步扩展到城镇地区；逐步形成了"政府拨款为主、多渠道筹措"的高等教育财政投入和创收体制。伴随经济的发展和社会的进步，教育财政经费筹集和分配将会日益多元化，尤其是民办教育的兴起和繁荣，这是公共教育财政的重要补充；教育发展在追求效率的同时，必须兼顾公平，确保教育的均衡发展；高等教育在保障"双一流"高校优先发展的同时，必须对薄弱高校进行一定的支援和补助，确保高等教育的全面发展。

## 第三节
### 教育财政体制总体评价

　　教育财政是关乎民众切身利益的重要领域，教育公平、教师待遇、学生资助、教育收费都与其相关，也是依法治国的重要根基。建立科学、规范的教育财政体制，对解决不同层级政府的财权与事权关系具有重要的现实意义。

### 一、教育财政体制建设取得的成就

　　改革开放以来，财政在教育发展中发挥着主导作用，尤其伴随国家财政实力不断增强，政府不断加大教育财政投入并取得了明显的效果。

#### （一）教育优先发展财政政策显现

　　新中国成立后的相当长的一段时间内，教育被视为是一种消费和社会福利，不具有生产性。为迅速恢复生产，以经济建设为中心，生产建设性支出占据绝对比重，因此教育支出占比则长期偏低，结果导致教育经费严重不足，教育发展举步维艰。此外，社会上遗留办教育是群众自己的事情，并非国家义务的理念，尤其是农村教育所需经费要依靠农民自己来解决①。

改革开放初期，要求教育与经济同步发展，转变教育财政理念，这就标志着新中国成立以来"先经济后教育"的财政思想理念的切实转变。党的十二大提出，一定要牢牢抓住"教育和科学"这几个根本环节，把它们作为经济发展的战略重点。尽管国家政策和法律层面均给予教育高度重视，但在当初以经济建设为中心的政策影响下，教育财政政策的执行并不到位，教育经费不足、教育财政让位于基础建设和生产实践的财政导向在较长的时间段里未能得到有效扭转。

到 20 世纪 90 年代后，伴随"知识经济"理念的传入和改革开放步伐的加快，科学教育才引起全社会的高度重视，教育优先发展理念催化了教育财政的快速发展。在一系列政策文件和党的十五大、十六大报告中多次重申，必须"把教育摆在优先发展的战略地位"，特别是党的十七大报告把"优先教育发展教育"与"建设人力资源强国"具有必然联系的两个口号同时提出，进一步将教育提升到一定高度。教育财政投入总量及国家财政性教育经费占 GDP 的比例等，均有一定程度的提升。

### （二）教育财政支出结构渐趋合理

由于历史原因，我国城乡发展水平差距较大，城乡二元问题较为突出，这也同样反映在教育领域，义务教育的不均衡发展尤以城乡差距最为突出。进入 21 世纪以来，伴随教育财政投入的增加，开始更多地考虑教育投入公平问题，对农村义务教育、西部和其他贫困地区均给予了一定的照顾政策。如农村义务教育财政体制发生了重大变革，"在国务院

---

① 中央教育科学研究所. 中华人民共和国教育大事记（1949—1982）［M］. 北京：教育科学出版社，1984.

领导下，由地方政府负责、分级管理、以县为主"的新型农村义务教育投入体制基本确立，扭转了传统农村义务教育自力更生的局面；明确建立农村义务教育经费保障机制，按照明确各级责任、中央地方共担、加大财政投入、提高保障水平的原则将农村义务教育保障责任全面纳入各级政府职责，确立了明确的责任分工，加大教育财政投入，不断提升保障水平。尤其是"两免一补"政策的实施，让许多贫困地区的辍学儿童重返校园，政策实施初见成效。

与此同时，国家资助体系进一步完善。2007 年继免除农村义务教育学杂费政策落实后，建立健全普通高校、高等职业院校和中等职业学校家庭贫困学生资助政策体系被提上议事日程。在高等教育阶段，设立助学金、国家奖学金和励志奖学金，由中央和地方财政按比例分担；继续执行教育部直属师范大学师范生、国防生免费教育政策，以及一些特殊照顾专业免费教育政策。[①] 新的资助范围和额度明显提升，如国家励志奖学金奖励人员的占比由原先的每年 0.3% 扩大为 3%，高校国家助学金奖励人员的占比由每年 3% 扩为 20%，中职教育国家助学金奖励人员的占比由每年 5% 扩至 90%；国家奖学金额度由 4000 元增至 8000 元，新设国家励志奖学金额度为 5000 元，高校国家助学金额度由生均 1500 元增至 2000元，中职学校国家助学金额度由生均 1000 元增至 1500 元。新的资助政策落地后，受助学生和受助额度均有了大幅提升，这对促进教育公平起到了积极的作用。

### （三）教育财政经费投入稳步增长

近年来，我国教育有了强大的财政支撑，各层次教育在质量和规模上均有了大幅提升。《2017 年全国教育经费执行情况统计公告》显示，2017年全国教育经费总投入为 4.26 万亿元，同比（下同）增长了 9.45%，其中国家财政性教育经费为 3.42 万亿元，增长了 8.95%；全国一般公共预算教育经费为 2.99 万亿元，增长了 8.01%，其中：中央财政教育经费为

---

① 杨东平. 深入推进教育公平（2008）［M］. 北京：社会科学文献出版社，2008.

0.47 万亿元，增长了 5.03%。全国各类学校生均一般公共预算教育事业费支出情况：全国普通小学为 1.02 万元，增长了 6.71%；普通初中为 1.46 万元，增长了 9.13%；普通高中为 1.38 万元，增长了 11.80%；中等职业学校为 1.33 万元，增长了 8.55%；普通高等学校为 2.03 万元，增长了 8.27%。全国各类学校生均一般公共预算公用经费支出情况：全国普通小学为 0.27 万元，增长了 4.64%；普通初中为 0.38 万元，增长了 6.47%；普通高中为 0.34 万元，增长了 6.18%；中等职业学校为 0.50 万元，增长了 2.71%；普通高等学校为 0.85 万元，增长了 5.44%。

《2017 年全国教育事业发展统计公报》显示，2017 年全国共有各级各类学校 51.38 万所，同比（下同）增长了 0.41%；在校生 2.70 亿人，增长了 2.06%；专任教师 1626.89 万人，增长了 3.09%。学前教育：全国共有幼儿园 25.50 万所，增长了 6.31%；入园儿童 1937.95 万人，增长了 0.83%；在园儿童 4600.14 万人，增长了 4.22%；幼儿园教工 419.29 万人，增长了 9.82%；专任教师 243.21 万人，增长了 8.96%；学前教育毛入园率 79.6%，同比提高 2.2 个百分点。义务教育：全国共有义务教育学校为 21.89 万所，招生 3313.78 万人，在校生 1.45 亿人，专任教师 949.36 万人，九年义务教育巩固率 93.8%。高中教育：全国高中教育共有学校 2.46 万所，下降了 0.38%；招生 1382.49 万人，下降了 0.99%；在校学生 3970.99 万人，增长了 0.02%；高中教育毛入学率 88.3%，同比提高 0.8 个百分点。特殊教育：全国共有特殊教育学校 2107 所，增长了 1.30%；特殊教育学校共有专任教师 5.60 万人，增长了 5.20%。

### （四）教育规模与质量的不断提升

#### 1. 高中教育的规模与质量

2017 年高中教育阶段在校生规模结构，以及普通高中和中等职业学校人员基本情况统计，见图 3–1、表 3–1 和表 3–2。

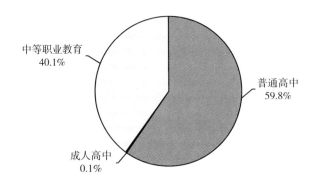

**图 3 - 1　2017 年中国高中阶段在校生规模结构**

资料来源：2017 年全国教育事业发展统计公报。

表 3 - 1　　　　　2017 年中国普通高中学校、教职工、专任教师情况

| 类型 | 学校数（所） | 教职工数（人） | 专任教师数（人） |
| --- | --- | --- | --- |
| 普通高中 | 13555 | 2665073 | 1773953 |
| 其中：完全中学 | 5460 | 1056242 | 531255 |
| 高级中学 | 6780 | 1331610 | 1176082 |
| 12 年一贯管制学校 | 1315 | 177221 | 66616 |

资料来源：《2017 年全国教育事业发展统计公报》。

表 3 - 2　　　　　2017 年中国中等职业教育学生情况

| 类型 | 毕业生数（人） | 招生数（人） | 在校生数（人） |
| --- | --- | --- | --- |
| 中等职业教育 | 4968770 | 5824303 | 15924968 |
| 其中：普通中专 | 2169933 | 2462485 | 7129894 |
| 成人中专 | 604125 | 568771 | 1272446 |
| 职业高中 | 1289923 | 1483979 | 4140553 |

资料来源：《2017 年全国教育事业发展统计公报》。

**2. 高等教育的规模与质量**

2017 年全国各类高等教育在学总规模达到 3779 万人，毛入学率达到 45.7%。全国共有普通高等学校 2631 所（含独立学院 265 所），同比增长 1.35%，其中本科院校 1243 所，同比增加 6 所；高职（专科）院校 1388 所，同比增加 29 所。全国成人高等学校 282 所，同比减少 2 所；研究生培养机构 815 个，其中普通高校 578 个、科研机构 237 个。普通高等学校校均规模 10430 人，其中本科学校 14639 人、高职（专科）学校 6662 人。高

等教育在学规模及毛入学率变化趋势见图 3 – 2。

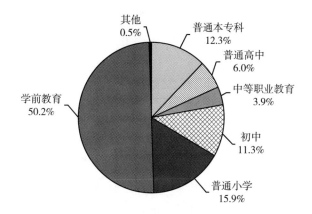

| （万人） | 1978年 | 2012年 | 2015年 | 2016年 | 2017年 |
|---|---|---|---|---|---|
| 在学总规模 | 228 | 3325 | 3647 | 3699 | 3779 |
| 毛入学率 | 2.7 | 30.0 | 40.0 | 42.7 | 45.7 |

**图 3 – 2　部分年份高等教育在学规模和毛入学率变化趋势**

资料来源：历年《全国教育事业发展统计公报》。

### 3. 民办教育的规模与质量

2017 年全国共有各级各类民办学校 17.76 万所，比上年增加 6668 所，所占全国比重 34.57%；招生 1721.86 万人，比上年增加 81.63 万人，增长 4.98%；各类教育在校生达 5120.47 万人，比上年增加 295.10 万人，增长 6.12%。民办教育在校生规模结构见图 3 – 3。

其他
0.5%

普通本专科
12.3%

普通高中
6.0%

中等职业教育
3.9%

学前教育
50.2%

初中
11.3%

普通小学
15.9%

**图 3 – 3　民办教育在校生规模结构**

资料来源：《2017 年全国教育事业发展统计公报》。

通过以上一系列数据可见：2017 年全国各级各类教育财政投入均呈现

明显的增长态势，除中等职业学校生均一般公共预算公用经费支出增幅相对较小为2.71%外，其他各类学校各项公共财政指标增幅相对较大，反映出国家各级教育财政投入的整体递增趋势。各类教育的学校、在校生、专任教师数量总体为上升趋势。其中学前教育在学校、在校生、专任教师数量均为增长态势；义务教育巩固率达93.8%；高中教育虽学校和招生数量呈下降趋势，但在校生数量则呈增长态势，毛入学率为88.3%，同比提高0.8个百分点；高等教育学校数量呈现增长态势，本科院校和职业院校数量均有一定增长，但职业院校数量增长幅度较大，高等教育毛入学率呈现逐年递增趋势，反映出接受高等教育的适龄人口占比不断增加，国民素质有了较为显著的提升；民办学校数量呈现大幅增长状态，招生和在校生数量增长较快，反映出民办教育蓬勃发展的活力，真正发挥了公办教育的补充作用，为国家教育财政节约开支发挥了巨大作用，也为教育体系的完善与教育公平发挥了重要的调节作用。

## 二、教育及教育财政体制问题简评

从当前总体情况看，教育及教育财政体制面临的普遍问题是教育财政政府支出与个人教育负担间的矛盾，教育财政资源调节与优化配置，以及各级政府教育权责和义务界定等问题。改革开放以来我国教育财政收支增长迅猛，这与我国经济的快速发展密切相关，也会带来一定的问题，其突出问题主要体现在以下两个方面。

### （一）教育资源不均衡配置问题突出

教育财政体制受制于教育和财政制度，教育和财政制度的不健全势必导致教育财政制度的问题，尤其是公共教育财政涉及的薄弱地区。虽然国家对薄弱地区已给予了较多的政策倾斜，但有些细节问题依然制约着教育的发展。例如，教育均衡发展问题既存在于义务教育阶段，又体现在高等教育阶段。义务教育阶段由于都区发展不平衡，很难将优质师资力量吸引到发展落后地区，尤其是农村地区。这些地区只有不断提高教师待遇水平，才可能获取更多的优质教育人力资源。因此，政府需要制定义务教育教师工资基本标准的基础上，适度提高农村教师的工资标准，或以财政补助的形式予以提升，并通过建立教育公共财政制度予以确认。

高等教育阶段的不均衡表现更为突出，以往的"211""985"高校及现在的"双一流"建设大学占据了教育资源的绝对优势，而一些普通院校与之形成了巨大反差，甚至举高债艰难前行，这严重制约了院校的正常发展，进而影响招生和就业等关键环节，导致院校发展缓慢、下滑乃至生存危机。院校发展的马太效应加剧，"双一流"建设大学获得了更多的政府财政支持，个别学校甚至投入过剩而造成不必要浪费的问题。显然一些发展较差的院校获得政府财政支持很少，供求关系严重失衡。故此需要政府转变理念，通过教育财政体制和政策制度理顺其中的非正常供求关系，尤其应加大弱势群体（运行艰难的院校）的扶持力度。

### （二）民间办学缺乏公平竞争的环境

民间办学是增加教育资源供给，缓解教育资源短缺，满足社会多样教育需求的重要保障。尽管国家出台相关的教育政策法规，鼓励民间资本投资教育，但在实践中相对于公办学校民办教育依然受到了诸多条件的制约，倒闭的学校不在少数，这也严重制约了民间资本投资教育领域的积极性。尤其是民办高等教育的问题较为突出，如法律对民办学校法人治理机制不够明确。民办学校法人属于民办非企业单位法人，要求不以营利为目的，但民办学校的经营会遭遇企业发展同样的困境。由于其法人治理结构不健全，不能较好地保障民办院校及学生、家长的切身利益，损害的不只是民办院校，危及的还会是受教育者群体。

此外，民办高校面临生源的不公平竞争问题。高等教育招生按批次录取，一批次院校基本上全是公办院校，民办院校很难获取一批次生源，这对民办院校招生造成了严重不公，直接导致民办高校的生源质量不高。与此同时，教师聘用方式的不同，导致师资质量的巨大反差。公办高校教师的聘任属于政府统一管理的编制内人事资源管理；而民办高校教师则是属于编制外的合同聘用制，稳定性存在较大差别，也制约了民办高校获取优质教师资源，影响了民办高校的正常发展。

在我国各级政府对教育事业的高度重视下，我国的教育财政总量会持续增加，个人的教育承担比例会有所下降。教育财政资源高效利用与优化配置问题会逐步得到解决，各级政府教育财政的责权与事权、义务会越来越清晰。教育财政的科学有序发展，必将会促进教育公平的解决，真正实现办人民满意的教育。

## 三、教育财政体制改革的主要构想

教育财政体制改革不仅涉及教育经济体制改革，还涉及财政民主进程、公共财政转移、人大审查与监管、统一财政与国库、理顺中央与地方关系等诸多因素，这些因素叠加在一起使得改革面临着复杂的形势，对我国政治、经济和教育领域产生巨大而深远影响，也将是对党和政府执政能力与执政水平的巨大考验和挑战。

### （一）教育财政体制的配置与原则

#### 1. 教育财政体制的配置思路

政府对现行教育财政体制配置资源的目标，主要是提高教育财政效率与增进教育财政公平。政府对教育财政体制配置的基本思路包括以下三个方面。

第一，向贫困家庭的学生提供教育资助。其目的是对社会生活条件差的学生给予教育补偿，保障贫困阶层群体享有接受教育的机会与权利。

第二，面向所有的学生家庭提供教育资助。即同一教育层次上能力较强的学生分配较多的教育财政经费，以增加社会产出效率和水平。

第三，兼顾公平与效率提供教育财政资源。对非义务教育、高等教育等教育，政府可通过补贴提供教育财政资源，以保障人力资源的充分利用和教育财政的配置符合经济社会发展的需要。

#### 2. 教育财政体制改革的基本原则

深化教育财政体制改革是一项复杂的系统工程，具体实施时应坚持以下原则：一是处理好政府与市场的关系；二是发挥中央与地方两个积极性；三是兼顾效率与公平；四是统筹当前与长远利益；五是坚持总体设计和分步实施相结合；六是坚持协同推进财税与其他改革。

### （二）教育财政体制改革的取向与途径

#### 1. 教育财政体制改革的基本取向

（1）突出教育财政体制改革的重点。重点是完善教育部门预算和第三方审计、转移支付制度和省以下教育财政体制，创新各级财政支持义务教育、基础教育和高等教育，建立阳光财政、民生财政。创新推进教育财政体制扁平化的系统性改造，主要是扩大推行教育"乡财县管"和"省管县"，按照属地主义原则实施进行教育财政绩效评估。

（2）推进政府教育财政体制改革。政府教育财政发展是带动教育经济增长的"引擎"，其体制改革应进一步细化教育财政问责制；教育投融资方式的选择应在坚持公平原则的基础上，以社会效益最大化、投资成本最小化为首要原则；非营利性教育应以财政拨款为主，降低负债比例；提高政府教育投资的专业化管理水平，建立政府教育投资风险防范机制等。

（3）继续完善省以下教育财政体制。重点是省以下特别是县级教育财政体制改革，将原来的五级财政转化为中央、省、市县三级财政，实现一级政府、一级政权、一级事权、一级财权、一级税基、一级预算、一级产权、一级举债权。继续推进"省直管县"教育财政体制改革，努力改善县乡教育财政困难状况，确保乡镇学校正常运转，不断增加农村教育投入。

（4）构建教育财政支出监控体系。对教育财政支出可建立评价指标体系，包括公共支出占总支出或财力的比重及动态变化、教育财政供养人员比重增减率、教育财政资金到位率、教育财政支出效果率、卫生条件改善状况、教育水平改善程度等价值与实物评价指标；完善政府间相关工作的规制，以及政府预决算报告制度和预算委员会联席会议制度等。

#### 2. 教育财政体制改革的调控途径

政府教育管理对教育财政体制的调控，因个人与社会教育需求的出发点和追求的目标不同，故而在教育需求的质量、层次、类别结构上就会出现差异和冲突，其根源在于教育财政的稀缺性，特别是优质教育资源的稀缺性与教育需求的无限性之间的矛盾。从这个意义上说，这种矛盾是普遍的、永恒的，它存在于所有国家，该矛盾如果继续发展超过一定限度不仅会影响教育事业，也会影响经济社会的发展，因此必须对教育的供求矛盾进行调控，而其调控的主体主要是政府。从公共经济学视角度分析，教育是一种公共产品和公共服务，政府对教育调控应重点考虑：一是政府通过教育财政支出对具有公共性的教育服务产品确定科学的教育财政预算，并强化教育预算管理；二是政府应对具有准公共性质和私人性质的教育产品与服务进行价格指导，规范教育市场行为；三是政府与市场共同对准公共性和私人性的教育产品与服务进行调控，如政府对教育产品与服务的价格即学费等予以规范，根据经济社会发展需要和可能的条件适宜延长义务教育年限等。

随着我国政府管理职能的转变，财政体制也发生了根本性的改革，并凸显为财政体制的公共性特征。政府教育管理也伴随着整个政府职能的改革发生了转变，这就要求教育财政体制必须建立公共教育财政体制。其途径主要包括：一是大幅度提高政府财政收入水平，强化教育财政管理功能，政府教育支出统一纳入财政预算；二是进一步转变政府教育职能，调整各级政府财政支出中用于教育的支出比例，保障教育财政支出占 GDP 4% 以上的目标；三是完善政府教育财政预算管理制度，因为制度是教育财政收支管理的保证，故此应加强用制度规范和约束政府教育财政的配置；四是在教育财政体制中应建立明确的各级政府教育事权与财权的统一分级管理和财政负担制度，规范政府教育财政转移支付制度，尤其要加大省级财政对教育投入的责任和力度；五是强化对政府教育财政预算的决策权和监督权，强化对教育财政体制实施的有效监督，确保教育财政收入与支出的公开化、透明化。

## 第四章

# 教育财政政策机制

　　教育财政政策机制是财政政策在制定与实施过程中与其各经济主体及有关要素之间的相互制约和配合关系。研究科学、规范、合理的教育财政政策机制，有利于教育财政政策的制定与实施。本章主要释析教育财政政策基础理论、教育财政政策历史变迁和教育收益价值三个问题。其中，教育财政政策基础理论包括政策的科学内涵、财政政策的含义和对教育财政政策的认识，以及教育财政政策的类型划分和过程管理；教育财政政策历史变迁包括西方和中国教育财政政策的变迁，以及教育财政政策改革的目标、要求和内容；教育财政政策收益价值包括教育收益分类与分析，以及教育财政政策的价值取向。

## 第一节

### 教育财政政策基础理论

### 一、教育财政政策的基本概念

#### （一）政策的科学内涵

　　政策由"政"和"策"组成，政者政略、纲要，策者谋略、方术。就功能而言，政策是人类社会发展到一定阶段的历史产物。一般认为，政策是国家或政党为实现一定历史时期的路线和任务而制定的行动准则。政策有广义与狭义之分，狭义的政策是指国家为实现其经济调控目标而制定的方针、策略和措施等各种手段的总称。其实质是阶级利益观念化、主体化、实践化的反映，具有阶级性、正误性、时效性和表述性的特点。

广义的政策是指国家及其政权机关、政党组织等社会政治集团和其他组织为实现其意志与利益，规定在一定的历史时期内应达到的奋斗目标、遵循的行动原则、完成的明确任务、实行的工作方式、采取的一般步骤和具体措施。从最广泛的意义上说，由国家公共权力主体制定，对一定的社会行为主体产生一定影响的法律、法规、战略、规划、计划、条例、规章、政令、声明、指示、管理办法和实施细则等，都可被视为政策的范畴。

政策按照国家标准划分，可分为对内政策与对外政策（外交政策）；按照从属关系，可分为总体政策、基本政策和具体（方面）政策；按照制定主体，可分为政党政策、国家政策和团体政策；按照政策主体条块标准，可分为部门政策、地区政策和企业政策；按照基本内容，可分为政治政策、经济政策、社会政策、科技政策和文教政策，从宏观经济上经济政策又可分农业、工业、商业、交通、财政、税收和货币政策等。

### （二）财政政策的含义

至于何为财政政策，不同国家、不同时期、不同专家学者有着不同的认识和解释。

#### 1. 西方对财政政策的认识

早在重商主义时期已开始出现财政政策思想的萌芽，法国、德国和英国早期的国家干预主义都尝试通过财政手段来干预经济，但还不能称之为真正意义上的财政政策。1929 年经济危机爆发，面对这场空前危机带来的经济大萧条和最严重的失业，以凯恩斯的政府全面干预为核心的财政政策理论应运而生。西方专家学者对财政政策解释较为典型的观点主要包括以下几个方面。

（1）从政策作用视角界定的财政政策。凯恩斯 1936 年出版的不朽名著《就业、利息与货币通论》，才使现代意义的财政政策理论日趋成熟。较为典型的定义：财政政策是通过政府课税及支出的行为，以影响社会的有效需求，促进就业水平的提高，并避免通货膨胀或通货紧缩的发生，而实现经济稳定的目的的政策。该种解释主要是强调财政政策稳定经济的作用，体现了凯恩斯学派的财政理论观点和政策主张。

（2）从政策手段视角界定的财政政策。如 V. 阿盖迪认为，财政政策是税制、公共支出和举债等措施，通过这些手段使作为整个国家支出组成部分的公共消费与投资在总量和配置上确定下来，且私人投资的总量和配置受到直接或间接的影响；经济学家希克斯夫人认为，财政政策是公共财政的所有不同要素在依然把履行其职责（税收的首要职责就是筹措收入）放在首位的同时，共同适应各项经济政策目标的方式与方法。

（3）从政策目标视角界定的财政政策。如 J. F. 都教授认为，所谓财政政策是指政府收支的调整，以达到经济更加稳定，实现预期经济增长率；凯塞教授认为，财政政策就是政府的税收、支出以及债务政策对生产、就业、收入以及价格等水平的影响；埃克斯坦教授认为，政府为了实现充分就业和稳定物价水平这些短期目标而实行的各种税收和财政支出的变化，通常叫作财政政策。

**2. 我国对财政政策的认识**

著名财政学家陈共教授认为："财政政策是指一国政府为实现一定的宏观经济目标而调整财政收支规模和收支平衡的指导原则及其相应的措施。"郭庆旺教授认为："财政政策就是通过税收和公共支出等手段，达到发展、稳定、实现公平与效率，抑制通货膨胀等目标的长期财政战略和短期财政策略。"这是国内关于财政政策的两个有代表性的阐述，尽管有差异，但核心内容是一致的。

还有些人认为，财政政策是指国家根据一定时期政治、经济、社会发展的任务而规定的财政工作的指导原则，通过财政支出与税收政策调节总需求。它受一定的社会生产力发展水平和相应的经济关系所制约。增加财政支出刺激总需求，从而增加国民收入；反之则抑制总需求，减少国民收入。增加税收抑制总需求，从而减少国民收入；反之则刺激总需求，增加国民收入。

### （三）对教育财政政策的认识

我们认为，财政政策是指国家经济政策的重要组成部分，是指国家为实现一定的经济社会目标而调整财政收支和调控经济良性运行所采取的策略和措施；教育财政政策是指国家为实现一定的教育目标而调整教育财政收支和调控教育良性运行所采取的策略和措施。

在教育财政实践中，教育财政政策贯穿教育财政工作的全过程，体现在教育财政收支、预算平衡和债务等方面，由教育政策和财政政策所决定并形成一套完整的教育财政政策体系。教育财政政策运用得当，就会促进教育事业的快速健康发展。

## 二、教育财政政策的类型

### （一）财政政策的分类

#### 1. 按调节经济总量功能的分类

以财政政策调节经济总量功能为标准，可分为积极财政政策、紧缩财政政策和稳健财政政策。

（1）积极财政政策。又称扩张性财政政策，一般而言，积极财政政策是指通过财政分配活动来增加和刺激社会经济总需求的政策。当社会经济总需求不足时，可通过积极财政政策使社会经济总需求与总供给的差额缩小乃至平衡。但如果社会经济总需求与总供给原来就是平衡的，运用该财政政策就会使总需求超过总供给。

积极财政政策的主要内容是减税和增支。一般来说，减税会增加民间可支配的收入，在财政支出规模不变的情况下也会扩大社会总需求。财政支出是社会总需求的直接构成因素，其规模扩大会直接增加总需求。在减税与增支并举的情况下，积极财政政策一般会导致财政赤字，因而积极财政政策又等同于赤字财政政策。

（2）紧缩财政政策。与积极财政政策相对应，紧缩财政政策是指通过财政分配活动来减少和抑制社会经济总需求的政策。在社会总需求过旺的情况下，通过紧缩财政政策来消除通货膨胀缺口，以达到社会经济的供求平衡。但如果社会经济总需求与总供给原来就是平衡的，该财政政策就会导致社会总需求不足。

紧缩财政政策的主要内容是增税和减支。一般认为，增税会减少民间可支配的收入，降低人们的消费和投资需求；减少财政支出会降低政府的消费和投资需求，从而直接减少社会总需求。因此，增税和减支都具有减少和抑制总需求的效应，两者同时并举，财政盈余就有可能出现，因而紧缩财政政策又可等同盈余财政政策。

（3）稳健财政政策。即中性财政政策或平衡财政政策，它是一种介于积极财政政策和紧缩财政政策之间的政策，是指财政分配活动对社会总需求的影响保持中性的政策。财政收支活动既不会产生积极效应，也不会产生消极效应。在一般情况下，它要求财政收支基本保持平衡，但使预算收支平衡的政策并不等于中性财政政策。

在西方财政理论中，一般将财政收支均衡形式表现出来的政策称为均衡财政政策，而将通过增加或减少盈余、增加或减少赤字形式表现出来的政策称为非均衡财政政策。均衡财政政策的主要目的在于力求避免预算盈余或赤字可能带来的消极后果，政府支出可按其规模的大小产生使税收上升的效果，所以均衡财政政策不是稳健财政政策，而是略带积极效应的财政政策。

**2. 按调节经济周期作用的分类**

以财政政策调节经济周期作用为标准，可分为自动稳定的财政政策和相机抉择的财政政策。

（1）自动稳定的财政政策。自动稳定的财政政策是指某些能根据经济波动情况自动发生稳定作用而无须借助外力就能直接产生控制效果的财政政策。在某些情况下，财政政策仅需要收支制度本身的内在机制就会对经济波动自动产生调节作用，达到稳定经济的目的与效果，而无须政府采取任何经济干预行为。自动稳定的财政政策工具主要包括税收、转移支付和农产品价格管制三个方面。

——税收。税收特别是所得税，是最重要的自动稳定器。在税率一定的条件下，税收可随着经济周期自动同向变化。经济繁荣时收入增加，累进所得税制要求更高的纳税级次，税收增长快于收入增长，从而使税收发挥自动抑制消费增长及经济过热的作用。

——转移支付。当经济处于衰退或萧条阶段时失业增加，领取失业救济金的人数就会增加，社会保障福利支出增加，从而抑制了人们可支配收入的下降；反之当经济繁荣时失业人数下降，转移支付减少，从而抑制了可支配收入及消费需求的增长。

——农产品价格管制。当经济繁荣时农产品价格上升，政府抛售库存，防止价格超过上限；反之当经济衰退时农产品价格下降，政府大量收购，防止价格低于下限。维持农产品价格的稳定，有助于维持农民收入和其他产品价格稳定，缓和经济波动。

（2）相机抉择的财政政策。相机抉择的财政政策是指国家根据一定时期的经济社会状况灵活选择不同类型的财政政策工具，干预经济运行行为，实现财政政策目标。该类政策是本身没有自动稳定的作用，需要借助外力才能对经济产生调节作用的财政政策，主要包括汲水政策和补偿政策。

从字面上看，汲水就好比水泵里缺水不能吸进地下水，而需要注入引水恢复水泵抽吸地下水的能力。从财政意义上说，汲水政策是指政府在经济萧条时投入一定数额的公共投资，以增加社会有效需求，使经济自动恢复其活力的政策。其特点：一是以市场经济自发机制为前提，诱导经济恢复；二是以扩大公共投资规模为手段，启动和活跃社会投资；三是社会投资恢复活力，经济实现自主增长，政府就不再或缩小投资。

补偿政策是指政府有意识地根据经济状态进行反方向调节经济变动幅度，以达到稳定经济目的的财政政策。经济繁荣时为抑制通货膨胀，政府通过增加支出、减少收入政策来抑制和减少民间的过剩需求，增加社会有效需求，刺激经济增长；反之，经济萧条时为抑制通货紧缩，政府通过增加收入、减少支出等政策来增加民间的消费和投资需求，从而增加整个社会的有效需求，稳定经济波动。

上述内容可以看出，汲水政策和补偿政策都是政府有意识地干预经济运行的政策。但两者也有区别，主要表现在：一是前者是借助公共投资以弥补民间投资减退，是治理经济萧条的一个"处方"，而后者是一种全面干预，可在经济萧条或繁荣时应用；二是前者是短期的，手段只有公共投资，而后者可以是长期的，其手段包括公共投资及财政补贴、转移支付和税收等；三是前者投资规模有限，一般不能超额支出，而后者支出灵活性较大，可以超额增长；四是前者调节对象是民间投资，而后者调节对象是社会有效需求。

### （二）教育财政政策的分类

#### 1. 教育财政政策按教育层级的分类

教育层级可划分为学前、初等、中等、高等 4 个层级，与之对应教育财政政策可划分为学前教育财政政策、初等教育财政政策、中等教育财政政策和高等教育财政政策。

学前教育财政政策是指政府财政对学龄前儿童教育经费的投入保障政策。它包括人员基本费用支出、幼儿教育的场所及设施基础建设支出、幼儿教育管理与行政支出等相关的财政政策。

初等教育财政政策是指政府财政对小学阶段教育经费的投入保障政策。此教育阶段属于义务教育阶段，其经费支出基本全部依靠政府财政支出。它包括人员基本费用支出、初等教育的场所及设施基础建设支出、初等教育管理与行政支出等相关的财政政策。

中等教育财政政策是指政府财政对中学阶段教育经费的投入保障政策。中学阶段包括中专、中职学校和初级技校等。

高等教育财政政策是指政府财政对高等教育经费投入保障的政策。高等教育主要包括专科、本科和研究生教育，属于非义务阶段教育，因此政府仅承担部分教育财政经费，其余则通过学校收费、产业运营及社会捐赠等方式来解决。

按照教育层级分类可以清晰地统计各个教育层面的教育财政经费投入状况，有利于调整公共教育财政支出结构，并依据现实经济发展状况进行调整平衡，以保障公共教育经费的有效利用，促进教育事业的协调发展。

#### 2. 教育财政政策按政府体制的分类

按照政府体制可划分为中央或联邦和地方管理的财政政策。我国中央政府教育财政政策是指国家财政预算中用于中央部属院校的财政拨款，以及对省及省以下地方政府教育转移支付拨款和中央专设各项教育基金及利用等政策；地方政府教育财政政策是指由省及省以下包括地（市）、县（市）、乡镇地方政府的教育经费筹集及分配等政策。

教育财政政策按照政府体制标准进行分类，有助于各级教育与财政部门分别管理各自的教育财政资金，实现集权与分权的协调与平衡，充分调动中央与地方两个方面的积极性，也便于其各方结合自身实际做好教育财政规划与实施。

## 三、教育财政政策的过程管理

### （一）公共政策的制定过程

政策制定过程是从公共问题产生到政府提出解决方案相关政策的过程或程序、阶段。政策制定过程的特点为：政策制定过程在时间上具有前后相关和延续的关系，主要包括问题提出、议程确立、政策出台、政策评估及合法化等活动。公共政策的制定主要包括以下过程。

第一，确定政策问题。首先社会公共事务问题会令民众、专家学者、利益集团或公职人员感觉不适，进而引发其变革意识，或政府部门主动依据公共事务需求提出变革理念。相关利益方可依据客观环境的变化提出政策革新诉求，相关机关人员结合现实，成立政策编制领导小组，针对不同政策诉求进行筛选和甄别，确定政策问题。

第二，设置政策议程。政策议程包括系统议程和政府议程。社会问题进入政策议程可通过九种途径，包括体制、组织、个人、媒介或事件等方面：代议制、选举制、政治组织、利益集团、政治领袖、行政人员、专家学者、传播媒介、危机和突发事件。政策议程的确立大体分为议题确认、议题采纳、议题排序和议题持续四个阶段。

第三，规划政策方案。规划政策方案是对政策问题研讨之后提出相应的解决方案的过程。主要包括目标确立、方案设计、方案选择和方案评价等关键环节，坚持稳定可调、系统协调、信息完备、民主参与、科学预测和现实可行等原则。公共政策方案规划以民意需求为导向，发挥公共服务职能。因此，公共政策方案规划的科学有效性是以民众认可度和现实可行性作为主要考核指标。

第四，政策合法化。政策合法化是指法定政策主体依照法定权限和程序所进行的审查、通过、批准、签署和颁布政策的法定过程。通过政策的合法化，使政策具有一定的法定效力。除了政策主体必须要有合法依据外，还要注意政策所及职权限制以及滞后法律的效力问题。政策合法化是对政策进行确认的关键环节，因此必须谨慎细致，进行周密的审批（陈雪锐，2016）。

### （二）教育财政政策的制定

#### 1. 西方学界对教育财政政策制定的认识

教育财政政策的制定过程主要包括政策问题或议题、政策决策与评估和政策执行等，即从问题到决策系列合法化过程。按照伊斯顿（Eastion，1965）的理论，教育财政政策的制定是在特定的政治系统中形成的，并受系统和环境的影响。伊斯顿政治决策系统模型以"反馈—控制"理论为基础，注重系统的动态调整过程。他认为政治系统属于开放系统，包含各级政府的制度和政治活动，系统运行环境与资源之间存在交互关系。系统运行过程中会出现无序状态，必须借助反馈等措施改变无序状态。通过反馈机制可对系统内部运行状况进行监控，及时调整其与政治体制及环境的关系，修正系统无序状态使其朝着均衡状态发展，并从周围环境获取一定的资源，维持系统与环境的和谐共生。

在伊斯顿政治决策系统模型下，班森（Benson，1978）提出，不同决策群体的差异性，使得其关心的教育财政问题不同。但决策原则是：事关社会总体利益的事务优先于个人或家庭关心的事务。教育的社会收益具有外溢性，对经济产生影响、可均衡或重新分配社会财富，因而教育财政政策具有优先地位，决策必须保证全面性、系统性和公平性。教育财政决策应充分考虑：结合教育财政的层级，设定教育发展的总目标和分目标；确定公共教育服务的供给方式；根据经济和教育发展程度决定教育财政投入份额；明确界定教育公共服务的需求方；合理配置教育财政资源，协调资源分配关系。

#### 2. 中国学界对教育财政政策制定的认识

教育财政管理是国家发挥教育职能、促进教育发展的重要公共管理活动，作为公共管理活动就需要政策加以规范和约束。教育财政政策的制定过程受制于社会制度、经济条件及不同的教育供需等因素。因此，教育财政政策的制定必须符合相应的经济理论及国情、地区实情及教育传统，确保政策的实效性。教育财政政策属于公共政策，必须要保证其合法性，并作为教育财政投入和管理相关部门及人员履职的基本政策依据。教育财政政策决策涉及的利益相关者既包括政府决策者和咨询者，也包括个人、专业人士和社会团体等在内的潜在的决策者，其中后者通过参与和反馈会对教育财政政策的制定产生一定的影响。因此，教育财政政策的制定必须兼顾和协调各方利益诉求，平衡各方利益，以利于教育财政资金的广泛筹措与合理配置，更好地促进教育事业的发展。

中国教育财政政策制定的具体过程包括确认政策问题、设立政策议程、表决政策和合法化等，这是教育财政政策制定的一般程序而非固化模式，为适应内外部环境诸多因素的影响需要教育财政政策的制定具有一定的灵活性。教育财政决策流程：准确认定教育财政问题，甄别汇总后提交给专业的决策机构；决策机构根据教育财政决策原则，通过理论分析和实证求证，运用一定的决策模式提出具体决策方案交由审查和监督机构，并及时将修改的信息进行反馈；经过反复商议和修订，提交人民代表大会进行表决；表决通过后形成相应的法令政策，由各级教育和财政部门执行政策。若未获通过则重新经历决策流程，修正通过后再执行。赵宏斌和孙百才（2006）认为，政府对教育财政支出负有具体和明确的责任，其决策应坚持公平和效率原则、队伍专业化和模型选择多元化。教育财政政策制定会涉及利益相关方的政治博弈过程，应协调处理好各方利益关系。

第一，规避教育财政政策决策的泛政治化倾向。教育财政政策决策过程涉及的利益主体众多，关系复杂，受多方因素的影响和制约，尤其是政治权力的干扰与支配。为避免政策出台后的冲突，特别是政治权力的干扰和影响，应尽力处理好各利益方的关系，协调好理论与实践的关系，确立理想与现实的结合点。与此同时，为保障教育发展的社会收益，必须保证教育财政政策的前瞻性、独立性和持续性等方面的要求。

第二，为提升教育财政政策质量健全决策机制。这就需要精选优质的教育财政专业人才，组建专业的决策团队；保障教育部门事权和财权的统一，提高教育财政管理效能；通过法令政策确定教育财政预算和拨款模式，强化教育财政的核算和决算，提高教育财政收支的透明度，避免暗箱操作和浪费；健全教育财政收支监督审核机制，保障权力运行和资源分配的公平性；开展教育财政资金的绩效评价并予以奖惩处理，以激励相关部门和人员的行为。

## 第二节　教育财政政策历史变迁

### 一、西方教育财政政策的变迁

这里以英国高等教育为例，阐述和分析西方教育财政政策的变迁状况。

#### （一）英国高等教育财政政策的变迁

#### 1. 英国高等教育的发展状况

英国大学资格和学位授权，均由教皇训令或皇室特许状批准。牛津大学和剑桥大学是最早荣获此殊荣的高等学府。英国早期的大学也是精英教育，大学入学资格也被上流社会所垄断。随着工业革命急需高级工程技术人才，诞生了以培养高级应用型人才为主的城市学院。第二次世界大战后，英国高等教育进入大众化培养阶段。1965 年又确立了高等教育的"双轨制"，在大学之外建立了与之平行的高等教育体系——多科技术学院，故而高等学校在校生人数骤增，至 20 世纪 80 年代中后期突破百万。

1992 年英国议会通过了"继续和高等教育法案"，废除高等教育"双轨制"，将多科技术学院升格为大学，改革大学拨款制度等。在政府主导下调整半官方性质的高等教育拨款委员会的职能，建立高等教育质量保证署（QAA），加强高等教育的质量评估和完善高等学校的拨款制度，通过评估进行拨款。其保证署是介于政府与高校之间独立的中间机构，目的是保持英国大学自治的传统，并能通过中间机构对高等院校施加间接影响。

英格兰、威尔士、苏格兰和北爱尔兰四个地区分别拥有相当大的自治权利,有各自独立议会,包括各自独立的高等教育拨款机构,甚至不同的学制体系。政府与高等学校没有行政上的隶属关系,政府不能直接对其下达指令,只能通过评估和拨款等中间机构的运作对高等院校施加间接影响。按照经济合作与发展组织(OECD)的看法,英国的高等学校不是完全独立的私立教育机构,而是属于"依靠政府的私立教育机构"。

**2. 英国高等教育的财政政策**

英国高等教育财政政策历经几次重大变迁。1902 年英国《教育法》决定为大学生提供助学金,规定地方政府可从地方税收中提取一定比例资金用以支持和资助初等以外的教育(陈国良,2000),因而各地方政府开始结合本地区实际自主对大学生进行资助,助学金的资助对象以贫困生为主。1918 年成立大学拨款委员会,以统一英联邦大学拨款的管理机构。第二次世界大战后政府对大学的财政拨款相比战前迅猛增长,且开始资助基本建设项目,如 1949 ~ 1950 年度政府的拨款占大学总收入的 61.5%(Salter & Tapper,1994),政府逐步加大对大学的财政投入。1944 年新《教育法》规定:中央和地方政府向继续教育和高等教育学生提供奖学金及津贴。至此,英国确立学生资助和奖励政策,并逐渐演变为以资助贫困学生为主的助学金。

1946 年英国著名的《巴洛报告》(*Barlow Report*)发布,该报告要求大学拨款委员会转变角色——帮助大学培养大量科技人才。委员会委员由高校财政咨询机构变为高校发展的直接参与者和监督者。报告发布后,其委员会的职责新增收集、检验和提供国内外与大学教育有关的信息,在与利益相关方协商基础上协助制定、执行与国家需要一致的大学发展规划(贺国庆等,2003)。大学拨款委员会的职能是以国家需求为宗旨,积极参与大学发展规划的制定并监督其执行。这种变化反映了政府对大学发展的引领作用,并通过经济杠杆调节高等教育。

20 世纪 60 年代英国经济的发展突飞猛进,高等教育迎来自己的黄金时代。1960 年《安德森报告》(*Anderson Report*),提出了"免费助学金"政策的学生资助理念及方式;1962 年英国《教育法》规定,英国所有接受高等教育的全日制学生均可享受学费和生活费两种国家资助;1963 年《罗宾斯报告》（*Robbins Report*）确立高等教育双重制，将其分为自治大学和公立高等学校；1965 年英国议会通过了《科学与技术法》确立了双重科研拨款体制，即由大学拨款委员会向各大学拨付部分科研经费和政府特许的五个研究基金会按其研究重点向符合条件的大学拨付专项研究课题经费（吕炜等，2004）；1966 年《关于多科技术及其他学院的计划》政府白皮书发布，其内容主要是将高级技术学院升格为大学，合并重组 30 多所多科技术学院，并划归地方政府管理，大部分经费依然由中央财政提供。

1985 年绿皮书《20 世纪 90 年代英国高等教育的发展》，标志着高等教育旧时代的结束和后罗宾斯时代的开启；1987 年发布白皮书《高等教育——迎接新的挑战》成立多科技术学院基金委员会，大学拨款委员会（UGC）改组为大学基金委员会（UFC）；1991 年《高等教育：一个新的框架》合并大学基金会和多科技术学院基金会成立高等教育基金会（HEFC）；1992 年《继续和高等教育法案》废除高等教育双重制，将多科技术学院升格为大学，并改革大学拨款制度；1997 年《迪尔英报告》（*Bearing Report*）确立学生财政资助政策；1998 年开始对大学生全面收取学费。

进入 21 世纪，英国的"收费加贷学金"模式日趋完善。2003 年英国发布的白皮书《高等教育的未来》中提出，从 2006 年 9 月开始实施新的大学学费缴费标准；2004 年《高等教育法案》出台了新的高等教育学费政策和资助政策，并准许大学向学生收取附加学费，政府对贫困学生将重新实行生活维持补助制度，所有的学生均可申请生活维持贷款，贷款本金来自政府的财政预算拨款，贷款业务均由学生贷款公司进行代理（王璐和孙明，2006）；2006 年 9 月起英格兰地区的大学提高学费标准，规定上限为 3000 英镑/年。

## （二）英国高等教育的财政拨款分析

### 1. 高等教育的财政拨款方式

英国政府曾力图通过教育和培训来推动经济和社会发展，因而加大了高等教育投入，也由此造成了财政赤字。为缓解政府财政压力，政府鼓励高校通过多种渠道进行融资，并将高等教育融资作为政府的一项重要职责，通过融资实现教育机会再分配；政府将增加高等教育投入、改革高等教育投资体制和提升高等教育质量作为引领高校发展的重要手段，同时将促进高等教育公平、协调教育与经济的关系作为其治国的重要方针。

英国高等教育拨款体系涵盖了普通和专门学院，包括老牌大学、新大学、城市大学和多科技术大学。高教拨款机构主要包括英格兰高教拨款委员会、苏格兰高教拨款委员会、威尔士高教拨款委员会和北爱尔兰就业与学习部4个，由议会组建并对其负责，属于非官方组织。其职责主要包括：分配教学和科研资金；拓展渠道和增进参与；告知学生有关高等教育的质量；鼓励企业与外部社会团体与高等教育机构的共同发展；促进教学与科研质量的提高；根据高等教育的需求向政府提供建议；保障公共资金的正常使用[①]。

英国高校财政拨款方式与美国不同，属于集权制，由中央政府设定拨款原则、确定拨款数量，这与其政治体制存在一定关系。英国高等教育拨款渠道主要包括：一是通过助学贷款，将经费直接拨付给学生；二是通过"高等教育基金委员会"等中介机构将经费拨付给学校，而不直接拨付给学生；三是通过其他机构和部门，诸如英国研究理事会和卫生部等进行拨款。1992年以前，高等教育财政拨款分别由多科技术学院基金委员会和大学基金委员会负责。1992年《持续进修与高等教育法案》实施后，其财政拨款由中介机构高等教育基金委员会（以下简称基金会）负责[②]，即教育和就业部将高教经费分配给基金会，再由基金会将政府资金分配给各高等院校。

**2. 基金会财政拨款情况分析**

基金会成立于1992年，主要管理高校的教学常用款项和部分科研款项，负责高校投资的评估和监管等工作。基金会内设财政与资助等5个董事会，其中财政与资助董事会负责每年政府拨付高校资金分配与运作，确保资金使用效率。基金会与被资助大学签订财政备忘录，以规定大学获得和使用财政经费的约束条件；与社会各界建立广泛的联系并寻求合作机

---

① 资料来源：英国高等教育基金委员会。
② Further and Higher Education Act 1992.

会，除高校、政府外还与统计局、慈善机构、工商界、研发机构和医疗机构等广泛联系。

（1）教学拨款分析。基金会是英国高校拨款的主渠道，拨款占比为70%左右。其拨款账户分为常规性拨款账户和非常规性拨款账户，其中前者是为保障每年正常教学、科研和学术交流活动支付的费用，也是拨款的主要构成，但并非全部覆盖。基金会通过精确计算拨款数额，主要用于弥补高成本学科办学经费不足，同时综合考虑全日制与非全日制、学生数量、学科水平、教学成本、研发数量和质量等情况，按照拨款率、调整系数和学科权重等要素进行综合计算。但受金融危机影响，政府财政拨款比重呈现缓慢下降趋势，与之相对应的是学费比重不断上升，高等教育市场化背景下高等教育财政资源配置出现了一些新的变化（见表4-1）。

表4-1　　　　　2009～2015年英国高校经费来源构成情况

| 年度 | 基金会拨款（%） | 学费（%） | 其他学费及资助（%） | 科研拨款（%） | 捐赠（%） | 其他收入（%） | 总收入（亿英镑） |
|---|---|---|---|---|---|---|---|
| 2009～2010 | 34 | 29 | 2 | 16 | 1 | 18 | 268 |
| 2010～2011 | 32 | 30 | 2 | 16 | 1 | 18 | 276 |
| 2011～2012 | 29.6 | 32 | 2.6 | 16.2 | 1 | 18.6 | 279 |
| 2012～2013 | 24.1 | 37.4 | 2.6 | 16.4 | 1 | 18.5 | 291 |
| 2013～2014 | 20 | 43 | 3 | 17 | 1 | 18 | 307 |
| 2014～2015 | 10 | 44 | 8 | 16 | 1 | 21 | 332 |

资料来源：http：//www.universitiesuk.ac.uk/。

从表4-1可以看出：英国高校通过政府基金会拨款占比呈现下降趋势，即从2009～2010年度的34%降至2014～2015年度的10%，降低了24个百分点；科研拨款基本稳定在16%左右；学费在高校经费来源中的占比逐步上升，即从2009～2010年度的29%增至2014～2015年度的44%，提高了15个百分点，也初步显示了英国高等教育经费的改革取向。

基金会在2015～2020年发展规划中，提出创建世界一流教学的发展目标。在学费基本保障教学成本前提下，基金会将重点转向宏观引导的绩效指标：主体教学拨款是投入成本超出学费收入的学科；定向教学拨款则优先支持世界高水平的专业学院，关注入学公平、学生保持率和科学、技术、工程、数学课程。与此同时，基金会按照政策规定的绩效要求给予专项拨款，依据不同类型定向拨款计算生均拨款额度，最后通过公式算出定向拨款总额，用以资助高校专项业务（张红峰，2017）。通过公式计算提升了拨款可靠性、公平性及透明度。

（2）科研拨款分析。长期以来，英国公共研究经费主要通过高教基金委员会和国家研究委员会双重支持系统为院校提供科研资助。科研拨款依据科研成果数量和质量，尤其重视成果的质量，旨在促进研究的国际领先水平。2010～2011 学年与 2016～2017 学年科研拨款的比较如表 4－2 所示。

表 4－2　　　　　2010～2017 年英国科研拨款比较

| 项目 | 2010～2011 学年 | | | 2016～2017 学年 | | |
|------|------|------|------|------|------|------|
| 拨款结构及额度 | （1）总拨款：16.03 亿英镑；<br>（2）主体教学拨款：11.30 亿英镑；<br>（3）学术研究生基金：2.05 亿英镑；<br>（4）慈善研究基金：1.98 亿英镑；<br>（5）企业研究基金：0.64 亿英镑；<br>（6）国家研究图书馆：0.06 亿英镑 | | | （1）总拨款：15.78 亿英镑；<br>（2）主体教学拨款：10.70 亿英镑；<br>（3）学术研究生基金：2.40 亿英镑；<br>（4）慈善研究基金：1.98 亿英镑；<br>（5）企业研究基金：0.64 亿英镑；<br>（6）国家研究图书馆：0.07 亿英镑 | | |
| 科研评估主体 | 科研水平评估（RAE）分为 15 个大组、67 个评估单位 | | | 研究卓越架构（REF）分为 4 个大组、36 个评估单位 | | |
| 科研质量等级标准及权重 | 星级 | 质量标准 | 权重 | 星级 | 质量标准 | 权重 |
| | 4 | 世界领先 | 9 | 4 | 世界领先 | 4 |
| | 3 | 国际卓越 | 3 | 3 | 国际卓越 | 1 |
| | 2 | 国际认可 | 1 | 2 | 国际认可 | 0 |
| | 1 | 国内认可 | 0 | 1 | 国内认可 | 0 |
| | 不计 | 低于国内认可 | 0 | 不计 | 低于国内认可 | 0 |
| 学科成本及权重 | 类别 | 学科 | 权重 | 类别 | 学科 | 权重 |
| | A | 高成本学科 | 1.6 | A | 高成本学科 | 1.6 |
| | B | 中等成本学科 | 1.3 | B | 中等成本学科 | 1.3 |
| | C | 其他 | 1.0 | C | 其他 | 1.0 |
| 伦敦内外权重 | 伦敦以内：12%；<br>伦敦以外：8% | | | 伦敦以内：12%；<br>伦敦以外：8% | | |

资料来源：http://www.hefce.ac.uk/。

从表 4－2 可见：基金会主体教学、科研拨款 2016～2017 学年是基于新的评估活动和评估指标进行测评，质量评估更为全面，拨款依据更为充分；基金会主体科研拨款依据质量表现不断提升拨款标准，激励世界领先及国际卓越成果。研究卓越框架（Research Excellence Framework，REF）、研究水平评估（Research Assessment Exercise，RAE）等级评定的结果与拨款挂钩，激发了高校内部活力。2014 年在新的评估框架下，REF 评估结果显示英国高校科研取得了举世瞩目的成果，其中30%的成果被评定为"世界领先"，46%的成果被认定为"国际卓越"①。基金会认为，这些科研成果与基金会和国家研究委员会双重支持系统，以及以质量绩效为导向的科研拨款体质密切相关。政府部门将进一步探索通过科研拨款改进科研质量激励提升策略和长效机制，促进知识交流和跨学科研究及合作研究。

（3）知识交换拨款分析。除教学与科研拨款，知识交换拨款也受到了英国政府的重视。基金会在知识交换拨款中依然扮演着公平的中介组织角色，通过制定符合政策倾向性的拨款策略和方法，传递政府财政决策，维护院校公平权益。知识交换拨款的目标是引导和支持高校与外界的交流与合作，通过知识与科研成果转化作用，产生经济和社会的效益，旨在推动高校不断提升服务社会经济能力。基金会通过分析公立和私立高校的客户数据，包括分析学校服务企业、公共机构、服务业和社区等的相关数据后作出拨款决定；要求高校定期提交相关计划、方案及资金使用报告，保障资金使用效率。

基金会在知识交流方面投入大量资金，促进了英国高校知识交流的发展与进步。英国有 3 所大学在世界创新生态与创业技术系统评比中，排名位居前 10。2016～2017 学年，基金会提供 1.6 亿英镑知识交换拨款，依然是通过公式计算拨付给符合条件的高校。拨款全部给予绩效考核结果和上两年度获得外部经费情况。如果经费来自中小企业，则相应权重值将会翻倍。既体现了重绩效，也体现了外部合作的重要性。经过公式计算，若高校理论上获得的拨款额低于每年 25 万英镑则取消该项拨款，以此确保知识交换拨款的效率，让其发挥最大效能（张红峰，2017）。

（4）其他资金拨款。国家主导项目设施拨款、资本拨款、非统一过渡性研发拨款、研究生支持项目等，通过非常规账户拨付。国家主导项目设

---

① HEFCE. REF 2014 Results ［EB/OL］. ［2017 – 02 – 10］. http：//www. hefce. ac. uk/.

施和资本拨款，主要用于高校基础建设投资。2015～2016 年拨款项目分解情况见表 4 - 3。

表 4 - 3　　　　2015～2016 年度英国高教基金委员会拨款项目分解

| 项目 | | 金额（百万英镑） | 占比（％） |
|---|---|---|---|
| 常规性账户拨款 | 教学 | 1418 | 35.71 |
| | 研发 | 1558 | 39.23 |
| | 知识交流 | 160 | 4.03 |
| 非常规性账户拨款 | 国家主导项目设施拨款 | 130 | 3.27 |
| | 资本拨款 | 603 | 15.19 |
| | 非统一过渡性研发拨款 | 52 | 1.31 |
| | 研究生支持项目 | 50 | 1.26 |
| 总计 | | 3971 | 100.00 |

资料来源：http：//www.universitiesuk.ac.uk/。

从表 4 - 3 可见：2015 年基金会为高校拨款 39.71 亿英镑，其中常规性拨款占比 79%，非常规性拨款占 21%。常规性拨款中 75% 用于研发和教学，非常规性拨款则主要用于资本项目。由此可见，英国高校拨款主要用于研发、教学和基础建设。

**3. 其他机构的高教拨款情况**

英国高等教育经费来源除基金会提供的资助外，其他机构经费资助主要包括以下项目。

（1）研发费用。英国研发基金会（The Research Councils）由商业创新技术部（BIS）支持，资助普通高校研究生和一些特殊研发项目。

（2）医学和牙科教学与研发。卫生部资助医院进行的教学、研发、护理、助产等费用，支持诊所建设。

（3）教师培训。英国国家教学管理学院资助新任教师培训、在职教师培训等。

（4）职业教育和预科学院资助。通过技能资助机构进行资助。

（5）学费贷款。通过非营利学生贷款公司为学生提供贷款，当学生毕业后具备一定偿还能力时开始偿还贷款。

（6）信息交流和创新。通过英国研发基金会、技术战略委员会等多渠道融资。

### （三）英国高等教育财政拨款的特征

综上所述，英国高等教育拨款的特征主要体现在以下几个方面。

第一，采用中介拨款的模式。英国政府有关部门只负责政策制定和引导，费用执行由专门的中介组织——基金会负责。基金会拨款公开、公平、灵活、透明，指标细化，精心计算。

第二，注重教学和科研拨款。英国高等教育拨款以教学和科研拨款为主，发挥财政投入资金主渠道作用，为高校培养人才和服务社会提供重要支撑。

第三，强化教育的绩效考核。英国高等教育拨款采用多样化考核指标，通过专业第三方评价作为日后拨款的依据，提高财政资金投入的科学性和有效性。

英国高等教育财政拨款制度，经过一百多年的运行已日趋成熟。英国教育财政发展以中介拨款机构为代表进行了多次的重组与改革。伴随中介组织的改革，教育财政政策也随之进行了一系列改革，在高校教学和科研中发挥了重要调节作用，通过绩效考核促进了高校发展质效的不断提升，并使英国的高等教育始终走在世界前列。

## 二、中国教育财政政策的变迁

### （一）义务教育财政政策的变迁

#### 1. 新中国成立后的义务教育财政政策

新中国成立初期，教育财政体制实行集权制管理，基础教育经费由国家财政统一进行分配，实行中央、省（市）和县分级管理的体制；1957 年中央将基础教育的管理权下放给地方，基础教育经费由地方财政安排，实行"条块结合、以块为主"的教育财政体制（陈国良，1997）；1972 年基础教育经费在中央统一计划下由中央切块单列，下拨到地方管理。

20 世纪 70 年代末，农村推进家庭联产承包责任制，削弱了农村集体经济，导致了县乡政府财政愈加窘迫，农村基础教育经费愈加紧张。在城乡二元体制下，地方财政主要负担城镇基础教育的办学经费，企业负责自办的中小学经费，农村基础教育的办学经费主要由基层政府和农民负担（王小利，2004）。农村基础教育由于基层负担，与城市的发展差距进一步拉大。

**2. 改革开放初期的义务教育财政政策**

改革开放后，我国开始重视基础教育的规划、投入和效益。1980～1985 年基础教育财政体制基本上由地方政府负责，中央财政给予地方尤其是农村贫困地区和少数民族地区专项补助（王炳明，2008）。从 1985 年起实施"划分税种、核定收支、分级包干"的财政体制，基础教育财政亦随之改变，逐步形成了"县办高中、乡办初中、村办小学"的办学体制。财政分权增强了地方财力，地方政府有了承担基础教育办学的财政基础，农村义务教育实现了质的飞跃，但因城乡和地区间经济发展和政府财力差异较大，造成了义务教育的城乡和地区间的差异，并导致了乱收费、拖欠教师工资等现象的发生（韩民，2001）。

为扭转上述问题，1984 年 12 月国务院发布《关于筹措农村学校办学经费的通知》，要求在国家逐步加大教育基本建设投资和教育事业费的同时，各级地方政府充分调动农村集体经济组织和社会力量的办学积极性，促进农村教育事业的发展。1985 年 5 月《中共中央关于教育体制改革的决定》明确了将发展基础教育的责任交给地方，基础教育由地方负责、分级管理，有计划有步骤地实施九年义务教育（戴金南，2001）。1986 年 4 月出台的《中华人民共和国义务教育法》规定，义务教育实施"由地方负责、分级管理"，这一体制通过法律形式予以确定。

**3. 计划经济时期的义务教育政策**

1993 年 2 月《中国教育改革和发展纲要》提出，要逐步建立以国家拨款为主，辅之以征收用于教育的税费、校办产业收入、社会捐集资和设立教育基金等多渠道筹措教育经费的体制，国家财政性教育经费支出占 GDP比例争取在 20 世纪末达到 4%，实现"三个增长"（国务院和各级地方政府用于义务教育财政拨款的增长应高于财政经常性收入的增长，保证义务教育生均费用逐步增长，保证教师工资和生均公用经费逐年增长）（陈朗平等，2010）；各级教育财政支出占比"八五"期间全国平均水平不低于15%；省级和县级教育财政支占比由省级政府确定，乡镇财政收入主要用于发展教育；按产品税、增值税、营业税的2%~3%计征城市教育费附加，农村教育费附加征收办法和计征比例由当地政府制定。

在此阶段，农村义务教育仍坚持"三级办学、两级管理"（县、乡、村三级办学，县、乡两级管理）的体制，教育经费来源以财政拨款为主，教育费附加、教育集资和收取杂费等为辅。在分级办学体制下农村义务教育经费的实际投入以乡镇政府负责为主。分税制财政体制改革导致农村义务教育经费愈加窘迫，主要由于乡镇财政收入来源较为单一，且可供支配收入较低，根源依旧是城乡经济发展的差距，致使乡镇财政收入严重不足，因而通过教育集资、教育附加和学费等方式将教育经费投入责任转嫁给了并不富裕的农民。这一时期征收的教育费附加占财政性教育经费总额的比例也有所提升，1997年相比1990年比例增长了2%，成为财政预算拨款之外的第二大义务教育经费来源（黄卫红，2005）。

**4. 新世纪以来的义务教育政策**

2001年6月教育部、财政部印发《关于对全国部分贫困地区农村中小学生试行免费提供教科书的意见》，要求对重点扶贫的县域农村等相关领域的中小学生免费提供教科书；2003年9月教育部等六部委制定《关于进一步做好进城务工就业农民子女义务教育工作的意见》，明确农民工子女接受义务教育由流入地政府负责，安置在以全日制中小学为主的义务教育学校；2005年12月国务院发布《关于深化农村义务教育经费保障机制改革的通知》提出，按照"明确各级责任、中央地方共担、加大财政投入、提高保障水平、分步组织实施"原则，逐步将农村义务教育全面纳入公共财政保障范围，建立中央和地方分项目、按比例分担，经费由省级统筹、以县管理为主的农村义务教育经费保障机制（罗湖平，2010），省级政府加大农村薄弱地区教育财政转移支付力度。自此，义务教育经费投入的责任开始上移，由县级政府转移至省级政府。

2006年6月新修订的《义务教育法》规定：国家全面实施义务教育免费就学，将义务教育全面纳入财政保障范围，地方各级政府在财政预算中将义务教育经费单列，国务院和省级政府规范义务教育专项转移支付，地方各级政府确保将上级政府的义务教育转移支付资金用于义务教育；2008年开始全国城市全面实施义务教育；2009 年财政部、教育部出台文件，要求义务教育注重绩效管理，中央出台农村义务教育阶段中小学公用经费基准定额，2010 年农村义务教育阶段中小学公用经费基准定额全部落实到位；2013 年开始实施的《中小学校财务制度》规定义务教育阶段学校不得对外投资，严禁义务教育学校举债运行；2015 年对义务教育经费保障机制进行修订完善，基准定额公用经费补助份额进一步提升。学生资助和奖励基本都采取分项目按比例的补助办法。

总体而言，我国实行"省级统筹、以县为主""地方负责、分级管理"的义务教育财政政策。其中义务教育财政支出主体责任为县级政府，省级政府通过转移支付对农村和薄弱地区义务教育进行资助。中央政府实行统一的城乡义务教育经费保障机制，国务院财政部根据经济和社会发展形势，制定统一的全国义务教育学校生均公用经费基准定额，以中西部地区为重点支持对象，并适当兼顾东部部分困难地区（李振宇和王骏，2017）。

### （二）高等教育财政政策的变迁

#### 1. 高等教育财政拨款的模式

中国高等教育财政拨款模式，由中央统一计划拨款改为分级计划拨款。1980 年以前，高等教育经费实行中央统一计划拨款模式，即高等教育经费拨款由国家财政统一列支，按照"定员定额"的核算办法对各地区和部门高等教育经费进行核算。因此，全国高等教育经费的投入由中央财政统一计划下达，地方财政部门负责管理，教育主管部门安排使用。

1980 年伴随中国财政体制的重大改革，即国家"统一收支"的中央集权式财政体制改为"划分收支，分级包干"的中央与地方分级负责的新财政体制，随之高等教育经费实行分级计划拨款模式，即高等教育经费拨款则是根据学校的行政隶属关系，分别由中央和地方财政各自负担高等教育的经费支出。实际上中央财政只负责中央部属院校经费，地方财政负责地方院校的经费。

地方高等教育的财政大权转移到省级政府，新的拨款体制将地方高校办学的自主权完全交付地方政府，充分调动了地方政府发展高等教育的积极性，促进了地方教育和经济的发展。各省可根据本地区发展实际和人才培养需要，适当调整本地区高等教育结构，加大地方高等教育投入，改善办学条件，提升办学质量，推动地方高等教育高质高效发展（闵维方和陈晓宇，1994）。

### 2. 高等教育财政拨款的方式

高等教育财政拨款方式，由"基数＋发展"改为"综合定额＋专项补助"。"基数＋发展"是学校经费当年分配额是以上一年度所得份额为基础，根据学校的规模及日常开支需要，适当增加本年度的发展经费。该方式简单明了，决策程序简便易行，便于财政集中管理，并与当时精英教育阶段高校数量少、结构单一的发展状况相适应。但该种经费分配方式未考虑上一年度学校支出是否合理，一些学校为第二年获得更多经费支持往往故意增加本年度开支，且基数的确定缺乏系统科学的计量依据，导致单位成本越高的学校获得的经费越多，不利于学校控制成本和提高经费使用效率（官风华和魏新，1995）。同时，人为因素对财政拨款部门决策也产生一定的影响，易生公共资源分配的寻租行为。此外，在该方式下核定的高校经费年终结余回收上缴国库，其辛辛苦苦节约的经费不能自由支配，主观上鼓励了铺张浪费。

1986 年财政部、国家教委联合发布了《高等学校财务管理改革实施办法》，强调高等学校财务管理改革应按照教育规律和经济规律办事，改革高校经费管理办法，实行"综合定额＋专项补助"的经费拨款方式。其中，"综合定额"是上级主管部门根据培养成本确定的生均教育经费的定额标准（不同层级的院校和专业定额标准有所差别），再根据各级各类学校学生数和定额标准确定综合定额，其经费包括教职人员经费、学生经费、教学业务费、行政公务费、维修费、设备费和其他费用等；"专项拨款"则是对综合定额的补充，依据高校发展需求单独安排给高效使用的专项资金，主要包括重点学科及实验设备费、师资培训费、专业设备补充费、离退休人员经费、外籍专家经费、世界银行贷款的国内配套设备及国外设备维护费，以及特殊项目补助经费等。

综合定额取决于在校生人数，专向补助由政府部门根据学校的发展需要确定投资数额大小。"综合定额＋专项补助"拨款方式依据的是高校上一年度成本支出，克服了"基数 + 发展"拨款方式的随意性，教育经费与事业发展和学生数紧密挂钩，拨款依据更加公开透明。学校经费按照"包干使用、超支不补、节余留用"原则，国家对教育经费有了限定，也增加了学校使用经费的自主性，提高了学校经费管理的责任和效益。由于不同类型的大学及不同专业生均培养成本存在一定的差别，导致部分大学和专业因生均培养成本高而出现培养经费不足的情况，同时造成了高校盲目扩招追求在校生人数的而忽视办学质量和效益的状况。由于该方式的成本结构是为会计核算而设计，这对高校实际成本的计算亦存在盲区，易导致高校盲目扩建、增加招生数额，从而产生了一些新的问题。

从 2002 年起中央财政预算核定方式改为基本支出预算加项目支出预算（彭久麒，2003），要求部门预算外收入全部纳入预算或财政专户管理，收支不挂钩。事业单位开始实施财政集中收付制度，高等教育财政拨款也随之变为"基本支出预算和项目支出预算"方式（马陆亭，2006），即前者预算经费是用于高校正常运行、基本办学所需；后者预算经费是用于学校大修和某些专项活动所需实行经费专项管理，包括对学校的教学、行政管理、学生服务、后勤服务、建筑维修和其他经费的管理。该拨款方将学校经费使用效益与其自身利益统一起来，能起到鼓励学校形成勤俭节约的风气，激励高校充分利用现有资源不断提升资金使用效能等方面的积极作用。

### 3. 多元化高等教育融资体制

在市场经济驱动下，高等教育投入逐步由国家财政单一拨款为主向多渠道筹措教育经费的投资体制转变。新中国成立至 20 世纪 90 年代初期，我国高等教育经费一直由国家财政负担。伴随高校扩招和学校、学生的数量迅速攀升，国家财政承担全部高等教育经费支出已受到严峻挑战，各利益相关方及爱心人士和团体共同投入高等教育已成为历史的必然。根据公共产品和教育成本分担理论，教育产品又具有一定的私人属性，受教育者通过接受教育可直接受益，按照利益获得和能力支付原则，个人必须承担教育的部分成本。收取学生学费标准按照生均培养成本的一定比例计取，并由主管部门审批后由学校收取，有效控制高收费和乱收费的情况。为发挥教育经费调节和激励作用，学校通过"奖勤补贷免"等方式奖励优等生和帮扶弱势群体，以保证教育成本的公平分担。

伴随着教育投资手段的拓展，高等教育运营创收手段也在不断增加。通过教育和财政主管部门的反复探索和实践，逐步建立了以国家财政拨款为主，企业办学、个人及企业捐资、民办教育投入、学费收入和校办企业创收等多元化的高等教育经费来源渠道。我国一些地方政府通过发行教育券方式来募集教育经费，且取得了良好效果。教育融资渠道还包括金融贷款、资本市场融资、土地置换、证券彩票、民办教育、科技转化、兴办产业、有偿服务、兴办"大学城"和中外合作等。有效吸纳社会资金和国外资金投资教育，实现互利共赢。2000 年后，中央和地方政府加强对学校一些重要领域的财务控制，并通过绩效评价提高教育经费使用效率。在中央对各省教育专项转移支付以及对高校拨款分配中逐渐采用公式法，依据客观因素进行分配。

教育财政体制改革，逐步扩大了学校的财务自主权。2002 年教育部制定了教育部门进行国库管理制度试点方案，提出建立教育经费国库集中支付体系，2007 年开始全国部属高校全面推行国库集中支付制度；2004 年教育部发布《关于建立直属高校银行贷款审批制度的通知》，针对部属高校实行银行贷款审批制度，之后部分省份也出台了地方高校银行贷款审批制度；2012 年财政部、教育部出台的《高等学校财务制度》规定，高等学校应严格控制对外投资，并规定对外投资的应履行审批程序。通过严格审批规范和加强借入款项管理，不得违反规定举借债务和提供担保；2015 年教育部、财政部发布的《关于改革完善中央高校预算拨款制度的通知》，要求所有中央高校采取按照因素、标准和政策等要素科学合理分配资金，提高经费分配的科学公正性。

## 三、教育财政政策改革的规制

### （一）教育财政政策改革的内涵

财政政策改革一般会受国家政治、社会、经济、文化等环境与条件的影响，它既可以是单一的，也可以是多元的。从目前各国财政政策改革目标看，主要包括经济稳定、经济发展、收入分配和收支平衡等目标。通过以上分析，教育财政政策改革的内涵可概括为国家及地方为实现教育财政政策的预期目标所进行的一系列改革，即国家及地方运用财政政策工具所要达到的调控和管理教育财政的目的。

## （二）教育财政政策改革的目标

中共中央政治局 2014 年 6 月审议通过了《深化财税体制改革总体方案》。其改革目标是建立统一完整、法治规范、公开透明、运行高效，有利于优化资源配置、维护市场统一、促进社会公平、实现国家长治久安的可持续的现代财政制度，其重点推进改革的内容主要是改进预算管理制度、深化税收制度改革和调整中央和地方政府间财政关系。我国新一轮财税体制改革 2016 年基本完成重点工作和任务，2020 年基本建立现代财政制度，这将为教育财政的发展与改革指明方向。

党的十九大明确提出降费、减税的积极财政政策，目的就是要不断激发企业活力，可以让更多民营教育企业在发展过程中获取更多利益，从而促进全民经济的可持续发展。2019 年中央经济工作会议着重强调，实施积极的财政政策要加力提效，其着力点在供给侧而非需求侧。积极的教育财政政策应从教育供给侧发力，通过改善教育结构更好地满足内需，进而拉动国民的教育需求。主要手段是减免教育税费而非发债，重点是结构性减税和各类教育收费。

## （三）教育财政政策改革的要求

根据社会经济发展的需要和教育财政运行的基本特点，在今后一个较长的时期内，我国教育财政政策改革的要求主要可概括为以下三个方面。

### 1. 合理配置资源

合理配置资源是对现有的教育人力、物力、财力等社会资源进行合理、有效分配，发挥其最佳效用，以获取最大的经济和社会效益。在市场经济条件下，教育资源配置既要通过政府部门的调解，也要通过市场机制进行优化配置，通过价值规律、供求关系和竞争机制的作用，充分发挥民办教育的积极作用。因此，应全面深化教育财政体制改革、实施教育创新驱动发展战略、推进教育结构战略性调整、推动城乡教育发展一体化和全面提高开放型经济水平。

党的十九大提出，加快建立现代财政制度，建立权责清晰、财力协调、区域均衡的中央和地方财政关系。教育财政政策作为政府对资源配置的重要工具，其措施主要表现在：一是通过教育财政收支的分配数量和方向，促进教育事业的发展；二是通过制定合理的教育财政政策，引导教育资源在地区和行业之间的合理流动。应当说明的是：财政调节教育资源合理配置是为弥补市场失灵，它不能代替市场机制在教育资源配置方面的基础作用，更不能干扰正常的教育市场规则和市场运行。

**2. 实现充分就业**

实现充分就业教育和培训起着至关重要的作用。充分就业是那些适龄的并有劳动能力的人，能按照市场的一般工资率水平而受到雇用或得到工作，实现充分就业是将失业率限定在一定的范围内（多数人认为失业率在4%以下）。失业问题历来是经济学家和政府关注的焦点，它会带来一系列的不良后果或损失，如失业者生活艰难和自尊心丧失，高失业时会伴随着高犯罪率、高离婚率、高死亡率和其他各种社会骚乱等，因而控制失业率也是教育财政政策的主要目标之一。

党的十九大指出，要坚持就业优先战略和积极就业政策，实现更高质量和更充分就业。就业是民生之本，要贯彻劳动者自主就业、市场调节就业、政府促进就业和鼓励创业的方针，实施就业优先战略和更加积极的就业政策；健全人力资源市场，完善就业服务体系，增强失业保险对促进就业的作用等。因此，推动就业特别是下岗工人再就业、高校毕业生和退役军人就业，应实施财政扶持和税收优惠的政策，尤其要充分发挥教育与培训的作用，不断提升就业者的综合素质。

**3. 教育公平保障**

党的十九大提出"坚持在发展中保障和改善民生"，"增进民生福祉是发展的根本目的"，强调"加强社会保障体系建设"，明确提出"按照兜底线、织密网、建机制的要求，全面建成覆盖全民、城乡统筹、权责清晰、保障适度、可持续的多层次社会保障体系"。党的十九届四中全会又强调提出，要"构建服务全民终身学习的教育体系"，以及"推进学前教育、特殊教育和普及高中阶段教育保障机制，完善职业技术教育、高等教育、继续教育统筹协调发展机制"的政策要求。

教育是民生和社会保障的重要领域，教育公平保障的财政政策内容主要包括：健全教育保障财政投入制度，完善教育保障财政预算制度；加强教育保险基金投资管理和监督，加快推进教育保险基金的市场化、多元化投资运营；制定高中阶段以下教育的免税、延期征税和降低收费等优惠政策，加强贫困生救济保障、商业补贴保险，构建多层次的民生教育社会保障体系，保证各类各级教育事业的良性运行与健康发展，不断提升教育教学的质量和效率。

**（四）教育财政政策改革的内容**

第一，教育财政体制的改革。其内容主要包括：适度加强中央教育事权和支出责任，逐步理顺中央和地方教育事权关系；中央与地方按照教育事权划分，相应承担和分担支出责任；中央可通过安排转移支付将部分教育事权支出责任委托地方承担；保持现有中央和地方教育财力格局总体稳定，结合税制改革进一步理顺中央和地方收入划分。

第二，教育预算管理的改革。其内容主要包括：以推进教育预算公开为核心，建立透明教育预算制度；完善政府教育预算体系，研究清理规范重点支出与教育财政收支增幅挂钩事项；改进年度教育预算控制方式，建立跨年度教育预算平衡机制；完善教育转移支付制度；加强教育预算执行管理；规范地方政府教育债务管理；全面规范教育税费优惠政策。

第三，教育公共支出的改革。其内容主要包括：加大公共教育服务领域投入，促进教育公平，逐步在义务教育、基本教育保障和公共就业服务等领域实现基本教育公共服务均等化的要求，切实落实"学有所教、劳有所得、病有所医、老有所养、住有所居"的政策要求。

第四，教育转移支付的改革。其内容主要包括：完善一般性转移支付增长机制，重点增加对老少边穷地区的教育转移支付规模；地方义务教育财力缺口，通过一般性转移支付调节；清理、整合、规范专项转移支付项目，逐步取消教育竞争性领域专项和地方资金配套，严格控制专项，对保留专项进行甄别，属地方事务的划入一般性转移支付等。

第五，教育财政管理的改革。其内容包括：加强重大教育投资项目绩效评价，提高教育财政资金使用效益；加强地方政府教育债务管理，将地方债务收支纳入预算管理，建立地方政府教育债务风险预警机制；严格控制一般性教育支出和"三公"经费，努力降低教育行政成本；加强监督检查，建设稳固、可持续的国家教育财政等。

## 第三节

### 教育财政政策收益价值

## 一、教育收益的基本分析

### （一）教育收益的含义

教育收益是指在一定的教育投入水平下通过接受教育获得的报酬。塔伯曼和威尔士（Taubman & Wales，1972）认为，教育收益包括货币收益、心理层面和社会文明等方面的非货币收益方面，甚至非货币收益的重要性和长远性更为突出；明瑟（Mincer，1974）认为，教育收益首先体现在人力资本提高上，其基本途径包括正式学校教育、在职教育、健康投资和子女培养等。

伴随社会接受高等教育人数的提高，社会将获得更多高技能人力资源，从而更加有效地带动整个社会经济效率，为社会创新发展提供更大的动力。个人接受教育同样也会获得收益，因为知识改变命运一直以来被人们奉为座右铭，个人未来的社会地位、经济收益等与个人受教育程度有着密切的联系，即接受教育会带来一定的教育收益。

教育收益通过教育收益率予以体现来，教育收益率即指教育投入与获得收益的比例。一般是运用成本收益法分析确定，如将教育的社会收益与教育所支付的社会成本进行比较，则能判定教育的社会收益率，可为政府、社会和个人的教育投入决策提供参考。同理，将个人未来的收益与个人为接受教育而付出的成本进行比较，也可判定个人的教育收益率。

### （二）教育收益的分类

**1. 教育收益按照受益主体的分类**

教育收益按照受益主体标准，可分为直接收益与间接收益。教育直接收益是指收益产生于受教育过程本身或由受教育者本人所有。如接受教育的人在受教育过程中获取知识提升人力资本的过程，或通过教育对人的思想意识和认知水平的提高等，也可是教育产生的收益归受教育者本人，即受教育者在自身人力资本提升的基础上从事相应的工作获取相应的报酬。

间接收益是指外在的因素所产生的收益或其归属为非受教育者本人的收益。教育的间接收益既包含教育带来的外溢效应，如传授知识、研究成果、教育培训和创新办学等促进了经济社会的发展；还包括教育收益的跨地区流动，如受教育的人所在地区与就业地区并非同一地区，由此教育所带来的收益就扩展到另一地区等。

**2. 教育收益按照其他标准的分类**

教育收益按照教育要素标准，可分为投资收益与消费收益。如果将教育作为一种投资手段产生的收益就是投资收益；若教育不是用于投资，而是为了个人求知和自我发展完善，即产生教育的消费收益。教育的投资收益体现为人们更好的工作机会、更高的社会地位和更多的财富价值等；教育的消费收益则体现为一种心理货币的实现。

教育收益按照归属主体标准，可分为私人收益与社会收益。个人通过接受教育获得高质量就业机会，进而获取高薪回报，提升生活品质和幸福指数，即为教育的私人收益。教育在为个人带来收益的同时，也助推一国的政治制度、经济水平、社会风气和道德素养改善，即教育带来的社会收益①。

### （三）教育收益的分析

教育收益是教育通过提高人力资本质量促进劳动生产率提升推动经济

---

① ［美］雷·马歇尔，［美］马克·塔克. 教育与国家财富：思考生存［M］. 顾建新，赵友华，译. 北京：教育科学出版社，2003.

增长，进而影响社会收入分配格局，且其影响较为复杂。如教育发展虽能促进经济增长、增加人均收入，但因公民受教育程度的差异特别是受教育金字塔型的人口结构，则经济增长得益于受教育程度更高的群体，教育发展会进一步异化公民的收入水平，而不利于收入结构的改善与优化。世界银行研究报告表明：收入分配状况的改善，是以受教育机会和教育资源分配的均等化为基础。故此，应降低因受教育水平差距而造成的收入分配差异程度，让更多的受教育者从中收益。

此外，教育发展给社会带来的难以用货币计算的间接收益，如社会更加和谐、政治制度改进和社会文明提升等。虽该类非货币收益较难进行量化，但大致估算其产生的效果可能更为显著。英国罗宾斯高等教育委员会研究表明："教育投入的社会间接收益在于提高人们的社会适应能力，这方面的收益会比那些用货币来计量的收益具有更深远意义"①。教育的直接社会收益和间接收益的表现形式各异，产生的影响也是多层面的。总体研究表现在以下几个方面。

第一，教育发展对社会道德和文明水平具有明显的提升作用。教育发展产生的社会收益表现在提高公民知识水平、文化修养和道德法治观念和理想信念等综合素质方面，从而为构建和谐社会发挥积极的作用。美国学者艾力斯（Ehrlich，1973）对来自美国各层级学校学生进行抽样调查得出：同龄的青年若在学校接受教育则不论是现阶段还是未来的犯罪率，都比未接受教育或中途辍学的青年低得多，因而教育对受教育者的行为会产生深远的规范和正向引导的作用。

第二，教育发展对社会民主发展进程具有积极的促进作用。接受更高水平教育的人会对民主、自由和法治观念的理解更为深刻，且对社会的分析和理解往往也更为深刻，因此能为社会发展提供更好的对策建议。教育的社会直接收益既能体现在教育对经济增长的助推力方面，也会体现在教育的外溢效应方面。此外，外溢效应表现在提高非教育部门的劳动生产率、管理水平等，进而对整个社会经济产生影响，这时教育部门对非教育

---

① Robbins Committee on Higher Education. Report of the Robbins Committee on Higher Education [R]. HMSO, Appendix L, 1963：60.

部门的外溢效益只能近似度量其产生的社会价值。

## 二、教育财政政策的价值取向

教育财政政策是以公平和促进教育均衡发展为主要价值取向，其宗旨是降低因受教育水平差距而造成的收入分配差异程度。教育部原部长袁贵仁提出："促进教育公平，是坚持社会主义制度下教育公益性普惠性的必然要求，是我们党执政为民所必须秉持的基本政策内涵。"[①] 但现实中，教育政策已成为影响教育公平的重要因素。教育政策活动的实质就是政策价值选择和教育利益分配的过程，其政策的制定、执行和评估是以其为导向、动力和标尺的（陈振明，1998）。教育财政政策关乎每一个家庭和个人的切身利益，它也成为影响教育公平的最为重要的政策之一。中国教育财政政策具有明显的公平价值取向，即倡导转移支付帮扶弱势群体实现资源均衡配置的重要价值取向。

### （一）增加教育投入，保障机会公平

#### 1. 教育经费分配公平性的财政政策

从国家策略上看，为增强国力实施人才强国的战略，教育发挥着越来越重要的作用；从个人和家庭上看，教育成为其人力资本投资的主要途径，尤其对普通家庭来说通过接受优质教育来最终实现社会重新分层，改变自身原有阶层的意愿往往更为强烈。因此，还给公众一个公平的教育竞争环境，对维护社会公平正义、构建社会主义和谐社会尤为重要。国家出台一系列教育财政政策，提出增加教育投入，保证公民享有平等的受教育权利。其财政政策大体可分为两大类：一是加大教育财政投入，满足大众教育需求，促进入学机会总量的增加，为教育公平奠定坚实的财政总量基础；二是对特殊困难群体倾斜的财政政策，通过扶贫济弱保障弱势群体享有同样的接受教育的机会。

2006 年我国开始采取分项目按比例的方式对各省份义务教育经费进行

---

① 袁贵仁. 深化教育领域综合改革 ［N］. 中国教育报，2013 – 11 – 20 (1).

补助，落实义务教育保障机制；伴随《国家中长期教育改革和发展纲要（2010—2020年）》提出了国家财政性教育经费支出占GDP比例不低于4%的目标后，中央将此目标向地方分解，教育支出在2010～2012年出现了改革开放以来的最大增幅；2015年对义务教育经费保障机制进行修订完善，基准定额公用经费补助份额进一步提升，学生资助和奖励基本上采取分项目按比例的补助办法，在中央对各省教育专项转移支付及对高校拨款分配中逐渐采用公式法并依据客观因素进行分配，确保教育财政经费分配的公平性。

### 2. 高等教育分配公平性的财政政策

教育经费实行国家财政拨款为主的政策，既突出了政府在公共产品供给中的主体地位，也体现了高等教育财政政策公平的价值取向。高等教育的普及和财政投入的增多，使更多人从中受益。在政府的积极努力和各界人士的共同支持下，高等教育多渠道筹措经费的体制基本形成，教育经费总量逐年递增，其财政政策始终以公平为导向，为适龄青年平等享受高等教育提供了必要的保障。尤其是1999年高校扩招以来，高等教育毛入学率持续增长。如2002年毛入学率为15%，达到了高等教育大众化阶段，构建了世界上规模最大的高等教育体系；2018年毛入学率达到48.1%，即将由高等教育大众化阶段迈入普及化阶段[①]。

为了不断满足人们对高等教育日益增加的需求，特别是人民日益增长的高质量教育需要和教育不平衡不充分的发展之间的矛盾，持续增加教育财政投入、实现教育均衡充分发展是解决当前主要矛盾的基本途径。为保证弱势群体平等接受教育的权利，国家出台了一系列的资助政策。如20世纪初我国提出了公办全日制普通高校的国家助学贷款政策；2004年出台了以风险补偿金为核心的国家助学贷款政策；2007年又出台了生源地信用助学贷款政策等。经过不断发展与完善，我国逐步建立起以国家奖助学金、国家助学贷款、困难补助、学费减免、士官学费补偿代偿、退役士兵教育资助、勤工助学、校内奖助学金和伙食补贴等多种资助方式互补的财政政

---

① 中研网.2018年教育事业发展情况：毛入学率达到48.1% 我国高等教育将普及化 [EB/OL].（2019－02－27）. http：//www.chinairn.com/hyzx/20190227/120117602.shtml.

策体系，为保障家庭经济困难新生准时入学，开辟了新生"绿色通道"。高校学费占比较低，且较为稳定，如表4-4所示。

表4-4　　　　　　2012～2017年中国各级教育学费收入及占总经费比例

| 年份 | 全部教育经费（亿元） | 学费收入（亿元） | 学费收入占全部教育经费比例（%） |
|------|------|------|------|
| 2012 | 28655 | 3505 | 12.23 |
| 2013 | 30365 | 3738 | 12.31 |
| 2014 | 32806 | 4053 | 12.35 |
| 2015 | 36129 | 4317 | 11.95 |
| 2016 | 38888 | 4770 | 12.27 |
| 2017 | 42562 | 5293 | 12.44 |

资料来源：《2018年中国教育经费统计年鉴》。

## （二）提升资源效率，促进过程公平

新中国成立以来，教育改革虽取得了一些显著的成效，但也带来了一些不可避免的问题。最突出的问题是在从计划经济向市场经济转型的过程中，计划和市场的关系没有厘清，政府在社会管理和公共服务领域中的职责没有充分发挥出来。"教育市场化""教育产业化"对教育公平和保障造成了巨大的冲击，特别是愈演愈烈的择校现象，这在一定程度上是政府教育政策调控的不到位所致。义务教育的均衡发展是最教育公平的基础，而不同地区、城乡、校际、学段义务教育之间的不平衡发展是择校收费的重要根源。为促进各地区教育的均衡发展，义务教育是教育财政经费的投入重点，应加大对农村地区和薄弱学校的财政投入和政策倾斜力度。

由于地区间教育发展的不平衡，在欠发达地区毕业的高校毕业生往往向发达地区聚集，这就造成欠发达地区投入高等教育的财政收益降低，易致其财政和人才流失的双重风险的不公平问题，这就需要通过对学生疏导及财政转移支付制度予以解决。我国教育财政转移支付以法律为保障，以公平为导向，既要加大中央财政对欠发达地区的纵向转移支付，也需要政府间的横向对口支援，逐步缩小地区间教育的不均衡发展状态，让优质教育惠及更多的人群。为避免浪费，提升资源效率是教育资源有效合理配置的关键因素，也是促进教育公平的关键环节。其中教育财政投入持续增加，新时代教育如何发展，财政投入经费如何利用，也是解决教育经费紧张、推进教育公平的重要问题。

在高等教育中未能有效核算高校的实际成本，将在学人数作为拨款的主要参考依据，导致学校规模的扩张和办学质量的下滑。因此，必须通过财政拨款改革，不断提高教资源配置效率，让其资源配置更加符合公平的价值取向。一般而言，高等教育资源的平均分配往往更加不利于解决高等教育不均衡发展状态，因此高等教育资源的分配应在满足高校运转需求的基础上，保障不同地区、不同类型和不同专业的学校按照现有差异适度倾斜，促进高等教育过程的公平及各级各类教育的均衡发展。由此可见，教育资源的合理、有效利用，是发挥教育财政资金使用效能的关键环节，也是不断提升教育质量的必然要求，是保障学生平等享受教育资源的根本保证，以满足人民大众日益增长的教育需求，并不断提升教育过程公平，显然体现了教育财政政策中折射出的公平价值取向。

### （三）测评教育产出，实现结果公平

教育结果公平是教育起点公平和过程公平最终追求的目标，是教育实质性的公平，也是衡量教育质量的关键要素和制定教育财政政策的基本导向（王秉琦和邱必震，2013）。其中前者是保障教育结果公平的基础，后者则是保障教育结果公平的上层建筑。增加教育财政投入、提高教育资源利用率，最终目的是要提高教育投入的产出效率。我国强调教育起点与过程公平的价值取向，其起点公平可用来作为教育财政政策监控和评价的客观手段，也将为未来教育公平发展提供新的思路（辛涛和黄宁，2009），并成为制定教育财政政策的价值取向，因而加强教育财政投入的产出效率评估。教育产出评估既包括教育所创造的价值评估，也包括教育质量的提升评估，以及对人才培养、知识创新和教育服务质量评估等。通过教育财政政策的导向作用促进教育财政结果公平，以评估结果为依据进行教育财政资源分配政策可激发学校的发展潜能，提高资源利用效率，更加有效地促进教育结果的公平。

与此同时，应注重以公平为导向来不断完善高等教育财政绩效拨款机制。高等教育财政绩效拨款是以高等教育绩效和改进程度作为公共财政资

源配置的方式，在制定其绩效拨款标准时应坚持公平导向，以绩效作为主要评价标准，而非单纯以在学人数作为高等教育财政分配的基本依据。如选取高校教学质量、就业率、升学率和创新创业率等能够反映高等教育产出的指标，测算高等教育资源的投入的产出效率，激发高校办学动能，不断提升教育教学质量，让更多学生享有高质量教育的机会。通过引入专业的中介评估组织，提高高等教育绩效考核的信度和效度，并及时进行信息公开，接受社会各界的监督等。

# 第五章

# 教育财政经济分析

党的十九大明确提出"建设教育强国是中华民族伟大复兴的基础工程"的要求。经济与教育是社会经济发展的支柱，两者密不可分。研究教育财政经济就是要研究教育财政经济的理论基础，明确教育财政与经济的相互关系。本章主要释析教育财政经济基础理论、教育财政与经济的关系和教育财政经济实证分析三个问题。其中，教育财政经济基础理论包括经济增长与发展的基本关系，教育与经济增长、经济发展的基础理论；教育财政与经济的关系包括教育财政与经济增长、人才发展的关系；教育财政经济实证分析包括教育财政与经济增长、经济发展的实证分析。

## 第一节 教育财政经济基础理论

### 一、经济增长与发展的基本关系

经济增长与经济发展，是两个关系紧密但又不相同的概念①。经济增长（economic growth）是指一定时期内社会财富的增长、生产的增长或产

---

① 廖楚晖. 教育财政学 [M]. 2 版. 北京：北京大学出版社，2016.

出的增长。用统计术语定义，经济增长是指工农业生产总值的增长，或国民生产总值、国内生产总值和国民收入的增长；而经济发展（economic development）是指随着经济增长而发生的社会经济多方面的变化，包括投入结构及生产投入要素比例、产出及人民生活水平、卫生及健康、科技文化及教育、自然和生态环境等方面的变化。

由此可见，经济发展要比经济增长的内涵和外延更广，它是以经济总量的增加为基础，即经济发展内含经济增长。经济增长是经济发展的基础，没有经济增长就不可能有经济发展。但经济增长并非一定都能带来经济发展。两者的关系如图 5 - 1 所示。

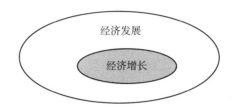

**图 5 - 1　经济增长与经济发展的基本关系**

教育财政支出既是一种投资，也是一种消费。政府财政支出包括教育、医疗和交通等领域，这是一项消费性支出，但因教育的特殊性，即教育是培养人的活动，人才未来作为教育资本又能够创造更多财富，因而从长远来看教育财政支出又是一种投资。当教育财政作为一种消费时，其消费不仅会带动其他领域的消费，更会促进整个社会经济的持续增长；当教育财政作为一种投资时，对人类的知识水平和健康状况等会产生深远影响，从而促进社会结构不断优化升级，推动社会经济可持续发展。

## 二、教育与经济增长的基础理论

### （一）经济增长方式的科学内涵

#### 1. 经济增长方式的含义

经济增长方式是指一个国家（或地区）经济增长的实现模式，主要包括粗放型和集约型方式：前者是指产出的增长主要依靠扩大资本和劳动等生产要素的投入来实现经济增长，表现在投入产出指标没有明显提高；而后者是指产出的增长主要依靠技术进步和提高要素生产率来实现经济增长，表现为投入产出指标的不断提高。

根据总量生产函数分析和资本产出弹性、劳动产出弹性的计算，可将一个时期的经济增长率进行分解，即由生产要素投入量增加和由要素生产率提高导致的经济增长。如果要素投入量增加引起的经济增长比重大，则为粗放型增长方式；如果要素生产率提高引起的经济增长比重大，则为集约型增长方式。但经济增长方式的区分只是相对而不是绝对的，二者有时是互相交叉的。

**2. 经济增长方式的转变**

粗放型经济增长消耗成本较高，产品质量提高较为困难，经济效益较低；集约型经济增长消耗成本较低，产品质量得以不断提高，经济效益较高。经济增长方式转变是指经济增长方式从粗放型增长方式为主转向集约型增长方式为主。这种转变是全局性、渐进的，需要有一个过程，但不排除某些地区、城市或企业在某些条件下实行粗放型增长。各地区和城市受其所处环境、市场条件、技术发展水平和就业状况等因素的制约，经济增长方式可能存在较大差异，增长方式的转变也不会一致。

在经济增长方式转变中，科技进步起着关键作用。科技加入生产过程就转化为物质生产力，并成为推动经济增长的首要因素。其基本手段：一是科技进步通过对生产力三要素（劳动者、劳动资料和劳动对象）的影响而推动经济增长；二是在高科技基础上形成独立的产业，其产值直接成为经济增长的重要来源。一般而言，科技途径包括实施正确的科技发展战略、着重发展关键技术和推动科技创新体系建设，但无论何种途径，教育能助力科技人才培养和科技进步，从而促进经济增长。

## （二）教育与经济增长关系

众所周知，投资、消费和进出口是传统经济增长的"三驾马车"，这是拉动经济增长的宏观手段和途径。这里仅从影响经济增长的教育这一微观因素予以研究。

**1. 教育影响经济增长的因素**

（1）教育是影响经济增长因素之一。经济学理论中对影响经济增长的因素有不同认识，如三因素说和四因素说等。传统的西方经济学理论认为，影响经济增长的主要因素是资本、劳动力和土地；美国著名经济学家萨缪尔森在其经典著作《经济学》中认为，"经济增长的四个轮子"是人力资源、自然资源、资本形成和技术变革。而现代经济学家在预测经济总产量和评估效率中，将土地看作常量或将其包含在资本中，而把劳动力和资本作为变量。除上述因素外，影响经济增长的因素还有地理位置、交通条件、气候条件、宗教信仰和传统文化等。

美国著名经济学家舒尔茨（Theodore W. Schultz，1979 年诺贝尔经济学奖获得者）认为，理解劳动力和资本的异质性及其在生产中如何互补是极其重要的，因为特定的物质资本形式增加了对特定人类技能的需求。舒尔茨的研究重新激起了人们对人力资本理论的兴趣，以及对教育经济重要性的关注。人力资本的研究思路是假设教育能赋予个人知识和技能，使其更具有生产能力而获取更高的报酬，这对个人来说是有益的。通过更多的产出、更高的税收，所有劳动者创造的收益积聚起来对整个社会是有益处的；通过更多的收益外溢，可普遍改善全体社会成员的生活质量。

舒尔茨不是第一个发现收入和个人技能之间关系的人。亚当·斯密（Adam Smith）在 1776 年发表的《国富论》中，就将这一概念包含在他对固定资本含义的界定中。在涉及社会所有成员后天获取的技能时，斯密认为：人们在教育、学习或当学徒的过程中获得的知识和技能都会花费一定的成本，对个人来说知识和技能是一种固定且可实现的资本，就像知识和技能是个人财富的组成部分一样，这些天赋和技能同样是个人所属社会的财富的一部分。斯密的结论是：技术熟练的劳动力和普通劳动力之间的工资差别就是基于以上原则所形成的。

19 世纪公共教育得到快速发展，而对劳动力的一般技能要求极少，需要的是特殊技能，通常通过对私营部门的学徒形式获得。随着工商业界对入门技能有所要求及职业变得更加复杂，公立学校日益担负起职业教育的责任。由于国际竞争日益激烈，劳动力市场对技能的要求进一步提升，对经济增长的重要性将更多地放在其作为一项评价教育政策的标准上予以考虑。

（2）教育促进经济增长的原因分析。学校教育可提高劳动生产率，从而促进经济增长①。西方学界认为，教育促进经济增长的原因主要体现在以下五个方面。

第一，人力资本。在学校里学到的东西能够改善受教育者的经济绩效，特别是对那些完成一定程度教育的人来说更是如此。换句话说，每个人在学校获得的技术使他们能够生产得更多。这些技术与劳动力所需要具备的特征直接相关，这些特征使他们能更有效地生产。

第二，处理非平衡状态能力。舒尔茨称认为，人能够根据经济的不平衡性进行调整（处理非均衡状态的能力）；威尔奇研究了美国农业中的资源利用情况发现，受教育水平较高的农民从利用其他资源（更有效地配置资源）获得收益较高。学校教育之所以能够提高人的劳动生产率，是因为接受教育越多的人越有能力做出明智且正确的决策。

第三，技术和能力。在学校中获得的技术和能力即主要是数学计算能力（计数）和读写能力（识字），对一个人在现代生产组织中能否有效地发挥作用来说至关重要。在传统社会中能帮助引导青年人担当起成年人的责任，使文化得以传承、经济得以延续发展；在现代社会中使人们的物质生产更有效率，从而增加了经济产出。

第四，组织能力。学校作为一种组织能使年轻人社会化，使其在现代社会中更好地发挥作用。由于学校结构上所具有的优点及其对学子们的行为要求，为他们就业后更好地发挥作用作了准备。受过学校教育的年轻人更有能力处理好社会关系，以及现代社会机构中所要求处理的问题，也能学会在一个组织环境中如何与其他同事合作，即"团队精神"。

第五，可受训练能力。在学校所学的认知技能及某一类型的行为，对将来的生产能力的重要性更大，比满足学校要求更重要。学校所要求掌握的技能或完成某一阶段的教育，如学子们能够做到自食其力，就能使其更容易相信自己可胜任新的任务，做出更合理的决策和选择以及能够承担责任，这些都是生产能力较高的人所具有的特征。

**2. 教育对经济增长贡献的分析方法**

（1）总生产函数和柯布—道格拉斯函数。两种函数释析如下。

---

① ［瑞典］T. 胡森，［德］T. N. 波斯尔斯韦特. 教育大百科全书：教育经济学［M］. 杜育红，译. 重庆：西南师范大学出版社，2011.

① 总生产函数。传统的西方经济理论认为，经济增长主要靠增加资本投入和增加劳动投入两个因素起作用。经济学家经常使用总生产函数为：

$$Y = f(L, K)$$

总生产函数是指反映总产出量与投入的各种生产要素量的关系的函数，即实际用于生产的总劳动量（$L$）和总资本量（$K$）的投入与整个经济的产出量（$Y$）之间的函数关系，记为 $Y = f(L, K)$。可扩展到土地和技术，即令 $Y$ = 产出、$L$ = 劳动力、$K$ = 资本、$N$ = 土地、$T$ = 时间变化后，有：

$$Y = f(L_t, K_t, N_t, T)$$

② 柯布—道格拉斯函数。美国数学家柯布（C. W. Cobb）和经济学家道格拉斯（P. H. Douglas）运用历史统计资料，对美国 1899 ~ 1922 年资本和劳动对生产的影响进行了研究，并引入技术因素对一般生产函数进行改进，提出了投入和产出之间关系的一种生产函数，即柯布—道格拉斯函数，用公式表示为：

$$Y = AK^{\alpha}L^{1-\alpha}$$

其中，$Y$ 表示产出，$K$ 表示资本投入，$L$ 表示劳动力投入，$A$ 为技术水平，$\alpha$ 表示资本的投入产出弹性系数。$A$ 和 $\alpha$ 是常数，其中 $\alpha$ 是小于 1 的正数。

柯布—道格拉斯函数的基本含义：当资本量（$K$）不变，劳动投入量（$L$）每增加一个单位产出量（$Y$）增长 75%；当劳动量（$L$）不变，资本投入量（$K$）每增加一个单位产出量（$Y$）增长 25%，即在经济增长中，资本对国民收入增长的贡献率是 25%、劳动贡献率是 75%。该函数是经济学中使用非常广泛的一种生产函数，它体现了在一定的技术水平下劳动和资本投入与产出之间的数量关系。

但现实中，运用柯布—道格拉斯函数对经济增长因素进行分析时发现，在国民收入增长额中除归因于劳动和资本的增长额之外，经济增长中有一部分是无法用传统的要素投入来解释的，而不能解释的部分被后来称为技术变革、未知指数或残差。

（2）教育对经济增长贡献因素分析法。这些方法主要包括舒尔茨余量法、丹尼森系数法、哈努谢克和金法等。

① 舒尔茨余量法。1961 年舒尔茨在其发表的《教育与经济增长》一文中用余量法测算美国 1929 ~ 1957 年教育对经济增长的贡献值为 33% ，从而开创了该领域研究的先河[①]。其切入点为：将教育看成对人力资本的投资[②]。使用"投资"一词表示花费在可带来未来收益的资产支出，消费可带来及时满意和效用但并不创造未来收入，而能在未来产生收益的资产称为资本。舒尔茨认为，全面的资本应包括人力资本和物力资本。而传统意义上对投资与资本的经济学分析侧重于物质资本，即能通过提高生产力来产生未来收入的机器、设备或者厂房等。如以亚当·斯密为代表的一些古典经济学家认为，教育有助于提高劳动者的劳动生产率，正如购买新机器和其他物质资本可提高一个工厂或企业的生产力一样，因而进行物质资本投资和人力资本投资具有相似之处。

舒尔茨将教育当作一种投资进行分析，他认为人力资本主要是劳动者知识、技能和身体状况，与教育关系密切。教育是人力资本的核心，是保证人力资本提高的重要因素。即良好的国民教育能提高人力资本，从而促进经济增长。根据这一认识，舒尔茨把教育看成是人力资本投资，通过测算教育的年限、教育的价值收益等，计算出了教育对国民收入增长的贡献。舒尔茨运用余量法时，提出了劳动力平均收入不变、平均教育存量维持在 1929 年水平等六项假设，且将影响经济增长的因素归结为劳动者数量及其构成、劳动者的工作小时、劳动者的受教育程度、资本存量规模、知识状态、无效劳动的比重、市场规模、短期需求压力的格局和强度八个方面，而后具体估算了教育因素对经济增长的贡献。其估算的核心步骤主要包括以下五个方面。

第一步，计算余数。运用跨部门的调查数据计算出各种余量，即以 1929 年为起点计算出 1929 ~ 1957 年教育与经济相关的各种指标的余量（见表 5 - 1）。

---

① 1929 年爆发了史上最持久、最深刻、最严重的周期性世界经济危机，即 1929 年 10 月 24 日纽约股票市场价格在一天之内下跌 12.8% ，大危机由此开始，而后就是银行倒闭、生产下降、工厂破产、工人失业。此次危机先爆发于美国，并从美国迅速蔓延到整个欧洲和除苏联、蒙古国以外的全世界。

② ［瑞典］T. 胡森，［德］T. N. 波斯尔斯韦特. 教育大百科全书：教育经济学［M］. 杜育红，译. 重庆：西南师范大学出版社，2011.

表 5 - 1 余数法的计算步骤

| 项目 | 1929 年 | 1957 年 |
|---|---|---|
| (1) 国民收入 | 1500 亿美元 | 3020 亿美元 |
| (2) 劳动总收入 [(1) ×0.75] | 1125 亿美元 | 2265 亿美元 |
| (3) 劳动力人数 | 4920 万人 | 6800 万人 |
| (4) 1929 年每个劳动力平均创造的国民收入 [(2) ÷(3)] | 2287 亿美元 | — |
| (5) 按 1929 年劳动力的生产力水平计算国民收入 [(4) ×(3)] | 1125 亿美元 | 1555 亿美元 |
| (6) 余数 [(2) - (5)] | — | 710 亿美元 |

第二步，计算教育资本。根据 1929~1957 年完成受教育的情况，分析三级教育的各种生均成本后进行换算，最后用各年受教育总年限乘以相应的价值，计算出相应的教育资本存量（见表 5 -2）。

表 5 - 2 教育资本存量的计算步骤

| 项目 | 1929 年 | 1957 年 |
|---|---|---|
| (1) 相当于一学年的价值[a] | 614 美元 | 723 美元 |
| (2) 劳动者受教育年限总额[b] | 29300 万年 | 74000 万年 |
| (3) 教育资本存量 [(1) ×(2)] | 1800 亿美元 | 5350 亿美元 |
| (4) 劳动者人数 | 4920 万人 | 6800 万人 |
| (5) 1929 年水平人均教育资本 [(3) ÷(4)] | 3659 美元 | 3659 美元 |
| (6) 1929 年水平的教育资本存量 | — | 2488 亿美元 (3659 ×6800) |
| (7) 1929 年与 1957 年教育资本存量之差 | — | 2860 亿美元 (5350 -2488) |

注: a. 这里是各级教育投资的加权平均数; b. 由于学年长短不一，因此在计算中一律按照 1940 年计算。

第三步，计算教育收益率。分别使用各级教育的各种收益率，并进行调整计算（见表 5 -3）。

表 5 - 3 计算教育收益率 单位: %

| 项目 | (1) 在教育资本存量中所占比重 | (2) 收益率 | 总计 [(1) ×(2)] |
|---|---|---|---|
| 初等教育 | 0.28 | 35 | 9.80 |
| 中等教育 | 0.45 | 10 | 4.50 |
| 高等教育 | 0.27 | 11 | 2.97 |
| 总计 | 1.00 | — | 17.27 |

舒尔茨确定教育投资收益率时用工资差别来计算的。用某一级教育程度毕业生与前一级教育程度毕业生的工资差别除以某级教育人均费用。但并不是说初等教育就比高等教育收益高，初等教育没有学费则自然收益率较高。

第四步，计算教育对经济贡献率。这里选取表 5 - 2 中 1929 年与 1957 年教育资本存量之差（2860 亿美元）乘以表 5 - 3 中总计教育收益率（17.27%），再除以教育人均费用 1520 亿美元，得出教育对经济贡献率为 33%。

综上所述，舒尔茨余量法计算教育对经济增长的贡献值为 33%。此外，舒尔茨在对教育作用的认识上，更看重教育对农村发展的作用。

② 丹尼森系数法。1962 年丹尼森在《美国经济增长的源泉及我们的选择》一书中，用系数法测算美国 1929～1957 年教育对经济增长的贡献率为 23%，若考虑知识增进的作用则贡献率为 35%。其切入点为：将影响经济增长因素分为生产要素投入量和生产率两大类，前者包括土地、劳动力和资本，其中土地通常被看作是不变要素，具体分为劳动者人数、就业时间、受教育程度、年龄和性别构成等；后者指单位投入的产出比率，可分为知识进步、规模节约、管理体制改善、资源配置改善等。丹尼森将影响经济增长的因素分为 20 多项，并逐项推算出该因素对国民收入年平均增长率所做的贡献，以比较各增长因素的相对作用。丹尼森系数法的计算方法首先提出假定：包括教育质量保持不变、劳动力类型可相互替代等。丹尼森估算教育作用的方法主要分为以下六个步骤。

第一，确定各级教育程度平均工资的简化系数。丹尼森是以各级教育程度就业者的平均工资，相对于具有 8 年教育程度的就业者之平均工资的差别，进行综合计算得到工资简化系数（见表 5 - 4）。

表 5 - 4　　　　　　　各级教育程度平均工资简化系数　　　　　　　单位：%

| 年级 | 初等 0 | 初等 (1～4) | 初等 (5～7) | 初等 8 | 中等 (1～3) | 中等 4 | 高等 (1～3) | 高等 4 |
|---|---|---|---|---|---|---|---|---|
| 平均工资简化系数 | 50 | 65 | 80 | 100 | 115 | 140 | 165 | 235 |

假设读 8 年书的人是正常水平，赚到的工资是 100%。分别将比他

教育程度低和高的人的工资水平和他进行比较得到权重，同时对所得权重进行系数调整。丹尼森认为各级教育程度就业者的平均工资差别，有 3/5 是由教育作用形成的，因而要调整系数。以中等 1～3 年级为例，调整后的简化系数为：$G = 100 + (115 - 100) \times 3/5 = 109$，其中 $G$ 是简化后的系数。

第二，计算基年（1929）和末年（1957）的劳动者教育程度的平均简化系数。其计算公式为：

某年教育程度的平均简化系数 = $\sum$（各级教育程度的简化系数 ×

某年各级教育程度劳动者人数的比例）

第三，推算 1929～1957 年劳动者教育程度的平均简化系数。以 $g$ 为代表，其计算公式为：

$$g = \frac{1957\ 年教育程度的平均简化系数}{1929\ 年教育程度的平均简化系数} - 1$$

其代数计算后，得到 $g = 29.6\%$。

第四，求得每一年教育程度提高系数。以 $r$ 为代表，其计算公式为：

$1 \times (1 + r)^{23} = 0.296$，解得 $r = 0.93$。

第五，求算每一年由于教育程度提高对国民经济生产带来的贡献。因为工资在全期国民收入的比例为 73%，故由教育程度提高对国民经济生产带来的贡献计算为：$0.93 \times 73\% \approx 0.68$。

第六，计算教育在国民收入中的百分比。其计算为：$0.68/2.93 = 23\%$。

因此，丹尼森非常重视教育的作用，他将教育和知识看作是单位投入产出量持续增长最大、最根本的原因。丹尼森假设知识在生产中有 3/5 教育作用，故 $0.59 \times 3/5 = 0.35$，$0.35 \div 2.93 = 12\%$。如表 5－5 所示。

| 表 5－5 | 各增长因素占比 | 单位：% |
|---|---|---|
| 增长因素 | 平均增长率 | 约占平均增长率的百分比 |
| 1929～1957 年国民收入 | 2.93 | 100 |
| 生产要素投入量增加 | 2.00 | 68 |
| 劳动 | 1.57 | 54 |
| 工作时间 | 0.80 | 27 |

续表

| 增长因素 | 平均增长率 | 约占平均增长率的百分比 |
|---|---|---|
| 教育作用 | 0.68 | 23 |
| 性别年龄变化作用 | 0.10 | 4 |
| 资本 | 0.43 | 15 |
| 生产要素生产率 | 0.93 | 32 |
| 知识进展 | 0.59 | 20 |
| 规模的节约 | 0.34 | 12 |

丹尼森系数法与舒尔茨余量法的区别：一是丹尼森系数法估算的是教育在国民收入增长率中所做的贡献，而舒尔茨余量法估算的是教育在国民收入增长额中所做的贡献；二是丹尼森系数法在研究中对影响国民收入的各种因素都作了数量化的分析，而舒尔茨余量法的研究则主要集中于教育对国民收入增长额的贡献；三是丹尼森系数法是通过计算不同受教育程度劳动者的劳动质量系数来推算教育的作用，而舒尔茨余量法是通过计算教育投资的平均收益率来推算教育的作用。

③ 哈努谢克和金法。哈努谢克和金（Hanushek & Kim，1995）将舒尔茨理论向前推进了一步。除一个国家人口所获得的教育数量外，他们还调查了教育质量的不同给经济增长所带来的不同影响。此外，运用质量测量方法，他们在过去的 30 年中对来自 39 个国家学生参加的不同国际测试项目（数学和科学技能的比较测试），所得结论为：教育质量"对经济增长有持续的、稳定的和强有力的影响……质量影响结果表明，在数学和科学技能上，一个标准差就转化为年均实际增长的一个百分点"。

（3）上述三种研究方法中忽略的因素。上述三种研究方法表明：教育对国家经济增长具有重大的贡献，但没有强调解决教育投资的充分性问题，忽略了一些因素使得测算结果仍有可能产生偏差。这些因素主要包括以下五个方面。

① 行业调查。劳动力工资收入差异是从主要经济行业调查获得，而在许多发展中国家并不在这些行业，而是依靠农业自主谋生或在非正式经济部门自我经营，这些都没有纳入测算模型。

② 部门工资取样。按教育水平分类的工资差异数据主要是从国有部门

获取的，而对私营部门没有或较少涉及。

③ 教育的维持。只考虑了劳动者受教育水平的提高，而没有考虑劳动者教育质量的保持问题。如在一些发展中国家因人口快速增长，仍然需要依靠教育来维持劳动力的现有水平。

④ 性别收入差异。现实表明，性别收入是有差异的，而这没有被考虑进去。

⑤ 其他因素。如人的能力差异、职业培训、期望寿命、人员迁移及人口的文化层次等因素，都未能予以考虑。

在实用性上舒尔茨更看重教育对农村发展的作用，丹尼森将教育和知识看作是单位投入产出量持续增长最根本的原因。此外，克鲁格、桑德伯格和巴罗等，也进行了教育对经济增长的研究。但应注意的是不同国家之间教育对经济增长的贡献是不能轻易比较的。较为落后的地区由于教育存量低，使得较小的投入就会产生较大的贡献。

### 3. 中国教育对经济增长贡献的估算

目前，针对中国教育投入与经济增长的实证分析较多，实证模型的理论依据各不相同，方法和变量选取依据也不尽相同。而教育财政投入是一种公共支出，从某种意义上讲公共支出对经济增长的贡献都是较难准确测算的。关于教育对经济增长贡献的估算，由于私人教育投入无法统计，实际上等于在估算政府教育财政对经济增长的贡献，即使是政府提供的，但因教育对经济影响的滞后性也较难区分何种教育是由政府或私人部门提供的，即谁对经济增长产生了贡献很难有清晰的判断。

（1）研究综述。主要分为理论研究和实证研究两大类：在理论研究方面，国内学者大多基于人力资本理论和内生增长理论，研究教育财政投入与经济增长之间的关系、影响和贡献等。内生增长理论的核心思想：经济能够不依赖外力推动实现持续增长，内生的技术进步是保证经济持续增长的决定因素，并强调不完全竞争和收益递增。

在实证研究方面，如在研究对象的选择上，一是以全国教育财政投入为基础的研究。多数人的研究都是以国家教育财政支出的总量数据和 GDP 增长数据为相关变量建立模型，再运用一个时间序列分析来说明两者之间的关系，以此得出结论并提出建议；二是由于我国教育财政支出结构的划分标准是多种口径和方法，因而研究对象呈现区域和层级特点，如研究某省、某地或从初等、中等、高等，以及从普通教育、职业教育等各个层级、类型角度选择研究内容（毛建青和谢玲霞，2014）。

（2）研究方法。在研究方法上，我国学界基本上是借鉴国外学者的计量方法，以舒尔茨和丹尼森的方法为主。同时，也提出了一些适合实际应用的、便于操作的方法，如劳动简化法等。劳动简化法是建立在马克思的劳动价值论基础上按照一定的简化系数（如工资、教育年限、教育费用等为简化系数）折合成为劳动者的熟练度再计算教育对经济增长贡献的方法。该方法是一种在理论上比较成熟的方法，但因社会必要劳动时间不易测度，其比例系数关系不一定能准确体现劳动力的复杂程度。

第一，余量法和丹尼森系数法得到国内外认可。但由于有许多假定条件不容易精确，只可进行大致估算，效果难以评价。

第二，劳动简化法理论上比较成熟、较为可信。但由于社会必要劳动时间是不容易测度，因而其比例系数关系不一定能准确反映劳动力的复杂程度。

第三，研究者使用较多的模型是 CES 模型。该模型由索洛提出，即指一个"不可替代性"的生产函数模型。其"不可替代性"是一种产品投入对总产量增长变化产生的影响仅与对该产品投入有关，而对其他产品的影响没有任何关联。如果不考虑教育所致技术进步对经济增长的贡献，CES 模型就能用来解释教育财政投入对经济增长的即期贡献。

（3）研究结论。中国既是发展中国家，也是经济转型中国家，因而其数据在 20 世纪 80 年代以后才具有合理性。

① 林荣日的研究。林荣日计算了中国 1982～1995 年教育财政投入对经济增长的贡献为 9.513%。他有三个基本假设：一是假定其他因素对经济增长贡献中有 3/5 与教育有关；二是假设教育财政投入的唯一目的是促进经济增长，与公共产品的提供无关；三是假定人力资本的形成是在政府进行大量教育投入下产生的。

② 运用 CES 模型的研究。计算出政府、社会和居民对教育的投入增加 1% 时，将分别引起 GDP 增长 0.029%、0.027% 和 0.016%。通过 CES 模

型对教育财政投入与经济即期增长弹性是尝试性的，它仅表明政府针对教育财政支出时形成的投资或消费对经济增长具有带动作用，而不对教育在长时期内对经济增长的贡献做出解释。

③ 中国高等教育对经济增长贡献的研究（胡德鑫，2017）。该研究以丹尼森因素分析法为理论基础，在柯布—道格拉斯生产函数的基础上对中国高等教育对经济增长的贡献进行测算。结果表明：1996～2014 年中国高等教育对经济增长的直接贡献率为 1.82%。直接贡献额由 1996 年的 60.49 亿元增长到 2014 年的 271.28 亿元，年均增长率为 8.69%。与发达国家相比，中国高等教育对经济增长的贡献偏低（见表 5 - 6）。

表 5 - 6　　　　2014 年中国高等教育基本情况与发达国家主要数据对比　　　单位：%

| 国家 | 高等教育对经济增长贡献率 | 年平均 GDP 增长率 | 劳动力受高等教育比例 | 高等教育普及化程度 | 人均受高等教育年限年增长率 | 公共投入占 GDP 比例 | 研究与开发经费占 GDP 比例 |
|---|---|---|---|---|---|---|---|
| 美国 | 14.61 | 1.70 | 61.1 | 80.9 | 5.6 | 5.4 | 2.79 |
| 英国 | 8.64 | 0.66 | 32.2 | 58.53 | 4.83 | 5.63 | 2.23 |
| 法国 | 10.52 | 1.70 | 30.0 | 51.0 | 6.29 | 5.89 | 2.82 |
| 日本 | 2.48 | -0.70 | 41.4 | 71.8 | 3.84 | 3.42 | 3.45 |
| 德国 | 4.20 | 3.00 | 25.0 | 47.2 | 4.07 | 4.57 | 1.87 |
| 中国 | 1.82 | 9.46 | 20.0 | 37.5 | 1.35 | 4.39 | 1.47 |

资料来源：世界银行 WDI 数据库及《国际统计年鉴》（2014），高等教育对经济增长贡献率为计算获得。

从表 5 - 6 可以看出：美国高等教育对经济增长的贡献为 14.61%，位居第一。这与美国高度重视高等教育发展、加速高等教育普及化、加快科研成果转化密切相关。根据美国社会学家马丁·特罗的高等教育三阶段论（15% 以下为高等教育、15%～50% 为大众教育、达到 50% 为普及），早在 1940 年美国高等教育毛入学率就达到了 16%，是世界上最早进入高等教育大众化的国家。中国 GDP 年均增长率为 9.46%，远高于其他国家，但高等教育贡献率仅有 1.82%。这说明中国高等教育还需要发展，其产教融合优势还未充分发挥出来，应提高科技转化率，完成从粗放型的方式向高等教育内涵式发展转变。

## 三、教育与经济发展的基础理论

教育财政投入作为一种消费可直接促进经济增长，同时教育财政投入作为一种投资还能使社会人力资本存量不断增加，从而促进经济发展。

### （一）经济发展的基本含义与实质

#### 1. 经济发展的基本含义

对经济发展的含义有多种认识，联合国前任秘书长吴丹认为，经济发展包括经济的增长、社会结构的变迁、大众心态和国家制度的改变；《现代经济学词典》释义为"社会物质生产的发展不仅包括人们物质福利生活的改善，还包括环境质量的提高"。可见，经济发展是指随着经济增长而发生的社会经济多方面的变化。它是经济增长长期持续的结果，不仅包括经济增长，而且还包括生产和经济效率提高、产业结构优化和升级、人们生活质量和生活环境质量提升、社会福利和收入分配改善、经济体制转变等。

当在经济发展加上一个"教育财政的视角"时就限定了研究范围。教育财政所能掌控的，仅是通过教育财政投入支持人才培养，大力发展人力资源影响经济发展。因此，教育财政与经济发展之间是有一个作用媒介的，这个媒介就是人力资源。通过教育投入使得人力资本存量不断增加是促进经济发展方式转变、促进经济发展的重要因素之一。人力资源作为生产要素中最有活力的要素之一，人力资源发展会带动经济发展。而教育财政无论投在教育领域的哪个方面，根本目的都在于培养人才，要符合教育活动的本质。

#### 2. 经济发展的主要内容

应澄清一个问题，即为何从关注经济增长转变到经济发展上来？因为片面追求经济增长，会导致收入差距过大等一系列问题。改革开放以来，中国经济稳定快速增长，一方面人们生活水平得到了提高；另一方面，贫困人口减少，但收入差距依然很大。这对中国的经济发展、社会公平与稳定提出了挑战。畸形追求经济增长，有可能导致"杀鸡取卵"，破坏可持续发展。因此，近年来政府提出了经济社会发展必须以人为本、坚持新发展理念，并将注重经济增长转变到经济高质量发展上来。

经济发展是以自然资源为基础、与社会进步相适应、以提高生活质量为目标、同环境承载能力相协调，能充分体现发展与环境有机结合的动态过程：一是发展是为满足人类需要；二是发展要受到生命支持系统、环境（人口数量、自然环境和资源等）、社会组织和技术状况对环境能力的限制；三是发展要兼顾公平，即不同地区、不同人群之间各种内涵上的平等。推动经济高质量发展需要强化实施创新驱动战略，促进三大需求协调拉动，加快构建现代产业体系，全面深化改革、扩大开放。

### （二）教育财政与经济发展的关系

#### 1. 教育财政与人口状况

人既是生产者又是消费者，人口的发展状况必须同物质资料生产的发展状况相适应，这样才能更好地促进经济的发展。因为：人作为社会劳动中的生产者是社会生产力的主体，适当的人口数量是经济发展必不可缺少的，是推动经济发展的一个重要因素；人作为生产者是有条件的，往往受年龄、体质和技能的限制；人作为消费者是无条件的，从出生到死亡都要消费。因此，人口快速发展不仅会给社会经济发展带来巨大的压力，还会诱发许多社会问题，甚至会影响社会的稳定。

而教育可提高劳动者的知识文化水平和技术素质，通过教育形成的劳动者的知识和技术的存量越来越成为当代经济发展的重要源泉。现代经济增长有两个趋势：一是与收入相比，资金使用得越来越少；二是与用于生产收入的土地、实际劳动量和再生产性基金相比，国民收入增长越来越快。这两大趋势产生的根源在于人力资本的不断增长和人的劳动能力的不断提高，其作用最终都是教育。通过教育不仅培养了妇女参与社会经济活动的能力，还增加了她们的就业机会和劳动报酬。

#### 2. 教育财政与科技水平

科技作为第一生产力，不仅能促进经济增长，还能促进社会经济发展。它对经济发展的促进作用主要表现在：一是科技是人类认识、利用和保护大自然的武器；二是科技能促进产业结构的优化和升级；三是科技能改变劳动力的构成和劳动者的就业，提高人民的生活质量；四是科技能促进制度创新和生产关系变革；五是科技能促进教育文化知识的更新和人们文化素质的提高；六是科技能促进人们生活方式的现代化；七是科技能引起世界格局的深刻变化，使经济发展和科技进步国际化。

虽然科技对经济发展有着重要的影响，但在实践中科技要转化为生产力是有条件的，其中政府对教育投资是一个很重要的条件，因为教育是培养科技人才的唯一途径。各国为增强国力在高新技术上展开了激烈的竞争，焦点是科技、核心是人才。因此，为在国际竞争中立于不败之地，各国都在不断加大政府教育投资，大力培养科技人才。另外，要综合生产要素形成现实生产力，与教育密不可分。只有不断加大教育财政投资，培养出一批批优秀的管理人才，才能大大提高劳动者的管理水平。

### 3. 教育财政与自然资源

一个国家或地区的自然资源是有限的，自然资源的数量、质量、构成及其分布状况对经济发展的影响极为显著。其内容主要表现在：一是劳动生产率的高低受自然资源因素的影响，在生产技术水平一定的条件下，自然资源数量越大质量越高，劳动生产率也就越高；二是社会产出品的效用受自然资源质量高低的影响，社会产出品的规模受自然资源数量的影响；三是一个国家或地区的产业结构也会受自然资源的制约。

一般而言，一国产业部门会随自然资源的不同而不同。在自然资源日益短缺的今天，一些资源的短缺已成为制约经济发展的"瓶颈"。一方面要寻找一些资源的替代品，尤其是不可再生资源的替代品；另一方面，还要对已开发和待开发的自然资源进行合理的利用和保护。要将合理利用自然资源和提高自然资源利用率相结合，这就需要加大政府教育投资，通过教育提高人们对自然资源保护意识并不断提高资源利用效率。

### 4. 教育财政与投资管理

投资是驱动经济发展的"三驾马车"之一，通过加强政府对教育财政投资，可提高人们的文化素质和技术水平，提高企业利润和增加个人收入，从而进一步增强下一轮投资能力，进而促进经济增长。经济增长了又能更好地促进政府教育投资，这样就会形成一个良性的循环轨道，促进经济不断增长，最后达到加快经济发展的目的。

然而，许多发展中国家包括中国在内，不仅缺少固定资产投资，更缺少人力资本投资。人力资本投资与固定资产投资的相称性已成为制约经济发展的障碍，其原因是教育投资不足与教育投资利用率较低所致，因而应不断加大教育财政投资，并通过制定合理的分配方案来提高教育投资效率，从而更好地促进经济的可持续发展（焦青霞，2014）。

### （三）教育财政下经济发展的度量

#### 1. GDP 衡量经济发展面临的挑战

当下的经济要发展不能以贫富差距过大和环境恶化为代价，这对以往单纯用 GDP 指标作为衡量经济发展的标准提出了挑战。因为这种衡量方法抹杀了经济增长与经济发展的差异，忽视了经济发展的效率、经济发展的结构、经济发展的动力和经济发展的环境等问题。

一般而言，一个国家、地区或区域的 GDP 能够反映经济规模的动态变化，但却不能全面、真实反映经济结构和经济质量状况，因而它能反映的只限于经济增长方面，而不能度量经济增长之上的经济发展的全部内容和质量效率等状况。

#### 2. 人力资源纳入经济发展衡量指标

经济发展需要经济增长，而人力资源是经济增长的关键因素。人力资本理论的运用最早就是解释经济增长的原因，以及判断去除物质资本和劳动力增长贡献后构成余值的因素。早期西方经济增长理论，强调了物质资本在经济发展中的决定性作用。而新经济增长理论充分强调了人力资源的重要性，并将其作为经济增长的关键因素。人力资本投资能提高知识的生产效率，反之知识水平的提高又能有效利用其他资源、增加价值。

知识水平的提高是经济增长的根源。例如，物质资源总是有限的，而知识是无限的，人力资源相对来说也是无限的。对一个国家而言，经济发展的根本是重视人力资源投资、开发与积累，提升人力资本投资质量，因此将人力资源纳入经济发展衡量指标就是根据经济学理论的具体运用。人力资本是经济增长的关键因素，而经济增长是经济发展的基础，这对纠正单纯追求经济增长等问题具有重要的现实意义。

#### 3. 人力资源的人类发展指数

人力资源纳入经济发展衡量指标，就会涉及人力资源指标的量化问

题。测量和比较的指标是人类发展指数（HDI），由联合国开发计划署在
1990 年《人类发展报告》中提出，从人类健康长寿、获得教育和体面生活
三个维度来测量平均成就。HDI 介于 0 和 1，数值越大则代表人类发展水
平越好。如 HDI 达到或超过 0.9 的国家称为发达国家，低于 0.9 的国家称
为发展中国家。

采用人类发展指数衡量人力资源状况，其理论依据是现代经济发展的
核心内容是作为经济发展主体的人的全面发展，因此这就不能只关心人的
理论知识，还要关心人的身心健康和自由等方面。运用 HDI 衡量经济发展
能"纠正单纯追求经济增长，忽视人自身的发展等问题"，但其也有局限
性。HDI 还只是人的全面发展的多方面选择的近似值[1]，并不能够确切地
反映经济发展的全貌。

### （四）教育财政下的中国经济发展

经济发展囊括社会方方面面的发展，这里仅是教育财政视角，仅探讨
人力资源发展问题。因为教育是培养人的活动，关键就在于人的发展水平
高低。

#### 1. 中国人类发展指数的状况

据统计，2018 年人类发展指数（HDI）排名前 10 位的国家（地区）为
挪威（0.954）、瑞士（0.946）、爱尔兰（0.942）、德国（0.939）、中国香港
（0.939）、澳大利亚（0.938）、冰岛（0.938）、瑞典（0.937）、新加坡
（0.935）和荷兰（0.933）。常任理事国排名为俄罗斯第 49 位（0.824），英
国第 15 位（0.920），法国第 26 位（0.891），美国并列第 15 位（0.920）[2]。

中国的 HDI 由 1990 年的 0.501 持续升至 2018 年的 0.758，年均增长
率为 1.48，世界排名第 85 位。从这一指标来看，与发达国家仍然有较大
的发展差距，因而应持续加大人力资源财政投入力度。人力资源发展对社
会经济发展有重要的现实意义，因为需要大量的资金，仅靠家庭和社会是
无法承担的，这就需要公共财政的大力支持。

---

① 范先佐. 教育经济学新编［M］. 4 版. 北京：人民教育出版社，2015.
② 联合国开发计划署. 2019 年人类发展报告［R］. 2019.

**2. 中国人力资源的财政投入**

人力资源不只存在于教育领域，人力资源财政支出不等于教育财政支出。一般而言，政府对教育投资是人力资源提升的重要途径之一；对社会保障和就业投资可保障居民安定生活，也可大力提升人力资本；对医疗卫生投资就是对健康投资，这是人力资本的另一个重要方面；行政公检法及军费中用于人力资源支出，也是进行人力资源管理。中国人力资源的财政支出主要包括教育支出、社会保障和就业支出、医疗卫生支出三个方面，如表 5-7 所示。

表 5-7    2018 年中国与人力资源有关的部分公共财政支出情况

| 财政支出项目 | 国家财政支出（亿元） | 占总额的比重（%） | 中央财政支出（亿元） | 地方财政支出（亿元） |
|---|---|---|---|---|
| 各项总额 | 220904.13 | 100.00 | 32707.81 | 188196.32 |
| 教育支出 | 32169.47 | 14.56 | 1731.23 | 30438.24 |
| 社会保障和就业支出 | 27012.09 | 12.23 | 1184.55 | 25827.54 |
| 医疗卫生支出 | 15623.55 | 7.07 | 210.65 | 15412.90 |

资料来源：国家统计局公开数据。

从表 5-7 可以看出：中国 2018 年对人力资源投入大量财力，教育、社会保障和就业、医疗卫生 3 项支出占比达 33.86%，且表现为稳步上升趋势。这些经费在保障居民健康、提升人力资本存量方面做出了巨大贡献，且在国家教育方针和政策下，人力资源的财政投入还有上涨趋势，这将为人力资本积累和经济发展提供充足的动力。

# 第二节

## 教育财政与经济的关系

## 一、教育财政与经济增长的关系

### （一）教育财政对经济增长的积极作用

从理论上说，经济增长受劳动力、科技水平和资本投入等多种因素的影响，教育财政投入作为一种消费和投资行为，在上述方面对经济增长具有直接和间接的作用。

**1. 教育财政投入对经济增长的直接作用**

教育财政投入是一种消费行为，可以直接促进经济增长和提高国民素质，促使在个人收入、企业利润及国家税收增加的同时，同步提高个人、企业和国家储蓄，进而增强政府资本的形成能力，并进一步带动投资的增加及经济增长。

教育财政投资使个人、企业和国家三方直接受益，个人经济增长显而易见，自身素质不断提升，通过劳动获得更多收入，从而促使个人收入的增加；政府投资支持教育事业，会带动和教育相关企业发展创收、利润增加，如教育培训机构、文教商品等；伴随企业蓬勃发展，国家税收也会相应增加，增强政府的资本形成能力。由此可见，教育财政投入可以直接促使经济增长。

**2. 教育财政投入对经济增长的间接作用**

教育财政作为一种投资行为，除可以直接促进经济增长外，还可以通过提高劳动者素质、推动科技进步、调节教育的供需矛盾、配置和调节资源、提高自然资源的利用率等方式间接促进经济增长。

第一，教育财政投资可提高劳动者素质。经济增长中的劳动力因素主要表现为劳动力的素质和结构。如普及义务教育、发展高等教育而培养社会发展需要的人才，可改变劳动力素质与结构，从而提高劳动生产率，使得生产规模不断增加、产量提升，从而对生产和经济增长产生影响。

第二，教育财政投资推动科学技术进步。一方面，新科技的创造通过教育培养出大批的科技创新人才，进而产出大量的科技成果；另一方面，将已有科技转化为生产力，通过教育和培训迅速将科技成果推广和应用到生产生活中，从而创造出各种社会经济效益。

第三，教育财政投资调节教育供需矛盾。一般而言，教育需求无限、而教育供给有限。国家财力在一定时间内是有限的，而教育财政不能无止境支出。因此，政府对教育资源的提供应根据政府财力和实际教育需求情况量力而行，以保证教育和经济持续、稳定、协调发展。

第四，教育财政投资有效配置教育资源。在教育资源配置上充斥着许多矛盾，如市场自由分配教育资源会导致贫富差距导过大，人力资本市场出现不公平。教育资源配置的基本选择包括面向贫困家庭、所有家庭提供教育资助，以及兼顾公平和效率目标对教育进行补贴。

第五，教育财政投资提升自然资源效率。教育能提高人的理论知识水平，促进生产由劳动密集型向资源密集型、知识密集型转变。资源可通过人的合理配置和有效利用发挥更大的作用，如资源和资本竞争时代逐步被由教育引起的劳动者素质及所决定的科学技术竞争时代所代替。

### （二）教育财政对经济增长作用的基础

教育与经济增长的关系表现在各个方面，一方面，对经济增长的因素进行分析核算，影响经济增长的主要因素是资本、劳动力、土地、剩余因素，无论余量法还是丹尼森系数法，也要从因素分析入手；另一方面，也可从经济学的宏观和微观层次上进行理论研究。

#### 1. 经济增长模型

无论宏观还是微观，如果要从经济学理论和方法角度探讨教育财政与经济增长的关系，就需要先阐释经济学中基本的经济增长模型。

（1）经济增长模型的基本形式。新古典增长模型是20世纪50年代由索洛等提出的一个增长模型，因其基本假设和分析方法沿用了新古典经济学的思路，故称新古典增长模型。

第一，拉姆齐模型。拉姆齐模型用动态边际分析（变分法）来解决当前消费与未来消费之间的有效中决定最优的储蓄、生产和消费的时间路径，后卡斯和库普曼斯借鉴拉姆齐消费者最优分析建立了储蓄率内生决定的经济增长模型，其三人使新古典增长模型达到了完美的程度。

第二，哈罗德—多马模型。尝试将经济增长分析长期化和动态化，从资本投入来解释经济增长，并得到相应的结论。但因生产要素的不可替代性，以及最后结论呈现不稳定均衡性，使得该模型存在一定的缺陷。

第三，索洛—斯旺模型。针对哈罗德—多马模型的缺陷，索洛和特雷弗·斯旺建立模型，即利润和工资占国民收入的比例（收入分配比率）是在一定条件下的技术进步。该模型打破了哈罗德—多马模型中生产要素投入比例不可变动的限制，解决了投入要素不能相互替代的问题。

（2）经济增长模型基本形式的数理表达。建立索洛—斯旺模型的目的是保持长期人均产出增长率为正，即必须有一种新产品、新市场或新技术方面的持续进步。他们最后证明了这一点，即证明了如果不存在这些进步，经济增长将陷入停滞。新古典增长模型是一个劳动和资本规模报酬不变的加总型生产函数，用 $Y = F(K)$ 表示。加总型生产函数的重要特点是对资本积累的回报具有递减性质。若不断给同一群人增加同样的资本品但却没有发明新的资本使用方法，则会达到某一点，此时资本品将对产出几乎无作用，可忽略不计。

（3）现代经济增长理论模型的基本准则。索洛—斯旺模型不能解释为什么增长的"剩余"都归功于技术进步，因而该模型存在一定的缺陷。但在许多方面，该模型都为此后的经济增长理论模型的发展建立了基本准则：自索洛—斯旺模型以来，新古典生产函数成为经济增长理论模型中的标准的总量生产函数；将整个经济视为处于动态一般均衡状态成了经济增长理论模型的通则；将技术进步导致的劳动生产率内生化，使哈罗德—多马模型所确立的技术进步表现形式发生改变；在当代经济增长理论中确立了一个思想传统，即经济学主流增长模型演变成完全从供给方面研究长期经济增长的根源。

**2. 教育财政对经济增长作用的宏观分析**

宏观经济是对整个社会经济总体的研究，因而宏观分析就是从社会经济总体的角度研究教育财政与经济增长的问题。经济学家将技术内生化的努力，如在卢卡斯（Lucas）之前，经济学家基于一种内生增长的 Ak 形式的动态分析法，对技术在现代经济增长内生化的解决途径做了大量尝试性的工作，但并没有取得实质性成效。诸多将技术变量内生化的努力存在共同不足，即将技术进步率这一决定各国增长率的因素视为外生变量，导致模型本身不能说明不同国家间增长率的差异。

如果对资本采用一个广泛的定义，使其包括人力资本和物质资本，那么简单的古典模型就可说明各国间增长路径的差异。卢卡斯在人力资本概念的启发下，解决了增长模型中技术外生性问题。卢卡斯模型在外生变量内生化方面已取得了很大进展，为此后公共政策变量内生化的分析提供了借鉴。例如，同样是投资卖西瓜，不同的人销售理念和方法技术不同，销量自然就不同。投入多少钱，卖多少西瓜，最后卖出多少钱，如果都是固定的，则是古典经济增长模型的原理。

**3. 教育财政对经济增长作用的微观分析**

微观经济是对单个经济个体的研究，因而微观分析是借助对微观经济主体行为（主要包括家庭和政府教育投资或消费）的分析来探讨经济增长的内在机制。

（1）无限期界条件。在无限期界和有限期界是经济学分析中，研究者对时间范围的一个界定；在效用最大化的消费决策分析中，决策当事人是把自己的消费和投资效用考虑或是在一个未来的长时间中或是在一个有限的时间中的个人效用最大化，即考虑清楚长期效用还是短期效用。

拉姆齐、卡斯和库普曼斯模型就是以无限期界的假设为条件，形成了无限期界最优控制的一个典型案例，这种方法成了以后经济增长优化分析的样板之一。它是用一个家庭的最优消费决策问题的方式（如家庭对下一代的教育投资），来说明增长中消费与资本积累的动态。

（2）世代交叠条件。世代交叠模型（OLG 模型）初见于法国经济学家莫里斯·阿莱（1911—2010）的著述中，经萨缪尔森和戴尔蒙德的完善后逐渐展开。OLG 模型描述的情形为：一是每个人在年轻时提供一个单位的劳动，并将劳动所得用于其生存的第 1 期的消费和储蓄，而在生存的第 2 期的个人仅消费上期的储蓄和储蓄利息；二是在单一产品经济中，假设该产品生产由劳动要素和资本要素组成，该产品既可以用于投资，也可以用于消费。

OLG 模型与拉姆齐、卡斯和库普曼斯模型的区别：OLG 模型中消费决策者个人寿命有限，经济体内的人口是一个新老交替的过程，新人出现而老人死亡，据此来考虑个人效用的最大化问题，这是该模型有别于无限长时间个人效用最大化的无限期界模型的最大特点。OLG 模型假设个人的生命周期分为年轻期和老年期，这就意味着在任何一个时期，整个社会都只包括具有生产能力的年轻期个体和没有生产能力的年老期个体。该模型对当今世界各国的养老保险制度都有着重要的启示。

OLG 模型讨论了三个问题：一是当存在一个中央决策者的条件下，政府如何安排才能实现社会福利最大化，2006 年诺贝尔得主提出最优路径应该是社会的利率水平；二是自由市场经济的均衡并不是社会最优状态，原因是资本存量可能高于或者低于"黄金律"的资本存量；三是如果自由市场经济均衡状态是动态无效率的，那么引入资本如发行国债等可改善社会福利，且能使经济达到资本积累的黄金律状态，但其经济均衡已是帕累托最优，那么政府引入国债反而会损害社会福利。

综上所述，无限期界模型与 OLG 模型的产生与演进，使当今主流经济学模型研究呈现出一个新特点，即将经济增长模型的某一个变量内生化，来研究该变量在个人效用最大化过程中的动态轨迹。

### （三）教育财政对经济增长的对策建议

#### 1. 继续加大财政教育投入力度

目前，中国教育财政投入总量不足和支出结构不平衡已影响了教育事业和部门的发展，不断提高教育财政投入水平是解决教育财政支出发展不均衡的关键。由于中国需要接受教育的人数较多，而国家和地方因受经济发展的影响教育财政支出水平有限，不能满足目前教育发展的需要，因此要解决教育财政投入问题就应努力提高财政收入水平，再加上人们对教育重要性的认识不断深入，教育财政投入才会不断增加，以满足高质量教育发展和教育事业发展的需要。

财政收支是财政分配的一个统一过程，只有财政收入增加了，教育财政支出才可能增加。中国近年来教育财政投入规模虽然逐年增加，但与世界上同等发展水平的国家相比还有较大的差距。因此，各级政府必须认真贯彻落实党的教育方针，深化教育发展的战略地位，真正领会财政教育投入对经济发展的重大现实意义，即使在资源紧缺的条件下也要继续保证教育财政的投入，切实做到在社会发展规划中优先安排发展教育、保证财政资金优先投入教育事业。

#### 2. 优化三级教育财政投入结构

合理的教育投入结构是在有限的资源下最大限度地满足各级教育的需求，确保教育和经济的协调发展。对三级教育财政投入比例的调整，就是要优先保障初等教育发展。普及义务教育、保证所有适龄青少年都能接受最基本的教育，彻底解决适龄儿童特别是农村学生"辍学"问题。如果将初等教育交由个人投入，穷人受教育的机会和受教育的质量很难保证。从提升国民素质、优化人才结构和推动经济发展，以及普及初中阶段义务教育，都应增加对中等教育的财政投入。

在教育财政经费有限的情况下，加大对初、中等教育的投入势必会影响高等教育的投入。为保证高等教育的良好发展，可将高等教育投入逐步推向市场，形成以市场为主导、政府投入为辅助的高等教育投资格局。对高等教育可采取"谁受益谁付费"由个人适当承担部分教育成本的办法来筹集教育资金，由政府来制定各类学校的收费标准并对高等教育市场进行密切的监控；打破政府单一的办学模式，鼓励个人、企业进行高等教育投资，并可对其实行税收和贷款的优惠政策。

### 3. 明晰教育财政支出主体责任

教育财政支出主体责任与政治体制及其所处的发展阶段、经济发展水平密切相关。中国实施分税制财政体制和地方负责的教育体制，与地方经济发展水平相比，地方政府教育责任较大，而中央教育负担的比例较小，这也是造成教育财政投入不足的重要原因之一。因此，应改变地方政府教育"小马拉大车"的状况，强化中央和省级政府教育财政支出的责任意识，理顺省以下教育财政体制，正确认识以县为主体的农村义务教育体制，更不能片面理解县级政府义务教育负有全责。

中国教育科学研究院吴景松教授认为，中央政府在义务教育中承担财政责任的比例不得低于70%，省级政府和市级政府各负担20%和10%左右。具体到不同的地区，财政支出的主体结构也有所不同，在经济欠发达的西部地区，为了保证地方教育事业的顺利发展，中央和省级政府应承担教育财政支出的主要责任；在经济比较发达的省份，由于地方财力比较充足，在教育财政支出上县级基层政府可以多承担些。本书赞同吴景松教授教育财政支出主体责任的观点。

### 4. 加大弱势教育财政投入力度

中国区域间经济发展不平衡及城乡二元社会经济结构，决定了区域间、城乡间教育财政投入的巨大差异。为促进区域间、城乡间的协调发展，国家教育财政支出应向中西部、东北地区及农村的基础教育倾斜，鼓励东部发达地区对其进行诸如支援学校建设，提供免费书本及计算机辅助教育设备、远程教育设备，以及派优秀教师支教等的财力和人力援助，建立省域县域间、贫困和农村地区教育转移支付体制，努力缩小经济落后地区与经济发达地区教育投入的差距。

中国现行已有一套较为规范的教育助学体系，但奖学金结构和管理权等方面还有不足，需要不断完善教育体制、手段和方法，加大对弱势群体教育补偿力度。如加快落实农村家庭经济困难和城镇低保家庭子女接受学前教育资助，提高农村义务教育家庭经济困难寄宿生的生活补助标准；建立普通高中家庭经济困难学生国家资助制度，完善中等职业学校、普通本科和高等职业院校家庭经济困难学生及研究生资助政策体系；完善助学贷款体制机制，推进生源地信用助学贷款等。

**5. 提升教育财政相关费用比例**

目前，中国教育事业费在教育财政经费中所占的比例偏大，而基础建设费用所占比例偏小，故而应适当提高教育基础建设费用占教育财政支出的比例，不断优化教育财政支出用途结构，为教育事业的长足发展提供良好的物质基础。其途径主要包括：一是加大教育人事改革力度，撤裁多余的教育行政人员，节约教育事业费支出；二是综合考虑现有教学设备、校舍现状和教育发展情况，有计划、有步骤地增加教育基础建设支出，科学规范和强化基础建设费支出管理。

现行教育财政支出中公用费用被挤占的现象普遍存在，要解决该问题并提升教育公用费用占教育经费的比例，必须控制教育人员经费快速增长的趋势，对教师实行竞争上岗机制，部分学校可采用市场化的后勤管理模式，以节省教育人员费用；严格执行"各级政府教育财政拨款的增长要高于财政经常性收入的增长、按在校学生人数平均的教育费用逐步增长以及教师工资和学生平均公用经费逐步增长"的增长原则；强化教育公用费用支出管理，防范资金使用管理漏洞。

**6. 强化教育财政经费监督管理**

随着教育经费来源的多元化，教育经费管理也变得更加复杂，已由原来单纯的学校与教育管理部门的关系发展到现在的学校与管理部门、学校与学校、学校与个人、学校与国内单位机构等的纵横交错的财务关系。因此，为适应教育财政经费管理和财务运行的错综复杂的情况，就必须完善教育财政经费监管制度，如健全教育财政监管机构，明确其监管对象和内容，创新监管方式和手段，完善监管立法体系，为强化教育财政经费使用监管提供切实、可靠的法制依据。

强化教育财政经费监督管理，其措施主要包括：一是充分发挥教育部门的指导和监督作用，如落实教育经费使用巡视制度，建立高校重大项目资金全过程监督检查和经费使用全面评价机制等；二是加强审计和纪检监察部门的外部专业监管，如实施独立的外部全程跟踪审计，纪检监察部门依法履行监管职责等；三是推进教育经费信息公开建设，如建立教育经费信息公开细则、统计监测公告制度和公开问责机制；四是加强教育经费专业化建设，如提升教育经费内部经费监管能力等。

## 二、教育财政与人才发展的关系

在中国的历史长河中，各时期教育财政投入都对人才发展产生了深刻的影响。新中国成立以前，文化教育费用支出在同一时期的根据地财政支出中占有很大比重，如 1944 年达到了 10.48%，反映了中国早期就对教育事业及人才培养高度重视。新中国成立以来，特别是改革开放以来，中国逐渐步入了向市场经济转轨之中，提出了"科教兴国""人才强国"等战略，加快了人才培养的步伐。20 世纪 90 年代以来，随着公共财政理论的发展及 21 世纪末公共财政改革的初步确立，教育被视为一种具有正外部性的公共产品，政府教育投入成为财政公共支出的一个重要组成部分。

### （一）教育财政投入对人才发展的影响

#### 1. 教育财政投入的约束条件与模型构建

政府教育财政投入不是随意的，而是具有一定的约束条件。但人才培养也不全是政府的责任，还依赖于一部分非政府的教育投入。其内部关系如图 5-2 所示。

政府教育财政投入受多种因素制约，除受到国家人才战略的宏观指导之外，还要受到国家教育政策目标及政府财力的制约。从政府对公共产品

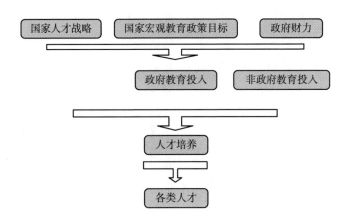

图5-2　政府教育投入对人才发展的影响机制

的投入来看，由于人才、教育是具有正外部性的准公共产品，全社会的教育和人才培养完全由政府来承担是不现实的，还要有非政府教育投入的参与。政府投入和非政府投入共同影响着教育体系和人才培养。

**2. 政府教育投入对人才发展的影响层面**

一个国家取得经济增长和发展是由多种因素促成的，如自然资源、人力资源、资本积累、科技进步和政治环境等。古典经济学家和早期的经济发展理论强调物质资本积累的重要作用，但忽视了人力资本的重要性。人力资本之所以受到现代经济学家的重视，以舒尔茨为代表的学者将其上升到理论高度，发展形成了人力资本理论。舒尔茨认为：人类的未来不是由空间、能源和耕地所决定，而是要由人类的知识发展来决定。当下各国非常重视人力资源和人才培养，中国也提出了"拔尖创新""创新创业"人才计划，并通过加大教育财政投入来将人才培养落到实处。一般而言，教育财政投入对人才发展的影响主要体现在以下四个层面。

（1）影响人才发展目标。各国政府教育政策和人才政策目标，制定了短期的和长远的规划。如中国在教育投入方面，1993年制定了《中国教育改革和发展纲要》，提出教育财政投入在20世纪末要达到GDP的4%的目标；在人才培养方面，提出了"科教兴国战略"等。

（2）影响人才培育体系。古今中外除某些特例外，无论培养何种层次、何种类别的人才，人们首先都需要接受一定程度的基础教育，因而各国政府都非常重视基础教育。政府的基础性教育投入对人才的培育和发展具有不可估量的作用，影响着基础教育的人才培养体系。

（3）影响人才发展环境。人才发展需要特定的环境和载体，内涵丰富，包括软环境和硬环境，前者是实施人才相关政策、纲要及资助等，体现政府对人才培养和发展的重视程度；后者包括人才的工作、生活和科研环境，体现政府对人才培养和发展环境建设的努力程度和最终成果。

（4）影响人才发展倾向。这是政府对人才发展的调控，一方面，通过就业导向性质的财政补助来调节人才发展倾向，如鼓励人才到贫困地区或人才紧缺行业工作的就业补贴等；另一方面，通过教育投入来调节教育不平等、不均衡等问题，如助学补助、冷门专业补贴等。

### （二）教育财政投入推进人才发展途径

为推进人才培养与发展，教育财政投入在政策和手段方面要大胆创新、广开思路、谨慎求证和具体落实。其途径主要包括以下几种。

第一，树立正确的教育财政投入理念。各国政府对公共教育资源配置不足的情况是普遍的，因而需要在既定的政府财力和政府教育财政投入规模下，调整与优化政府教育投入各类资金及其结构，提高政府教育财政投入的效率。

第二，及时掌握教育人才的需求信息。政府应根据国情和居民教育诉求相机予以抉择，及时掌握人才需求信息，适宜采取相应的政府教育财政投入政策，使政府教育财政投入能正确引导人才发展倾向，服务于经济社会的发展。

第三，注重配置公平合理的教育资源。重点就是要调整地区之间、城乡之间人才发展的不均衡问题。例如，近年来中国北方的人才流失较为严重，诸多管理人员特别是科技人才奔赴南方发展，可见南方人才发展环境的优越。

第四，健全推进人才发展的投入机制。特殊人才、专业型人才及高层次人才是国家发展、保持国际竞争力的需要，因而除要有相应制度和机制外，还应建立健全人才保障机制，以保障这类人才的政府经费投入和稳定的人才体系的建设。

# 第三节

## 教育财政经济实证分析

## 一、教育财政与经济增长的实证分析

### （一）教育财政支出与经济增长的分析

#### 1. 问题情境

中国教育财政投入的问题之一就是教育财政支出用途结构失衡，表现为教育财政支出主要为教育事业费支出。教育财政支出按照具体用途，可分为教育事业费支出、教育基建投资支出、部门事业费教育支出、支援不发达地区资金教育支出、城市教育费附加支出和农村教育费附加支出等，其中前2类是支出的主体（尤其教育事业费支出高达80%以上），其他4类所占比例非常小。

在教育实践中，对教室等固定资产的投资为何较少？单纯是因为想给老师多发工资吗？有没有对效率的考量？教育固定资产投资是社会固定资产再生产的主要手段，通过建造和购置固定资产的活动进一步调整经济结构和生产力的地区分布，为改善人民物质文化生活创造物质条件。全社会固定资产投资总额按照管理渠道，可分为基本建设、更新改造、房地产开发投资和其他固定资产投资。

#### 2. 方法释析

这里以中国1991～2010年的数据作为研究样本，对教育财政经费占比、固定投资占比与经济增长之间的关系进行实证分析。根据焦青霞（2014），将物质资本和教育资本两个因素引入生产函数，其计算公式为：

$$Y = F(K, E, \mu)$$

其中，$Y$ 是用GDP来衡量的经济产出水平，$K$ 固定资本存量，$E$ 代表教育资本存量，$\mu$ 为其他影响产出的因素之和。

对得到的数据分别进行平稳性检验、协整检验、回归分析和格兰杰因果检验。其中，平稳性检验就是检验时间序列的统计规律会不会随着时间的推移而发生变化，如果其没有发生变化，那么就是平稳的；反之就是非平稳的，但不能直接对这些时间序列数据进行回归分析，否则就会出现伪回归的现象。如果非平稳的时间序列数之间存在长期稳定的比例关系，即变量间有协整关系仍可回归分析。且仅当多个非平稳变量间具有协整关系时，由其变量所建立的回归模型才是有意义的。

变量间即使存在关系也不一定就是因果关系，更应关心的是具有相关关系的变量间是否存在因果关系。在计量经济学中，判断一个变量的变化会不会引起另一个变量的变化常用的方法，即为格兰杰（Granger）提出的判断因果关系的检验。格兰杰认为，$x$ 的变化是否引起 $y$ 的变化，主要看的是现在的 $y$ 在多大程度上能被过去的 $x$ 解释，如果 $x$ 在 $y$ 的预测中有帮助，或 $x$ 与 $y$ 的相关系数在统计上显著时，就称 $x$ 是 $y$ 的格兰杰原因。

### 3. 主要结论

通过中国 1991 年以来教育财政经费占比、固定投资占比与经济增长之间关系的实证分析，表明他们之间确实存在显著的相关关系。但教育投资对经济增长的拉动作用具有滞后性，二者间存在着单向的因果关系。由回归方程可以看出，教育投入对经济的拉动作用要远大于固定资产投资对经济的拉动作用。可见，加大教育投资和调整固定资产投资结构的必然性。

国家教育经费用于固定资产投资占比较高，而用于教育投入的却较低。反而在拉动经济增长上，教育投入对经济的拉动作用要远大于固定资产投资对经济的拉动作用。因此，在教育财政经费支出结构中用于基建投入较低也是具有一定道理的。但投入什么程度适宜，还没有明确的研究依据支持。因为从教育资金利用效率看，破旧的校舍和崭新的校舍都可用于学生上课。

### （二）教育财政结构与经济增长的分析

#### 1. 问题情境

2012 年中国财政性教育经费占 GDP 的比例首次突破 4%，成为教育事业发展史上的里程碑。今后的工作重心是放在教育经费总量支出的形成机制上还是放在保障经费的使用效率上？目前学界达成的共识是：中国实现教育投入充足目标的长期性决定了我们很难像发达国家那样走"先充足后优化"的发展道路，而是在不断加大教育投入的同时，兼顾优化教育投入结构，走"边增长边优化"的发展道路。因此，本书的研究目的在于实证三级教育经费投入与经济增长之间的关系，明确各级教育投入对经济增长的贡献，为新时代制定教育投资策略提供参考依据。

**2. 方法释析**

面板数据模型是将以时间序列数据或纵向数据为样本的线性回归模型和以截面数据为样本的回归模型综合在一起的一种计量经济模型。它将横向和纵向两个方面的信息同时利用，使其比单纯的截面数据回归或时间序列数据回归具有更多的优点。因此，从 20 世纪 50 年代以来，面板数据模型便应用于经济问题的分析，尤其是 20 世纪 80 年代以后，面板数据模型的应用更加广泛。面板数据（panel data）模型的一般形式可以表示为：

$$y_{it} = \alpha_i + x'_{it}\beta_i + \mu_{it}, i = 1, 2, \cdots, N; t = 1, 2, \cdots, T$$

在上式中，$y_{it}$ 是因变量，$\alpha_i$ 是常数项，代表截面单元的个体特性，反映了模型中的个体差异，$x_{it} = (x_{it}^1, x_{it}^2, \cdots, x_{it}')'$ 是 $k \times 1$ 维解释变量，$\beta_i = (\beta_{i1}, \beta_{i2}, \cdots, \beta_{ik})'$ 为参数向量，$\mu_{it}$ 为误差项，在模型中通常假定各 $\mu_{it}$ 相互独立且服从均值 0、方差为 $\sigma^2$ 的分布，即 $\mu_{it} \sim iid(0, \sigma^2)$，$N$ 为截面单元总数，$T$ 为每个截面单元观测的总期数。

当 $\alpha_i$ 与 $\beta_i$ 的假设不同时，面板模型的具体方式也有所不同，常用的模型有联合回归模型、变截距面板数据模型和变参数面板数据模型。面板数据模型的检验通常使用 F 检验和 Hausma 检验。将物质资本和教育资本两个因素引入产出函数，通过构造两变量生产函数来研究教育投入与经济增长之间的关系：

$$Y = AK^\alpha E^\beta$$

其中，$Y$ 表示产出，$K$ 表示物质资本，$E$ 表示教育投入。为更好地研究不同阶段的教育投资与经济增长的关系，将教育投入分为初等教育投入、中等教育投入和高等教育投入。由于三级教育之间同样的经费投资所带来的收益并不相同，所以上式可改写为：

$$Y = AK^\alpha HE^\beta ME^\lambda PE^\delta$$

其中，$Y$ 表示产出，$K$ 表示物质资本，$HE$、$ME$ 和 $PE$ 分别表示高等教育投入、中等教育投入和初等教育投入；$\alpha$、$\beta$、$\gamma$ 和 $\delta$ 分别表示物质资本投入、高等教育投入、中等教育投入和初等教育投入的弹性系数。

### 3. 主要结论

选用的数据是 1998~2010 年的省级面板数据，由于西藏缺少历年固定投资价格指数数据，所以不纳入分析范围。对数据进行检验和估计后得出相应研究结论。

第一，教育投入对经济的影响远大于固定资产投资对经济的影响。由历年统计数据可知，教育经费占 GDP 的比例远小于固定资产投资占 GDP 的比例，但其对经济增长的带动作用却远远大于固定资产投资。如现行投资主要偏重基础设施和民生方面而不利于就业的持续性，从而影响扩大内需和经济的快速增长。同时对自主创新、基础产业和社会发展等投资相对不足，这也会影响经济的持续发展。

第二，从估计结果看三级教育投资对经济增长均有促进作用。在三级教育中教育投资对经济的影响存在很大的差别，中等教育投资弹性系数最大（0.5047）、高等教育次之（0.1258）、初等教育最小（0.0529），这说明中等教育投入产出效率最高，在经济发展建设中发挥着重要的作用。但因受无差异财政政策的影响，三级教育生均教育经费呈"倒金字塔"结构，高等教育生均教育经费比重过大，教育经费支出结构比例失衡。

第三，模型截距项可全面反映企业适应能力、竞争力和生存能力。其值越大，说明企业的综合技术水平越高，资金的利用率越高。截距项除个别年份出现反弹外，基本上是随着时间的推移在逐渐变小，这表明投入要素的利用率在逐渐变小。可见，模型中效率参数的变化再次表明现阶段中国投资结构存在一定的问题，也不能有效促进经济增长。所以，在中国教育资源有限的条件下，调整教育投资结构和方向是势在必行的。

### （三）教育财政对经济增长的动态分析

### 1. 问题情境

由于受国家经济政策、教育体制及国际经济等客观环境的影响，各国教育投入产出的效率不尽相同。中国历经 40 多年的改革开放历程，经济政策和国际环境都发生了巨大的变化，那么教育投入与经济增长之间的关系是否也随之发生了改变，变化如何？有研究借助于状态空间模型，来进一步研究中国教育财政投入对经济增长贡献的变动状况。

**2. 方法释析**

在现实生活中总会存在一些状态是不可观测的，且这些不可观测变量（unobservable component）却反映了经济系统的真实状态，因此在建构模型时需要引入这些变量并构建为 UC 模型，该模型可利用状态空间模型来求解。状态空间模型将不可观测的变量（状态变量）纳入可观测模型并利用强有效的递归算法即卡尔曼滤波法进行模型估计。

线性状态空间模型的一般形式如下：

$$x_t = F_t x_{t-1} + d_t + \omega_t$$
$$y_t = H_t x_t + c_t + v_t$$

其中，$p \times 1$ 维向量 $x_t$ 表示状态向量（可以包括不可观测变量），并假定状态向量服从一阶自回归过程或一阶马尔可夫过程；$q \times 1$ 维向量 $y_t$ 表示观测向量；$p \times 1$ 维向量 $d_t$ 仅影响确定性的状态向量的期望；$q \times 1$ 维向量 $c_t$ 仅影响确定性的可观测变量值；$p \times p$ 为矩阵 $F_t$ 为状态转移矩阵；$q \times p$ 为矩阵 $H_t$ 为载荷矩阵；$p \times 1$ 向量 $\omega_t$ 和 $q \times 1$ 向量 $v_t$ 分别称为状态噪声和观测噪声，$\omega_t$ 与 $v_t$ 之间相互独立且都服从均值为零的高斯分布，且

$$Var\left(\begin{bmatrix} v_t \\ \omega_t \end{bmatrix}\right) = \begin{bmatrix} R_t & 0 \\ 0 & Q_t \end{bmatrix}, \ Q_t \text{ 和 } R_t \text{ 分别是 } \omega_t \text{ 和 } v_t \text{ 的方差矩阵}。$$

用卡尔曼滤波法对状态空间模型进行估计，卡尔曼滤波是一种递推的算法，它基于 t 时所有可得到的信息来递推估计状态向量。卡尔曼滤波是在给出新的信息条件下不断更新状态向量的向前一步预测均值和方差。只要给出状态向量的初值 $x_0$ 和协方差矩阵的初值 $V_0$ 以及 $F_t$、$H_t$、$Q_t$、$R_t$、$c_t$、$d_t$ 的值和 $y_t$ 的观测值，就可利用卡尔曼滤波计算出状态向量和最小均方差矩阵的估计。

状态空间模型的估计需要有初始条件，在对状态空间模型进行估计之前，要求给出状态向量的初值 $x_0$ 和状态协方差矩阵的初值 $V_0$。在一些固定

参数模型中，常常利用系统矩阵去解 $x_0$ 和 $V_0$ 的值。但在大多数情况下没有关于初始条件的任何信息，这时一般采用扩散先验的方法来得到初始值。

这里，我们将物质资本和教育资本这两个因素引入产出函数，通过构造两变量生产函数来研究教育投入与经济增长之间的关系：

$$Y_t = AK_t^\alpha E_t^\beta$$

其中，$Y$ 为产出，$K$ 为固定资本投资，$E$ 为教育经费投入，$t$ 代表时期。

考虑所需数据的可得性，本书选择 1981～2010 年的时间数列数据来研究中国教育财政投入对经济增长的动态影响。

为考察教育财政投入对产出的动态影响，将 $\ln Y$、$\ln E$、$\ln K$ 代入状态空间模型方程，借助于卡尔曼滤波算法，应用 EViews 6.0 对模型中的参数进行估计，具体算法见高铁梅（2006）的实证分析，估计的具体结果见表 5－8。

表 5－8  状态空间模型估计的结构

| 估计量 | 估计值 | t 统计量 | p 值 |
|---|---|---|---|
| C（1） | 3.57112 | 16.35006 | 0.0000 |
| C（2） | 0.38455 | 2.276466 | 0.0228 |
| C（3） | －4.4182 | －10.60814 | 0.0000 |

为保证计算结果的可靠性，对状态空间模型所描述的教育财政经费投入、固定资产投资与经济增长之间的关系进行协整性检验。可知，教育经费投入与经济增长之间确实存在随时间变化的长期均衡关系，即上述状态空间的估计是可靠有效的。

**3. 主要结论**

因量测方程中教育财政投入对经济发展的弹性系数随时间而变化，故无法写出固定资产投资、财政教育投入与经济发展的具体表达式。但可借助卡尔曼滤波法得到教育财政投入对经济发展随时间变化的弹性系数，计算结果见表 5－9。

表 5 - 9　　　　　　　　　　时变参数 $\beta_t$ 的估计值

| 年份 | $\beta_t$ | 年份 | $\beta_t$ | 年份 | $\beta_t$ |
|---|---|---|---|---|---|
| 1981 | 0.487932 | 1991 | 0.471016 | 2001 | 0.48143 |
| 1982 | 0.48169 | 1992 | 0.470857 | 2002 | 0.481794 |
| 1983 | 0.478887 | 1993 | 0.469311 | 2003 | 0.481821 |
| 1984 | 0.475456 | 1994 | 0.469202 | 2004 | 0.481997 |
| 1985 | 0.473583 | 1995 | 0.470876 | 2005 | 0.482007 |
| 1986 | 0.470664 | 1996 | 0.473063 | 2006 | 0.481696 |
| 1987 | 0.467159 | 1997 | 0.475612 | 2007 | 0.481216 |
| 1988 | 0.465152 | 1998 | 0.477585 | 2008 | 0.480926 |
| 1989 | 0.467418 | 1999 | 0.479082 | 2009 | 0.479845 |
| 1990 | 0.469645 | 2000 | 0.480429 | 2010 | 0.478901 |

为更好地观察教育财政投入对经济发展弹性系数的变化趋势，可绘出表 5 - 9 中数据的折线图，从图 5 - 3 可清楚地看到教育财政投入弹性系数的变化趋势。由于卡尔曼滤波算法在估算变参数 $\beta_t$ 时受初值影响较大，前几期的值不能反映教育财政投入与经济发展的真实关系，所以在此忽略 5 年，从 1986 年开始进行分析。总体看在研究的有效时期内（1986～2010 年）教育财政投入对经济发展的弹性系数呈现了从高到低再到高，再由高到低再到高的变化态势。20 多年来教育财政投入对经济发展的影响处于不断变化中，弹性系数在 0.465～0.482 变动，表明教育

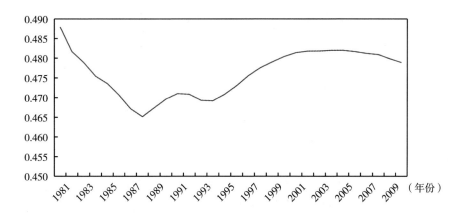

图 5 - 3　教育投入对经济发展影响弹性变化趋势

财政投入每提高 1% 可带动经济增长 0.465% ~ 0.482%。教育财政投入对经济的发展具有积极的促进作用，但这种积极的促进作用呈现波动变化态势。即财政性教育经费的投入从 1981 年以来一直是逐年增加，教育经费从 1981 年的 236.965 亿元增加到 2010 年的 5066.44 亿元，年增长的平均速度是 11%，但教育财政投入对经济发展的影响不是逐渐变大而是呈现波动状态。

综合上述分析，教育财政投入对经济发展影响是显著的，教育财政投入对经济的促进作用随着时间的变化在不断变化。它不仅与经费投入总量大小有关，还与当时的经济政策、教育政策、经费结构及国际经济环境等因素密切相关。虽然无法有效掌控和改变国际环境的变化，但可自身调控国内的教育政策和体制，拓宽教育经费来源渠道，继续加大教育财政投入的力度；调整教育财政经费结构，提高教育经费利用率。

## 二、教育财政与经济发展的实证分析

### （一）教育财政与农村劳动力转移

农村劳动力作为中国人力资本的重要组成部分，其发展水平直接关系整个社会人力资本存量的大小。在社会总产值中，农业产值占比在减小，而制造业和服务业产值占比在增加，这种现象与农业和农村地区的劳动力数量减少有关，这意味着农村大量劳动力正在向城市流动。农村劳动力转移尤其是转移中的教育筛选对经济发展是有益的，这有助于劳动力从生产力水平较低的生产活动流向生产力水平较高的生产活动中，但这种自发的转移并不意味着劳动力转移的构成或比率是最佳的。

#### 1. 农村教育现状及问题

党的十九大提出"乡村振兴战略"，要"推动城乡义务教育一体化发展，高度重视农村义务教育……努力让每个孩子都能享有公平而有质量的教育"。农村教育在决胜全面建成小康社会中具有举足轻重的地位。中国农业人口众多，农村、农民的教育问题由来已久，解决不好就会引发矛盾。当下我国农村和城镇相比，农村的教育质量仍然亟待提高。

（1）县域教育发展仍不均衡。截至 2016 年底，全国仍有 1099 个县

（市、区）没有通过"义务教育发展基本均衡县（市、区）"的评估认定，占 37.6%；截至 2020 年 5 月教育部公布，全国还有 135 个县未通过"全国义务教育发展基本均衡县"评估认定。没有通过认定的县将进入攻坚阶段，通过的县也仅仅是基本均衡，离高位均衡尚有一定距离。

（2）农村教育观念仍需转变。近年来，虽然农村教育主体追求优质教育的意识不断增强，但仍不能完全适应现代教育要求。特别是农村地区对儿童成长重视不够，一些家长或没有认识到早期儿童营养、活动与习惯养成的重要性，让儿童处于"等待"状态；一些教师观念落后，过早地把孩子教成了不喜欢学习的学生，尚未完全形成"以儿童发展为中心"的现代教育观念。

（3）农村剩余劳动力问题。农村剩余劳动力是在一定的物质技术条件下，农业劳动力的供给量大于生产一定数量的农业产品所必需的劳动力的需求量。农村土地是有限的，但随着生产力、生产技术不断提升，需要的人力越来越少，因而出现大量农村剩余劳动力。年轻力壮的小伙子无地可种，一方面对家庭来说意味着经济上的损失，另一方面对社会来讲也是一种不安定的因素。

此外，教师能力准备不足、家校合作不紧密、学校教育与学生经验相疏离等在各地都不同程度地存在。农村教育始终面临人力、物力短缺的问题，当代年轻人已有很多人响应国家号召走进农村、走进西藏，参加支教和村官等活动，但仍旧杯水车薪。大量高级人才涌入北上广深，因而中国仍然面临发达地区人口密度极大、不发达地区地广人稀的现象。

**2. 农村劳动力转移模型**

农村教育问题错综复杂，涉及方方面面，从纯教育的领域主要解决教育观念、农村师资培养、适合农村现状的教学内容、教学方法等问题。从经济学和财政学视角，主要是解决农村剩余劳动力的转移、安置，加大农村教育投入等问题。农村剩余劳动力问题由来已久，随着新型城镇化的不断发展，农村劳动力转移的总量非常庞大，且愈演愈烈。国家统计局数据显示，中国 2020 年全国农民工总量为 28560 万人，其中外出农民工 16959 万人、本地农民工 11601 万人。

（1）刘易斯模型。这是最早的劳动力转移模型。刘易斯是 1979 年诺贝尔经济学奖得主，提出二元经济结构理论。农业部门缺乏资本，但拥有大量剩余劳动力。工业部门拥有大量资本和较高的劳动生产率，但缺乏劳动力。在劳动力可自由流动的情况下，只要工业部门的工资略高于农业部门的工资水平，就能从农业部门获得无限供给的农村剩余劳动力。但他1978 年出版的专著中，也反复强调了发展中国家发展农业的重要性。

（2）拉尼斯—费景汉理论模型。美国经济学院拉尼斯和费景汉教授认为，只有提高农业劳动生产率，农业劳动力中的一部分才可能转到非农产业中，农业劳动力的转移要以农业劳动生产率的提高为前提。

（3）托达罗模型。即城乡人口迁移模型，托达罗将城市失业问题引入劳动力迁移问题中，他认为迁移的决策依据在于城乡实际工资差距和农村劳动力在城市能找到工作的概率，迁移动机主要是城乡预期收入差距，这就解释了为什么在城市高失业率的情况下依然有大量农村人口向城市迁移的现象。

**3. 农村劳动力转移与人力资本制约**

（1）中国农村劳动力转移的特征。农村劳动力转移的数量如表 5 – 10所示。

表 5 – 10　　　　　　　2011～2020 年中国农村劳动力转移数量　　　　单位：万人

| 劳动力数量 | 2011 年 | 2012 年 | 2013 年 | 2014 年 | 2015 年 | 2016 年 | 2017 年 | 2018 年 | 2019 年 | 2020 年 |
|---|---|---|---|---|---|---|---|---|---|---|
| 农民工总量 | 25278 | 26261 | 26894 | 27395 | 27747 | 28171 | 28652 | 28836 | 29077 | 28560 |
| 外出农民工 | 15863 | 16336 | 16610 | 16821 | 16884 | 16934 | 17185 | 17266 | 17425 | 16959 |
| 本地农民工 | 9415 | 9925 | 10284 | 10574 | 10863 | 11237 | 11467 | 11570 | 11652 | 11601 |

从表 5 – 10 可以看出：在中国推进城乡一体化建设，鼓励农民工回乡创业等政策的指导下，农民工总量从 2011 年的 25278 万人增至 2020 年的28560 万人，增长 3282 万人，增长了 12.98%，农村劳动力转移增速明显放缓，年均增长率为 1.30%。以 2020 年数据为例，农村劳动力转移的基本特征：

第一，女性农民工占比有所下降。在全部农民工中男性占 65.2%、女性占 34.8%。女性占比同比下降 0.3%，其中外出农民工中女性占30.1%，同比下降 0.6 个百分点；本地农民工中女性占 39.2%，同比下降

0.2 个百分点。

第二，农民工平均年龄继续提高。农民工平均年龄为 41.4 岁，同比提高 0.6 岁。其中，40 岁及以下农民工所占比重为 49.4%，同比下降 1.2 个百分点；50 岁以上农民工所占比重为 26.4%，同比提高 1.8 个百分点，占比继续提高。

第三，大专以上农民工占比提升。在全部农民工中，从未上过学的占 1%，小学文化程度占 14.7%，初中文化程度占 55.4%，高中文化程度占 16.7%，大专及以上占 12.2%。大专及以上文化程度农民工所占比重同比提高了 1.1 个百分点。

收入是影响农民工做出迁移决定的因素。例如，2020 年农民工月均收入为 4072 元，同比增加 110 元、增长 2.8%，其中外出农民工月均收入 4549 元，同比增加 122 元、增长 2.7%，本地农民工月均收入 3606 元，同比增加 106 元、增长 3.0%。有关研究表明：低成本的流动支出和较高的经济回报导致受教育劳动力群体较高的流动率。如果控制经济成本和收益这两个变量，受教育劳动力群体仍会出现较高的流动率，这可归因于受教育劳动力具有不同偏好的假设。

（2）中国农村人力资本与劳动力转移制约。主要表现在：

第一，受教育程度低制约农村劳动力的转移。教育影响农村劳动力流动的复杂决策过程，因城市更重视学校教育所获得的技能，故在内部流动中存在教育的筛选性。研究表明：农村劳动力的流动倾向与受教育水平水平存在正相关，受教育程度是影响家庭成员决定向城市移民的一个重要因素。他们认为只有具备较高的技能水平才能在城市的劳动力市场中找到工作，因此那些受教育程度较高的农村人口最有可能移民到城市。此外，对农民工的培训不足也严重制约农村劳动力转移。

第二，迁移的不稳定性制约农村劳动力转移。迁移是有成本的，因迁移者在找工作期间要支付迁移的直接成本，故迁移者在找工作期间维持生活的费用在成本中占有较大的比重。当前，存在从第二和第三产业回流的劳动力，主要就是由于文化素质较低、职业技能不能满足要求。教育程度不高降低了劳动力迁移的稳定性，劳动力水平高一般能率先转移，且转移时间较长、稳定性强；相反文化水平较低转移迟缓，且绝大多数都是临时性转移，甚至因迁移花费的成本都无法得到补偿。

（3）农村劳动力转移的人力资本效应。主要表现在：

第一，农村劳动力转移要求农民提升人力资本。从政府视角出发，为解决好农村劳动力转移、维护经济社会稳定发展，培训是提升人力资本的重要途径之一。其实迁移和教育是具有互补性的，两者中任何一方的投资都将使另一方获得收益。

第二，市场竞争促使农民工进行人力资本投资。从个人视角出发，农民工自身也愿意进行部分投资，努力提升人力资本，从而实现从蓝领向白领的转变。

第三，资本回流示范效应促进农村人力资本积累。农民工回乡能带回了大量存款、熟练技能和市场阅历等，回乡创业可吸纳相当数量的农村剩余劳动力，这会带动乡村经济发展。

### 4. 劳动力转移与农民工收入增长的实证分析

有研究数据显示：人均 GDP 及农民工人力资本每增长 1%，对应的农民工收入分别增长 0.465% 和 0.193%；对农村义务教育投入变动每增长 1%，人均产出变动则增长 0.188%。上述计量结果再次证实教育财政投入的三个分类影响指标，对农民工收入增长的影响更趋向是一个正向显著的长期过程。事实是对完成正规教育以后才工作的农民工，他们的工资低于未接受正规教育的、但很早就进入劳动力市场的农业生产者的收入。但他们所接受的良好培训和能力，能使其有效利用自身资源，更具有创新性，从而提高收入以超过未受过正规教育的工人。

此外，利用生产函数对处于不同发展水平的十多个国家的农业投入（包括农民的受教育程度）和产出的关系进行调查发现，虽然对这些国家的调查结果是不同的，但得出了一个整体的结论：具有初等教育程度的农民生产效率要高于未受过教育的农民（Jamison & Lau，1982）。如果要对农村剩余劳动力转移政策做价值判断，每个人都可以有自己的判断，但我们能够清楚看到，这是目前中国政府权衡利弊后慎重做出的决策，是得到绝大部分人认可的认为是有价值、有积极意义的事情。

### 5. 促进农村劳动力转移的教育财政对策研究

农村劳动力转移对经济发展有促进作用，但大量农村劳动力涌向城市也会产生诸多问题。如迁移过程中浪费的社会流动成本；迁移数量的增加会给城市的住房、交通、水资源和排污处理等方面带来压力；由于劳动力市场本来就具有事业和不充分就业的特征，会给劳动力市场带来压力，也会给住房和服务紧张的城市带来压力等。可见，在农村劳动力转移的问题或困境上，政府必须加强教育财政对策的研究，保障有效的迁移，减少问题的产生。

第一，继续加大农村教育财政投入。加强中央、省、地（市）对县乡级教育财政资金的倾斜，确保农村教育财政资金向贫困地区倾斜，增加对各教育层次农村困难学生的补助。

第二，处理好农村教育财政体制的关系。主要是处理好教育财政体制与地方财政体制的关系，以及农村义务教育投入体制与非义务教育投入机制的关系。

第三，促进农村劳动力转移的教育财政政策。例如，建立农民工培训的教育财政保障制度，促进农业人力资本转型；针对农民工子女义务教育问题，实行教育券制度的可行性研究等。

## （二）教育财政与产业结构的优化

产业结构是各产业的构成及其各产业间的比例和关系，是经济结构的重要组成部分。通过优化产业结构适度控制重工业增长速度，加快发展提供消费产品和消费服务的农业、轻工业和第三产业的发展，可为劳动者提供充分的就业机会，改善人们的生活水平。可以说，产业结构优化是现代经济发展的核心，而其动力是技术创新与技术进步，教育正是通过促进培养科技人员、促进科技不断创新与进步来推动产业结构不断优化，从而促进经济高质量发展。

### 1. 教育财政投入对产业结构高级化的影响

随着中国经济的快速发展，其产业结构在不断调整与优化。第一产业在经济发展中的重要性不断减弱，其生产总值占 GDP 的比重不断下降；第二产业产值在不断增加，但第二产业产值占 GDP 的比重基本上保持不变约为 40%，仍然是目前中国经济发展的支柱产业；第三产业占 GDP 的比重不断增加，从 1991 年的 33.7% 上升到 2020 年的 54.5%，30 年来上升了

20.8 个百分点，在国民经济发展中的地位不断提高，已超过第二产业占比（37.8%）16.7 个百分点。

为分析教育财政投入对产业结构高级化的影响，有研究运用向量自回归模型，以 1992～2011 年的数据为样本，对数据进行平稳性检验和协整分析后，得出结论为：一是教育投资和固定资产投资对产业结构的高级化确实具有一定的影响，教育财政投入的增加值每提高 1%，第三产业产值占 GDP 的比重就会提高 0.1155%；二是固定资产投资对第三产业占 GDP 比重的影响是负面的，固定资产投资的增加值每提高 1%，产业结构高级化水平就会降低 0.1502%，对第三产业产生一定的挤出效应。

**2. 教育财政投入对产业结构合理化的影响**

产业结构的合理化是产业结构优化升级的主要因素，而衡量产业结构合理化常用的指标是结构偏离度。其值越大，说明产业中产业结构和就业结构的偏差越大，产业中要么是劳动力过量，存在过剩现象；要么是劳动力不足，需要其他产业中的劳动力流入。产业结构合理化程度越低，产业结构偏离度系数越小，说明产业结构与就业结构偏离越小，当结构偏离度为零时，说明产业结构与就业结构是相符的，二者处于均衡的状态。

有研究利用产业结构总偏离的减少量、教育财政投入增量和固定资产投资增量来分析教育财政投入、固定投资对产业结构合理化的影响。通过建立向量自回归模型，并且进行脉冲响应分析和方差分解。利用 EViews 6.0 得到教育财政投入增加量、固定资产投资增加量变化对产业结构合理化影响的脉冲响应曲线图。由于产业结构偏离指数越小，产业结构越合理，所以当某一内生变量受到一正向冲击滞后产业结构偏离指数减少量越大，说明该变量变化对产业结构向着合理化方向发展越有利。

主要结论为：一是产业结构合理化的变化对自身的影响是暂时的，不具有持续性；二是教育财政投入的增加可促使产业结构向合理化的方向发展，但持续的时间是非常有限的，因而为更好地适应新形势下产业结构合理化发展应建立终身教育机制，对社会劳动力进行及时的知识更新和技能升级是必要的；三是固定资产投资对产业结构偏离指数减少有一定的抑制作用，固定资产投资的增加对产业结构的合理化存在一定的负面影响。

综上所述，在产业结构合理化的变动中，教育投资对其影响虽是正向的，但贡献较小，基本维持在 1% 左右；固定资产投资对产业结构合理化的变动贡献比教育投入贡献要大（约 26%），但其对产业结构合理化的影响是负面的。教育财政投入对产业结构优化升级的影响比固定资产投资更加明显。教育财政投入形成的人力资本可使第三产业所占的比重不断增加，推动产业结构向高级化方向迈进，且有助于劳动力在三次产业之间的流动，从而使产业结构和就业结构之间的偏差越来越小，产业结构不断向合理化方向发展。从长期看，教育投入对产业结构升级优化产生的冲击力相对持久，教育投入总量的不断增加和结构的不断改善对产业结构的优化具有十分重要的意义。

# 第六章

# 教育财政效益研究

　　教育财政效益是教育财政支出所获得的净收益，可用货币量化（定量）或非量化（定性）表示。党的十九大明确提出了"支持和规范社会力量兴办教育"等要求，即鼓励社会力量办学，重视非政府方式提供教育资源对教育财政成本的分担作用。本章主要释析教育财政效益基础理论、教育财政效益分析方法和教育财政成本管理问题三个问题。其中，教育财政效益基础理论包括教育财政效益的内涵、特点和内容；教育财政效益评价分析包括教育财政效益的分析方法和评价指标；教育财政成本管理问题包括教育财政成本分类与估算，以及教育财政成本的分担方式。

## 第一节　教育财政效益基础理论

### 一、教育财政效益的内涵

#### （一）效益的科学内涵

**1. 效益的主要特征**

效益是效果与利益的简称，是指劳动（包括物化劳动与活劳动）占用、劳动消耗与获得的劳动成果之间的比较，包括项目本身得到的直接效益和由项目引起的间接效益。在经济管理活动中，若劳动成果大于劳动耗费为正效益、小于劳动耗费为负效益、等于劳动耗费为零效益，人们一般而言的效益多指正效益。

效益的特征主要体现在：一是综合性，即项目活动通常是多目标开发与综合利用，具有经济、社会和环境多方的综合效益；二是发展性，即随着社会经济发展，提升项目活动收益的同时也加大了项目风险；三是随机性，即经济活动的效益受不确定性风险影响大，往往难以准确预估；四是复杂性，即项目效益往往较为复杂，需要全面分析研究，有时项目各部门间的要求是矛盾的，不能同时实现所有部门的效益最大化。

**2. 效益的基本分类**

效益一般分为经济效益、社会效益和环境效益三类。

（1）经济效益。即指有项目和无项目相比较所增加的财富或减少的损失。从国家或国民经济总体视角分析时，所有社会各方能获得的收益均为经济效益；从项目所有者或管理者视角分析时，其实际收入可视为财务效益。

（2）社会效益。即指实施项目对保障社会安定、促进社会发展和提高人民福利方面的效果。如建水电站可创造更多的就业机会，修建自来水厂可改善卫生和生活条件，修建防洪工程可保障居民生命与财产安全等。

（3）环境效益。即指实施项目后对改善水环境、气候和生活环境所获得的利益。如进行住房投资修可改善居住条件，实施污水处理工程可改善用水的质量和居民生活安全，修建水库可起到改善气候及美化环境的作用等。

### （二）教育财政效益的内涵

教育财政效益是指政府为满足社会共同需要进行的财力分配与所取得的社会实际效益之间的比例关系。其基本内涵是政府资源分配的比例性和政府资源运用的有效性，前者主要强调公平与合理，而后者主要注重效率与质量。

理解教育财政效益的内涵应把握两个方面：一是教育财政的外在合比

例性是衡量财政支出效益的前提，其比例性即指通过政府渠道分配的资源总量在整个社会经济资源中是合理有效配置的；二是教育财政的内在合比例性是衡量财政支出效益的根本标准，其比例性即指财政在不同性质、不同类型的社会共同需要之间的分配比例合理，实质是在不同财政构成要素之间的分配比例合理。

## 二、教育财政效益的特点

第一，经济效益与社会效益的统一。教育财政的经济效益是指教育财政资金的耗费与经济成果之间的对比关系，教育财政社会效益是教育财政资金的耗费与社会效果的对比关系。教育财政的经济效益与社会效益是互相依存、互相制约的对立统一关系。

第二，微观效益与宏观效益的统一。教育财政的宏观效益是指通过对财政收支总量和结构的安排与调整所产生的有关社会发展和居民利益的效果；教育财政的微观效益是指每一笔财政支出项目所带来的具体效果。其中，前者是实现微观经济效益的前提条件、具有主导决定作用，后者是实现前者的现实途径，二者要协调统一。

第三，直接效益与间接效益的统一。教育财政的直接效益是指教育财政项目本身的产出物或进行收支所产生的效益；教育财政的间接效益是指教育财政项目本身并未得益但对社会发展等方面作出的贡献。在考察教育财政效益时，既要考察其直接效益，也要考察其间接效益。在实践中，教育财政效益通常从公平视角出发而注重社会等间接效益。

## 三、教育财政效益的内容

从政府资源配置与资源耗用的全过程看，教育财政效益的内容包括教育财政配置效益和教育财政耗用效益两个方面。

### 1. 教育财政效益的配置效益

教育财政效益配置效益是指政府教育财政资源配置满足各种不同社会教育共同需要的内在合比例程度。从广义上讲，教育财政资源的配置包括组织教育财政收入和安排教育财政支出两个方面；从社会整体资源分配视角看，组织教育财政收入的"聚财"过程，仅仅是教育财政内部资源分配活动的前提条件，并注重财政配置效益的最大化。

**2. 教育财政效益的耗用效益**

教育财政效益耗用效益是政府在教育财政资源耗用阶段为提供特定的公共教育事务而耗用的财政量与效益的比较。教育财政活动在经过财政分配阶段以后并没有完结，而是进入对政府资财的具体耗费与使用阶段，且为教育财政耗费的最小化。也只有在经过该阶段完成了公共教育事务供给后，整个政府教育财政活动才算完结。

# 第二节
## 教育财政效益评价分析

## 一、教育财政效益的分析方法

### （一）教育财政效益分析方法的种类

政府进行教育财政效益分析，可主要采用以下方法。

**1. 成本效益法**

成本效益法作为一种经济决策方法运用于政府部门的计划决策中，以寻求投资决策如何以最少成本获取最大的收益。该方法可适用于教育财政投资支出项目的分析。一般而言，对经济的、有形的效益可用货币计量的项目，主要采用此方法。它可直接对一个方案的成本和产出的经济效益比较，或将成本效益与其他投资方案的成本效益比较。因此，该方法只能评价具有相同目标、相同效益指标的方案，如学生成绩提升和升学率等。

**2. 最低成本法**

最低成本法是指对每个备选的财政方案进行经济分析时，只计算备选方案的有形成本，而不用货币计算备选方案支出的社会效益，并以成本最低为择优的标准。对成本易于计算但效益不易衡量、可通过财政所提供的商品或劳务不可能以任何标准进入市场交换的项目（如军事、教育等），可采用此法。例如，商品效益可在卖出后就明确，但教育投资不能只靠教育的经济效益检验。该方法就是通过成本估算确定其成本最低方案并加以选择，政府就能更有效地使用教育财政资源。

上述最低成本法与成本效益法密切相关，两者都对备选方案的使用进行经济评估，并按同一种方法进行成本度量。但成本效益法一般只适用于那些产出能够用货币价值衡量的方案，如用来提高生产率和收入的教育方案。然而，大多数的教育方案是用来提高成绩或者其教育产出不容易转化为货币形式。在这些案例中，应采用最低成本法来对那些具有相似目标的方案进行比较。

**3. 收益率分析法**

收益率是指投资的回报率。一般以年度百分比表示，可根据当时市场价格、面值、息票利率和距离到期日时间计算。对教育而言，收益率分析（rate-of-return）的目的是告诉教育政策制定者是否应在不同的项目上投资（Benson，1987），它是将利润（增加的收入）与为获取知识和技能所付出的花费（包括在这个过程中所放弃的收入）相比较。

在一个自由竞争市场中，当对拥有特殊知识和技能的人才供给与需求处于均衡时，教育收益率就接近其他投资的期望收益率。若比率更高，则对拥有该技能的人才供给就明显不足，这将促使这些人要求获得更高的期望工资，鼓励更多的人去获得类似的培训，直到工资和收益率回落到原来的预期水平。就业竞争将导致工资下降，人们不断学习技能，直到教育供给再次等于需求，教育投资的收益率等于期望的收益率。市场的影响作用可能会因加在它们身上的一些约束条件而减弱。

**（二）成本效益分析法分析的局限性**

成本效益分析法在教育财政领域的应用会有较大的局限，这是因为教育财政投入效益的计量有许多技术问题在实际中难以有效解决，而只能以判断或近似模拟的方法予以代替，这样会影响结果的有效性。其局限性主要体现在以下三个方面。

第一，成本与效益测算的量化标准难以统一。成本效益法要求只有量化且统一单位才能比较。但教育作为具有外部性及无形收益的项目，其效益在很多方面难以量化。如教育质量高低的衡量标准、劳动力资本的价值怎么量化？可能会有多种意见，都难以统一、难以概全。

第二，不同教育财政成本和效益没有可比性。教育的性质决定了不能单靠成本效益来比较财政教育效益的高低。如初中、中等、高等教育的成本和效益不同或差异较大，不能因此直接确定哪类教育就比哪类好。

第三，确定各项目或方案优劣组合的有限性。一般而言，人们会按照各项目或方案成本和净收益比较来进行排列，并选择收益最大的项目或方案，但教育财政通常得出的结论是不能选择的。如义务教育是基础教育的前提，就算是低的义务教育效益，国家也必须保证实现义务教育。

### （三）教育财政效益分析的常用方法

上述释析表明，教育财政效益较难采用成本效益法分析，但可选择最低成本法。最低成本法主要包括以下过程。

第一步，确定备选教育财政方案。在政府事先确立的教育政策目标和财政目标的条件下，列举各种备选的教育财政方案。

第二步，确定并核算各要素成本。先核算有形成本（直接成本），再根据实际要求计算无形成本（间接成本）。成本核算的具体方法将在后文中予以释析。

第三步，按照成本收益大小排列。在进行成本加总分析时应注意表示成本的恰当单位，这取决于效益是如何测量及决策性质是什么。通常教育效益是采用每个学生获得成绩和一些其他的生均指标来测量。因此，把总成本转化为生均成本并比较备选方案的最低成本和教育效益是较好的。

第四步，以最低成本选最佳方案。原则上单位成绩提高成本最低的那个方案是最佳方案，但最低成本间差别的大小很重要。如果差别很小，在抉择时应考虑执行难度和执行人员经验等其他指标；如果差别很大，应给予最低成本指标更高的权重，但仍需要在分析中考虑其他因素。

在教育财政效益分析领域，最低成本法广泛运用于教师培训、课程的选择、多媒体教学、增加学生在校时间和减少班级规模等。以教师培训为例，教育财政应加大对线下教育培训的支持力度，还是应倾向于投入远程教育培训上，这是一个需要决策的问题。以教师绩效和学生成绩为效益标准，如果接受过远程教育的教师几乎与接受线下教师培训的绩效相同，但远程网络培训的成本只是线下教师培训的一小部分，那么教育财政就应向远程网络培训倾斜。

## 二、教育财政效益的评价指标

### （一）衡量教育财政效益的基本标准

虽然成本效益法所需教育财政效益不宜统计，但可从以下方面（见图6-1）大致进行估算，从而在众多教育财政方案中挑选出合理方案，以便提高教育财政资源的配置效率。

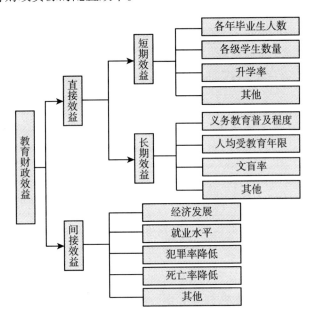

**图6-1 教育财政效益评价指标**

人力资本理论是进行教育财政效益测量的理论基础。根据人力资本理论，教育能提高人的技能（人力资本）水平，从而能提高他们的劳动生产率，且在一个竞争的劳动力市场中生产劳动能力高的人获得的工资报酬较高。在其他情况相同时，个体之间受教育程度的差异导致了收入差异。由于人力资本是长期存在的，可根据人的一生的收入差异来测量教育的生产性收益。教育收益可区分为教育的私人收益和社会收益，教育财政收益主要指的就是社会收益，是教育的外部效益。

一些有关教育收益研究得出的结论：一是在所有层次的教育中，初等教育的收益率最高；二是教育的私人收益率高于社会收益率，特别是在高等教育中更是如此；三是在给定的教育层次上，发展中国家的教育收益率大于发达国家；四是在中等教育阶段，学术教育的收益率高于职业技术教育的收益率（Psacharopoulos，1985）。可见，教育收益研究对教育财政政策的启示在于：应优先保证初等教育的财政投入，应增加高等教育的私人成本，在中等教育阶段应增加对学术性教育的投入力度。

在教育效果的评价上，新教育媒体是一个关注热点。新学习媒介的应用是否以利于学习质量的提升？是小媒体还是大媒体更好？远程教学的利弊是什么？新媒体的维护成本是否能够接受？是单一媒体还是多种媒体综合运用更好？这些都是评价的通常指标。

## （二）教育财政直接与间接效益指标

教育财政效益主要包括教育财政收益和教育财政效果，前者如提高劳动生产率和增加收入等，后者如学生的学习情况等。概括起来可分为直接效益和间接效益。

### 1. 直接效益的评价指标

直接效益是教育财政的直接产出，分为短期效益和长期效益。短期的直接效益评价指标可用每学年的统计数据来衡量，包括各年级毕业生人数、各级学生数量、升学率和其他；长期的直接效益评价指标包括教育普及程度、人均受教育年限、文盲率和其他。由于受各种因素影响，长期的直接效益评价指标误差较大且难以统一标准，如统计某一年度文盲率，就存在历史上遗留下来的文盲人口会制约每年度文盲率的统计等问题，具体人数很难算清。

### 2. 间接效益的评价指标

间接效益就是在国家目标以外的各种额外获得的社会效益。间接效益的指标不胜枚举，涉及社会经济发展的方方面面，因而确定指标非常困难，估算结果也不容易准确。总之，计算各个年度教育财政效益，在既定条件下教育财政投入不断加大，所产生的社会综合效益是有限的，效益的增长速度会逐渐减缓、会呈现边际效益递减的规律，政府就要调整自身的财政收支策略。

## 第三节　教育财政成本管理问题

### 一、教育财政成本分类与估算

教育财政中的许多重要决策与教育财政成本有关，如教育财政效益分析的常用方法是成本效益法和最低成本法，也都需要对教育财政成本进行核算。成本分析能揭示教育财政政策的成本含义，评价教育改革在财政上的可行性，对过去和当前教育中资源的配置利用情况进行诊断，预测将来教育财政成本的需求，并能评估、比较各种教育财政政策和干预措施的效率。成本研究能为教育财政决策、规划和督导做出重要贡献。

#### （一）教育财政成本的分类

##### 1. 教育财政成本的基本内涵

为分析教育中的成本和效率，建立一个经济分析框架是很有必要的（Hanushek，1979）。根据该分析框架，教育生产被比作经济生产。在教育生产过程中，要区分教育成本（教育全部成本）和教育财政成本。其中，教育成本是指教育中投入的经济价值，是培养每名学生所支付的全部费用。主要包括政府、学校和社会，以及受教育者个人所承担的直接费用和间接费用。这意味着教育成本不仅包括公共支出的人员经费、学校设施经费、供给和仪器经费，而且还包括父母和学生在教育上的花费支出（直接的私人成本，如学费和其他与教育有关的杂费、课本费、校服费和交通费等）和学生放弃的机会成本（间接的私人成本，如放弃的收入和其他生产性活动），以及私人对教育的贡献（个人、父母或私人组织对教育的现金或实物贡献）①。可见，教育有关各方面的教育成本构成了教育的全部成本（total factor cost of education）②。

教育财政成本是指在一定时期内付出教育的一切政府资源的总和。教育财政所负担的成本是教育全部成本的一部分，在很大程度上受到教育成本负担的社会综合因素的影响。因此，教育财政成本并非对教育全部成本的教育经济学研究，也不是教育财务学那样将教育成本进行会计的细分与核算，而应从宏观上将政府负担的教育成本进行综合分析和把握。但其划分又不是很清晰，如个人学杂费的成本同时又是政府财政的来源。

**2. 教育财政成本的分类**

（1）教育财政直接成本和间接成本。教育财政直接成本包括各种财政性教育经费；间接成本包括国家对教育领域的税收减免、财政和银行对教育贷款的贴息或优惠、土地和建筑物的潜在租金、挂账处理的固定资产折旧费及财政性教育经费的机会成本等（见表 6 - 1）。

表 6 - 1　　　　　　　　　　　教育财政成本分类

| 直接成本 | 间接成本 |
| --- | --- |
| （1）各级政府教育拨款；<br>（2）用于教育的专项税费或基金；<br>（3）国有企业的教育和培训经费支出；<br>（4）公立教育系统的校办产业、勤工俭学和社会服务所得用于教育的支出；<br>（5）计划经济国家的非计划招生所得收入用于教育的投入 | （1）教育用土地和建筑潜在的租金及挂账处理的固定资产折旧资金；<br>（2）财政对教育贷款的贴息和利息减免；<br>（3）校办产业、勤工俭学和社会服务所得的税收减免；<br>（4）筹集教育财政资金所形成的各项费用；<br>（5）国家财政用于教育支出的机会成本 |

（2）教育财政其他分类方法。教育财政成本除分为直接成本和间接成本外，还有一些其他的分类方式。如分为资本性成本和经常性成本，货币成本和非货币成本，总成本、平均成本、生均成本（边际成本）等，其中生均成本是实践中常见、重要的一种教育财政成本，是指对每个学生的平均支出。其特点：一是不同情况下的生均成本显著不同，如城乡、不同区

① ［瑞典］T. 胡森，［德］T. N. 波斯尔斯韦特总主编. 教育大百科全书：教育经济学［M］. 重庆：西南师范大学出版社，2011：58.

② 娄成武. 教育经济与管理［M］. 北京：中国人民大学出版社，2008：162 - 163.

域之间及不同层次的教育之间、不同的课程和专业类型之间的生均成本显著不同；二是生均成本具有同样的模式，如生均成本随着教育层次的升高而增加，在中等教育中寄宿制学校的生均成本高于非寄宿制学校，生均成本随着时间的推移而具有内在的增长趋势（Psacharopoulos，1982；Tsang，1988；Coombs & Halak，1988）。

影响生均成本的一个重要因素是教育生产的技术。世界各国的教育主要是在传统学校中进行，这些学校有相似的组织、课程、教育理念、教育方法、管理和监督程序。共同技术的采用，是生均成本具有类似模式的主要原因。传统教育中的劳动密集型技术的采用，教师成本占主导。班级规模、教职工结构和设施，释析了不同层次的教育、不同的课程类型及不同类型的学校之间的生均成本的差异。

### （二）教育财政成本的估算

估算教育财政成本是成本分析在教育财政中较早的且较为常见的应用，其内容主要包括：一是教育活动的总成本及所需的财政经费；二是教育活动在经济上的可行性和实施活动的可能性；三是短期成本和长期成本的含义，如教育活动的启动成本及其活动正常开展时的日常成本；四是如何在教育活动所涉及的各方之间分配成本，以及成本分担的公平或者不公平等。

#### 1. 教育财政成本估算的基本方法

一项活动的成本是社会为实现这项活动而放弃的资源价值，这些资源指该活动的组成要素，即这些要素的社会价值构成了总成本。因此，成本估算要确定组成要素及其价值。其中，要素的确定是对一项活动所需的资源的描绘。如在研究技术教育时，需要确定活动所需的人员、设备、教材和其他要素。教育活动不仅使用了这些资源，而且还有学生的时间，学生可利用这些时间从事生产活动。在进行教育财政成本估算时，通常可将要素确定为直接成本、间接成本及其具体要素，确保要素详细、所有的资源都包含在内，因而对要素的确定必须是系统的、不是随意的。要素一旦确定，就需要计算其成本。一般来说，以消费为目的的教育财政要素的价值是其市场价值。

　　就人员而言，市场价值可通过雇用某一特定类型的人的成本决定。这种成本包括工资、额外的救济金和由雇主支付的其他费用。诸多其他的投入可用市场价值来计算其成本，对那些不能在市场上股价的资源也有许多方法可确定其价值。例如，确定志愿者和捐赠要素的价值，可通过确定这些资源在需要购买时的市场价值；设备价值可通过评估其租借价值予以确定；仪器设备的年均价值可通过一种相对简单的方法来计算，即计算折旧和剩余设备改建投资所放弃的利息等。在教育财政成本估算中，直接成本的估算较为容易，可在相关政府部门的数据库中查到，数据来源可靠，计算方法也较为简单。而间接成本的估算较为困难一些。这里以2018年中国政府教育成本为例说明成本估算的操作方法，其中教育财政的直接成本可从历年的统计资料中得到，教育财政间接成本的估算如下：

　　（1）固定资产潜在租金和折旧成本。全国各级各类学校拥有校舍建筑面积总量35.7亿平方米[①]。全国的建安成本为每平方米1979元[②]。则：

$$成本 = 1979 \times 35.7 = 70650.30（亿元）$$

　　（2）财政对教育贷款的贴息及利息减免。根据教育部《中国学生资助发展报告（2018）》，2018年全国学前教育（幼儿）、义务教育、中职教育、普通高中和普通高校学生累计资助金额2042.95亿元。

　　（3）国家财政用于教育支出的机会成本。其计算公式为：机会成本＝直接成本×当年银行利率。国家财政用于教育支出的机会成本可看作直接资金成本的利息收入。简单来说，该笔资金不用于办教育而是存银行一年的利息收入。2018年人民银行的活期利率保持在0.35%的水平。则：

$$机会成本 = (35929.94 + 1065.83) \times 0.35\% = 129.49（亿元）$$

　　（4）筹集教育财政资金所形成的各项费用。即筹集教育财政资金所形成的税收征管成本（行政事业性收费成本视同税收征管成本）。税收征管成本是指税务机关在税收征管中所付出的人财物。根据有关人士推算，我国税收征管成本率约为7%。其计算公式为：征管成本＝直接成本×税收征管成本率。则：

---

① 根据教育部发布的2018年全国教育事业发展情况整理。

② 根据住房和城乡建设部信息中心发布的数据整理。

征管成本 = （35929.94 + 1065.83）×7% = 2589.70（亿元）

（5）校办产业、勤工俭学和社会服务的所得税减免（只计算所得税）。我国《企业所得税法》明确规定，企业和其他取得收入的组织（以下统称为企业）为企业所得税的纳税人，包括在中国境内成立的企业、事业单位、社会团体和其他取得收入的组织。我国公立学校属于事业单位，故此要缴纳企业所得税。我国企业所得税税率为25%。2018年校办产业和社会服务收入为42.08亿元，其计算企业所得税的间接成本为：

征管成本 = 42.08 × 25% = 10.52（亿元）

以上计算过程及其结构如表6-2所示。

表6-2                 2018年中国政府教育成本估算                 单位：亿元

| 成本分类 | | 金额 |
|---|---|---|
| 直接成本 | （1）预算内教育经费 | 35929.94 |
| | （2）预算外教育经费 | 1065.83 |
| 间接成本 | （1）教育用土地和建筑潜在的租金及挂账处理的固定资产折旧资金 | 70650.30 |
| | （2）财政对教育贷款的贴息及利息减免 | 2042.95 |
| | （3）国家财政用于教育支出的机会成本：直接成本×当年银行利率 | 129.49 |
| | （4）筹集教育财政资金所形成的各项费用 | 2589.70 |
| | （5）校办产业、勤工俭学和社会服务所得税减免（只计算所得税） | 10.52 |
| 总计 | | 112418.73 |

资料来源：根据《中国教育经费统计年鉴2019》和教育部网站数据计算整理。

**2. 教育财政成本估算方法的局限性**

（1）教育财政成本估算方法的问题。

第一，分类和计算方法局限。分类主要考虑政府官方统计资料来源因素，统计口径和分类不同，一些数据来源难免存在问题，如学生的学杂费等。利率是经常变化的，计算中只能使用一种利率估算。

第二，税收减免计算的问题。税收因素较为复杂，存在重复征税的问题，因而估算教育财政成本也不够准确。

第三，数据统计致实际成本差距。例如，学校部分收入因无法统计，易致教育财政成本估算偏低；个别财政拨款专项用于教育经费的，但挪用于服务社会、政府等方面也计算为成本，会造成教育财政成本估算偏高。

（2）教育财政成本估算中的方法论。

第一，单一公共教育支出的局限。教育财政投入成本是按照机会成本来界定的，故此它不一定等于在该项目上的公共教育支出。如果仅单独考虑公共教育支出，可能严重低估教育活动的实际成本。

第二，估计教育资本成本须谨慎。特别是通过资本购买的设备和设施可持续使用时间较长，因而这些资本投入成本取决于这些设施设备的使用寿命、折旧率及其设施没有贬值部分的机会成本。如果资本投入后忽略所需开支（如维护、修理和人员经费），其教育活动成本将被低估。

第三，区分不同价格核算的成本。如果通胀率较高，按当前价格计算的成本与按不变价格计算的成本差异较大。如教师工资增速通常落后于通胀率，教师往往成为通胀的受害者。为估算用于教育的实际资源数量，应按不变价格计算教育财政成本。

第四，地区教育财政投入的差异。由于在不同的地区教育财政投入的价格差异较大，在决定不同地区教育财政成本时，需要得到反映这种价格差异的教育成本指数（Chambers，1978）。

如果不能正确考虑上述四类方法论方面的问题，教育财政成本核算可能会导致错误，据此按照这样的成本核算信息所选择的教育财政政策也必然会出现差错。

（3）教育财政成本估算的技术障碍。主要的障碍是缺乏相关的教育成本数据。分析教育财政成本所需要的数据与所能获得的数据之间，一般会存在较大的差距。例如，中央政府的教育财政支出数据可获得，但获取下级政府的教育财政支出数据却较为困难。教育部的教育财政支出数据可获得，但获取其他非教育部的教育财政支出数据却较为困难。此外，有时许多项目的教育财政支出混杂交织，当需要运用单个项目的信息时，缺乏总体数据中分离抽取出单项数据的方法。

综上所述，教育财政成本分析的范围较为广泛，对作出正确的教育财政决策具有一定的价值，但迄今为止，受诸多技术因素等制约，成本分析在教育财政领域的应用还较为有限。因此，分析教育财政成本应注意：一是加强教育财政成本分析的信息基础，如前所述，因可得到的成本数据和所需要的成本数据之间有着较大的差距，故而建立教育财政成本分析数据库是必要的；二是鼓励教育财政成本分析，为监控和诊断教育资源的配置与利用情况，应经常性地对生均成本和其他成本进行研究；三是提高教育成本分析意识，在制定教育财政政策时应有意识地吸收、体现教育财政成本研究的结论。

## 二、教育财政成本的分担方式

从教育资源成本分担视角看，教育资源的提供方式可分为政府提供和非政府提供两种：其中前者主要依靠教育财政投入来完成，包括教育财政支出及其机会成本；后者主要指各种社会主体、学生个人及其家庭对教育成本的分担。党的十九大强调"支持和规范社会力量兴办教育"，即鼓励社会力量办学，重视非政府方式提供教育资源对教育财政成本的分担作用。

### （一）政府教育成本负担的基本状况

#### 1. 教育全部成本的政府负担

（1）政府财政负担部分的教育成本。教育财政所负担的成本是教育全部成本（total factor cost of education）的一部分。在很大程度上受到教育成本负担的社会综合因素的影响，政府是无法承担全部成本的。因为教育需求无度而供给有限，政府只有量力而行才能保证教育经济的稳定发展，故此应由政府、社会、家庭等各方面负担教育成本。

（2）政府是教育成本提供的主力军。无论是发展中国家还是发达国家，政府始终是教育成本提供的主体，教育财政支出在实践工作中都有了很大程度的增长。联合国 1966 年通过的《国际经济、社会和文化公约》第 13 条及 1989 年通过的《儿童权利公约》第 28 条规定，所有签约国政府应承担初等教育成本和鼓励政府尽量承担更高一级教育成本；同时各国政府也自愿成为教育成本提供的主力，因为教育是为国家培养人才，国家通过教育而受益。此外，绝大多数国家在高等教育收费的问题上也似乎达成了共识，因为个人接受高等教育所产生的个人收益较高，且高等教育单位成本高而由政府独自承担困难。

（3）政府负担主要成本的理论依据。20 世纪 60 年舒尔茨首次提出

"人力资本"概念以来，教育学家和经济学家发展了教育投资的理论，且诸多实证分析证明了教育投资对经济增长和社会发展的重要贡献，因此教育投资在各国财政支出中占有一定的比重。但因国内生产总值和财政收入有限，教育经费占 GDP 的比重应界定在合理的范围内。根据经济学理论对公共产品和私人产品的划分，教育属于准公共产品，故而教育经费的提供在很大程度上将依赖于公共教育经费。理论依据主要包括：

第一，根据人力资本理论，教育通过授予劳动者知识和技能，使他们提高了生产能力，并由此获得更多的收益，因而接受教育有助于创造未来所得。由于教育受到规模经济的影响，所以由公共经费来资助教育，其效率会更高。

第二，从教育公平和机会均等的理论看，教育由市场提供时，只有能付得起学费的人才能上学，这样因受教育机会不均等而带来的收入分配不公平就会世代延续。如果说，穷人可通过贷款支付学费，那么只有当教育投资的私人收益率高于借贷资本时，依赖贷款支付学费才算得上是有利的私人投资。

**2. 教育财政成本的负担情况**

教育一般分为初等教育、中等教育和高等教育三级。教育被认为是一种人权，不同国家对人权的理解不同，故政府承担教育成本的方式也不相同。有的国家全部承担，有的部分承担但比例不同（见表 6 - 3）。

表 6 - 3　　2012 年部分国家教育财政对各级教育成本的负担比例情况　　单位：%

| 国家 | 初等和中等教育 | | 高等教育 | | 全部教育 | |
| --- | --- | --- | --- | --- | --- | --- |
| | 政府 | 非政府 | 政府 | 非政府 | 政府 | 非政府 |
| 英国 | 84.0 | 16.0 | 56.9 | 43.1 | 76.4 | 23.6 |
| 芬兰 | 99.3 | 0.7 | 96.2 | 3.8 | 98.3 | 1.7 |
| 瑞典 | 100.0 | 0 | 89.3 | 10.7 | 96.7 | 3.3 |
| 美国 | 92.0 | 8.0 | 37.8 | 62.2 | 68.4 | 31.6 |
| 澳大利亚 | 82.4 | 17.6 | 44.9 | 55.1 | 71.7 | 28.3 |
| 日本 | 92.9 | 7.1 | 34.3 | 65.7 | 70.1 | 29.9 |
| 韩国 | 83.9 | 16.1 | 29.3 | 70.7 | 66.5 | 33.5 |

从表 6 - 3 可以看出：芬兰和瑞典等福利国家，教育财政负担各级教育比重较大，接近 100%；英国、澳大利亚和韩国对基础教育支出比例相对

较小，高等教育成本主要由非政府主体负担，特别是韩国政府对高等教育支出比例仅为29.3%，这与国民收入分配政策和高等教育政策有关。美国联邦政府在公共教育财政中的作用一直很有限，因为美国没有提供一个全国性的教育体系，公共教育是州和地方学区的责任，其政府几乎为学校提供了全部缴费支持。

发展中国家无力负担教育的全部成本，只能将重心放到基础教育和义务教育上来。即使少数发展中国家负担教育的全部成本，其教育质量也非令人满意。目前各国在成本提供上基本达成了共识：政府全部承担初等教育成本，尽量多承担高等教育成本。各国以全民性、平等性、普及性为特征的义务教育作为各国公共教育制度的基石，一般均由政府直接组织、管理和投资。历史文化传统的差异及政治、财政和教育管理体制的不同，各国政府干预和成本负担的情况也有差别，如高等教育一般由政府和学生共同负担（德国例外）。

### （二）非政府方式对教育资源的提供

除政府财政提供教育资源外，还有一些教育资源是非政府财政提供的，如私立教育机构、各种非营利性团体和组织、个人及国外办学机构和国外合作办学机构等。其发展趋势为：一是义务教育阶段的教育资源仍然以政府提供为主，而高等教育阶段的教育资源非政府投入明显加大；二是非政府教育机构，以集团或公司式的办学方式越来越明显；三是非政府教育机构的国际合作化趋势日趋明显。非政府方式对教育资源提供面临的主要问题：非政府教育机构的教育经费来源于学费，教育成本负担都是在学生和家庭上；为追求效益，可能会降低成本，从而导致教育质量下降。此外，有关其他内容可参见本书第九章。

综上所述，我国教育财政成本以政府负担为主，政府筹集教育经费方式主要是预算和税收，但近年来所占比重有下降的趋势；非政府方式筹集教育经费是对教育财政成本的补偿和分担，所占比重有上升的趋势，其中学杂费占总教育经费的比重上升最快。非政府方式筹集教育经费主要补偿和分担的是非义务教育。在非义务教育阶段，应大力挖掘社会团体和公民个人办学的潜力，促进非政府方式教育经费筹集的力度。

# 第七章

# 教育财政效率分析

党的十八大以来，在优先发展教育事业政策的保障下，中国教育事业取得了历史性进展。党的十九大明确提出，要将"优先发展教育事业"作为解决"提高保障和改善民生水平，加强和创新社会治理"第一要务，因而，推进教育公平、提升教育财政效率尤为重要。本章主要释析教育财政效率基础理论、政府教育资源效率管理和中国教育财政效率分析三个问题。其中，教育财政效率基础理论包括教育财政效率的基本含义、理论依据和总体分析；政府教育资源效率管理包括政府教育资源的配置标准、配置决策、总量配置、配置结构和公平问题；中国教育财政效率分析包括中国教育财政效率的总体状况、影响中国教育财政效率的因素和提高中国教育财政效率的举措。

## 第一节

### 教育财政效率基础理论

### 一、教育财政效率的基本含义

#### （一）经济学中效率的含义

本书第一章"市场与政府的关系"中所言的效率，是指单位时间内完成的工作量，而在经济学中所言的效率是指生产效率和资源配置效率。概括地说，经济学就是一门研究如何将有限的资源进行配置与使用，以便最大限度地满足人类欲望的科学。各种资源使用、配置得当，有限的资源可发挥更大的作用；反之，使用不当，有限的资源只能发挥较小的作用，甚至可能产生负向作用。这就是高效率与低效率的区别。简而言之，效率即指资源的有效配置和使用。①

效率与公平关系密切，而公平一般是指人们对一定社会历史条件下人与人之间利益关系的一种正向评价。公平和充分性只是必要而不是充分条件，如果资源没有被按照成本收益核算的方式有效利用，无论多少资源都不会缩小不同群体间教育成绩的差距。② 党的十九大报告强调要"推进教育公平""努力让每个孩子都能享有公平而有质量的教育"。目前，中国在教育公平上，主要关心的是别人有的教育资源我有没有，在心理上占有资源还是比效率的渴望要高一些。

## （二）教育财政效率的含义

教育工作者通常不用效率一词，因为他们很少关心自己与社会为其提供的资源之间的关系，很少关注社会提供的资源在课堂上如何有效利用。统计分析发现，上述事件两两之间或者两个以上事件之间没有联系或联系很小。换句话说，教育财政支出的效率与学校对学生影响的质量之间，最多仅存在一定的微弱的联系。当学校教育失败时，教育者们很少将其行为和决策视为导致教育失败的可能原因，相反将此归因于他们没有得到做这份工作所需要的充分性的资源。如今，人们越来越认识到教育资源是否得到充分利用是一个十分重要的问题，故而教育财政效率越来越受到重视。

教育财政效率是指教育财政成本与教育产出的比较。在给定教育财政成本的前提下，当教育产出达到最大值时，则表明教育财政支出是有效率的，或为达到给定的教育产出水平，投入了最少的教育财政成本。换句话

---

① 范先佐. 教育经济学新编 ［M］. 4 版. 北京：人民教育出版社，2015.

② ［美］理查德·A. 金，奥斯汀·D. 斯旺森，斯科特·R. 斯威特兰. 教育财政——效率、公平与绩效 ［M］. 3 版. 曹淑江，等，译. 北京：中国人民大学出版社，2010.

说，教育财政效率就是政府教育财政支出是否得当，有限的资源如果利用得当就会获得教育规模和教育质量的较大发展；如果使用不当，就只能发挥较小作用。由于教育机构主要在公共部门发挥作用，学校不会遇到像市场施加给私营部门的那么严格的有关有效运作的规定（内部效率）（Benson，1978；Cuthrie et al.，1988）。在教育学词典中，效率问题被表述为教育问责制和利用有限的资源达到高绩效。

## 二、教育财政效率的理论依据

### （一）公共财政支出效率

#### 1. 区分公共财政支出的行为效率与产出效率

政府财政每一个支出行为都会产生一定的结果，但公共财政支出的行为效率与产出效率是两种完全不同的效率。其中，前者是指公共财政支出对资源配置职能履行程度的效率；后者是指公共财政支出行为产生结果的效率。

公共财政支出行为的履行程度是可以进行效率分析的。因为公共财政支出履行资源配置职能是通过提供公共产品与服务满足社会公共需求，这可以通过公共产品与服务的消费者评价和满意程度（如投票表决等）来进行衡量。

而公共财政支出的产出结果是不易进行效率分析的。其效率标准：公共财政支出的产出能促进资源配置的优化；收入的公平合理分配；社会经济的持续、稳定发挥发展。这种效率目前还没有衡量的统一标准，甚至在现代经济学中也没有成熟的效率标准，可以衡量收入分配和稳定增长是否实现了。这是因为这类问题在很大程度上是一种心理感受，完全是主观的，也是因人而异的。

#### 2. 公共财政支出资源的配置效率与 X - 效率

上述的公共财政支出效率，实质上是资源配置效率与 X - 效率两类效率。其中，公共财政支出的资源配置效率是指政府所提供的公共产品及其组合对消费者（广大民众）的公共需求的满足程度。简单地说，即满意度。公共财政支出 X - 效率是指公共财政支出过程中是否以成本最小化的方式进行，是否运用了最好的方法和最有效的技术等问题。

公共财政支出要尽力符合大多数社会公众的公共产品与服务的消费偏好。在一个专制的国家里，统治集团会认为其偏好就代表了全体公众的偏好，因此公共财政支出只要得到统治集团的认可即可。但在一个民主政治国家，公共财政支出往往要征得大多数代表的同意（采用多数投票表决制）。中国各级政府每年都要向各级人民代表大会上报政府财政预算与决算，只有得到人民代表大会批准的预算才可依法执行，决算结果才能依法认可。

### （二）"教育市场"的失灵

政府资源配置观念的形成主要是针对市场缺陷问题。与市场存在缺陷类似，"教育市场"也存在失灵问题，因此也需要教育财政的资源配置。

"教育市场"的失灵通常表现在以下几方面。

第一，教育领域的信息不对称。在相同教育服务价格下，不同的学校提供的教育服务质量可能有较大差异。而消费者没有能力充分了解教育服务信息，甚至无法掌握不同质量的教育服务价格的合理性。

第二，教育领域的竞争有限性。教育领域的竞争不足，人们选择性少，受教育者也没有什么能力能牵制教育提供者。

第三，教育领域的外部性问题。教育产品是一种具有正外部性的混合产品。义务教育更是纯公共产品，若是完全由市场来提供，必然会导致这些外部效益较大的产品配置不足。

第四，教育领域的公平性问题。教育若完全由市场来提供，容易产生不公平现象，穷人可能会上不起学，故需要政府予以供给义务教育等公共产品与服务。

与此同时，在讨论市场机制缺陷问题时，不应忽略政府或公共财政缺陷问题。现实中的政府也不完全具备理想化政府的条件，政府的不完善之处被称为政府缺陷。政府缺陷往往表现为信息失灵、决策失误和管理失控等。因此，要把市场缺陷和政府缺陷统一考虑，要把市场作用和政府调控相结合。

## 三、教育财政效率的总体分析

### （一）教育财政效率的内涵认识

教育财政效率就是政府教育财政支出是否得当。有限的资源如果利用得当就会获得教育规模和教育质量的较大发展；如果使用不当，就只能发挥较小作用。在教育财政资源配置效率和 X - 效率两类效率中，核心是政府的教育资源配置效率。教育财政就是要解决教育资源的问题，其效率的核心就是资源配置是否合理、公平。

之所以 X - 效率不能成为教育财政效率的核心，是由教育本质所决定的。教育是培养人的活动，在一个资源稀缺的世界，这就意味着学校的融资决策必须与学校的课程意图紧密相连，教育财政也要为这个中心任务服务。因此，在教育财政问题上并非成本越低效率就越高，这是一个优秀的、成功的教育财政的应有之义。

政府配置教育资源，有时会通过免费提供或部分免费提供方式调控教育市场是有效率代价的，即教育财政效率损失。从成本视角看虽是赔钱的，但因教育的正外部性，政府多花钱却是替百姓做事。或者说，政府财政支出效率虽有损失但却促进了教育公平，让穷人也能上得起学。可见，并不能单单从教育财政支出效率损失上否定政府对教育资源配置的作用。

### （二）教育财政效率的分析视角

第一，判断主要的教育财政支出类别和项目、教育资源配置结构是否协调发展。如果教育财政支出能保证义务教育的普及向更高教育层次发展，且能保证在区域范围内部及相互之间能大体均衡，就可认为教育财政支出是有效率的。

第二，教育财政与国际教育财政的接轨分析。一国教育财政活动与国际教育财政经验或国际上能比较一致的教育财政数据进行对照，看是否符合国际教育财政的常规做法，是否受到某种教育财政必然性的支配等。

第三，与投入和产出挂钩，进行教育资源配置的效果分析。教育财政支出中有一部分产出是可以进行量化计量的，如毕业生人数、考研率、就业率等，将这些产出作为教育效果进行投入—产出分析，可以对教育效果进行大致估算。

## 第二节
### 政府教育资源效率管理

### 一、政府教育资源的配置标准

#### （一）教育资源配置的基本分析

当今世界，各国政府在发展教育时几乎都面临着一个十分尖锐的矛盾，那就是社会和个人对教育的需求日益增长，而可用于发展教育的资源又十分有限。为有效解决这一矛盾，各国政府越来越重视教育财政与管理的改善，旨在通过改善与教育有关的资源配置，更有效地利用现有教育资源，以及采用更有效的教育资源筹措方式等措施，来达到发展教育、提高教育质量，更好地满足社会经济发展对人力资源需求的目的。

教育资源配置的基本问题是如何在各级教育部门之间和部门内部合理地分配稀缺资源。教育财政支出的资源配置效率，就是教育财政支出的目标要满足社会公共教育商品的需求。公共教育资源配置的方式是政府以什么样的形式与方法把公共资源配置给教育，从而能够更有效地促进教育事业发展，提高教育教学质量。常见的方式包括政府预算内拨款、征收教育税等用于学校的基本建设与发展、学费减免、学生贷款、奖助学金和勤工助学等。

#### （二）教育资源配置的主要标准

对任何一个国家而言，教育的资源配置问题都应进行分析，其配置标准包括以下几方面。

第一，总量配置标准，即教育资源配置是否充足。在国家层面政府公共财政支出中给予教育部门的经费配置，即政府公共财政支出中教育经费应占多大的比例。其核心问题是政府是否为教育部门配置了足够的社会资源，是否能满足教育发展的需求。

第二，结构配置标准，即教育资源配置是否有效。在部门的层面教育主管部门如何在各级教育之间进行资源配置，即总教育支出中各级教育经费应各占多大的比例。其核心问题是配置给初等教育、中等教育和高等教育资源的比例是否合理，是否与各级教育协调发展相一致。

第三，公平配置标准，即教育资源配置是否公平。在各级教育的水平上对各级教育内部不同的教育机构进行资源配置。教育资源配置是在不同的学校、地区之间进行的，应公正、透明和有效，因而应关注资源配置在不同的社会群体间是否公平，理清资源如何分配，依据什么标准、通过什么机制进行，明晰资源配置的方法是否有利于激励教育系统提高质量与效益。

## 二、政府教育资源的配置决策

### （一）政府教育资源配置的决策机制

教育资源配置决策可通过市场和政府政治过程作出。国内生产总值中有很大一部分是根据政府的政治决策来分配的。政府部门与家庭、企业不同，关键在于其解决经济问题的方式及其在这一过程中所采用的标准。道恩斯（Downs，1957）将政府看成劳动力分配的机构，社会福利的最大化就是其职能所在。当自由市场作用的结果不能满足道德或经济上的要求时，政府就可介入进行调控。政府在向家庭和企业收取强制性款项（即税收）方面具有唯一的权利，同时政府控制着公共部门和私人部门所需的货币供给。考虑到有较多部门的国内生产总值是由政府决定使用状况，已经有越来越多的人认识到政府财政效率的重要性。但与私人部门不同，效率在传统上不是政府公共部门最重要的目标。

与私人部门相比，公共部门的教育决策往往带有平均主义的倾向。私人部门倾向于教育资源的有效使用，同时也倾向于允许个人根据自己的偏好在可获得的教育资源范围内进行自由选择。可见，政治过程更倾向于教育资源公平的元价值，而市场更倾向于个人自由和效率的元价值。当教育决策通过政治程序作出时，个人和具有不同价值取向的群体要予以服从或协商解决，而其教育价值取向可能需要在这个过程中被折中调和。到目前为止，还没有一个关于教育资源配置决策的普遍性理论得到认同，但有各种各样的启发性理论和对比方法。启发性理论是一种对项目进行分离或分类的分析方法，其中对理解与学校管理政策的相关理论包括制度主义、渐进主义、群体理论、精英理论、理性主义和系统理论等。

### （二）政府教育资源配置的调控方式

埃克斯坦（Eckstein，1967）提出了因市场机制失效导致政府应调控公共产品、外部经济（即私人成本与收益、社会成本与收益之间的不对应）、自然垄断和特殊风险等情况。

**1. 调控公共产品**

教育既是一种公共产品，也是一种私人物品，是与人力资本理论一致的，因为教育同时给社会和个人带来了重要的收益。公共产品是不可分割的，它可以给地区和社会带来巨大而广泛的收益。由于这些收益不局限于愿意支付价格的个人，所以教育不可能以令人满意的形式完全通过市场体系提供。换句话说，公共产品与排他性原则相冲突。由公共部门和私人提供教育所带来的公共（社会）收益，包括提高公民素质以及增强公民的权利意识，这对民主的政府是非常重要的。

在形成共同的价值观和通用的知识体系时，学校可培养出一种对国家和社会的认同和忠诚感。公立学校可以为这种认同和智力发展提供一个有效的网络，并促进文化和技术创新，为社会的有效运转提供所需的技术人才。这些结果被认为对经济增长、增加税收及为人们创造更好的生活做出贡献，以致大多数发达国家的公共财政资金被用来为几乎所有学龄儿童的教育提供支持。对公立学校不满意的家长还可以通过支付学费送孩子到私立学校学习，同时也要为支持公立学校而缴税。

**2. 调控外部经济**

当价格反映包括产品或服务在内的全部成本时，市场的运转是正常的。但也有例外的情况，如在企业能低价让消费者获得利益而逃避支付全部生产成本时，或企业不能按产品的全部价值定价时，都被认为是外部经济或不经济。当外部经济发生时，教育产品或服务不是完全由私人部门提供的。由于教育具有正外部性，政府要调控教育资源的配置。

依据作用效果，外部性分为正外部性和负外部性，正外部性是行为人实施的行为对他人或公共的环境利益有溢出效应，但其他经济人不必为此向带来福利的人支付任何费用，而是无偿地享受福利，如教育。

负外部性是行为人实施的行为对他人或公共的环境利益有减损的效应。如当学生辍学或被迫失学时，他们很可能会成为需要社会救助的弱者。与受过完整教育的人相比，他们很难找到稳定的工作且以领取失业保险金、福利和医疗补助的形式接受政府援助。国家需要为无能力享受教育的人们提供社会服务，且主要由国家及各级地方政府提供财政支持。除非有政府的介入，否则有严重智力缺陷和生理缺陷的人将无法接受教育。他们中一些接受过教育的人能独立地工作和生活，或只需要较少的帮助，从而降低了社会服务成本。

### 3. 调控自然垄断

自然垄断指企业成本曲线呈持续下降趋势。即随着所生产的产品或提供的服务的增加，产品与服务的单位成本越来越少。发展规模经济，大企业具有明显的竞争优势，甚至将小企业驱逐出该市场，如电力、煤气和供水行业，而技术主导型企业或行业也存在这种情况。规模经济在到达规模不经济点之前，始终存在。

规模不经济指当产品或服务产量增加，单位成本也随之增加，这就形成了一条"U"形的成本曲线，使得大企业不再比小企业更具优势和竞争力。目前普遍存在一种误解，认为在教育服务的提供上存在大量的规模经济，这种误解常常鼓励采取学校合并政策。但事实上，规模经济只影响最小的学校，但同时也有关于学校的令人信服的规模不经济的证据。

### 4. 调控特殊风险

特殊风险指投资的可能回报或盈利很低的情况，如原子能、太空探索和癌症研究。对学习、教学和课程研究的投资也可归于此类。特别是义务教育，因其收益较低、风险较大，需要政府教育财政及时介入，以保证整个社会的教育公平和资源配置的平衡。全球经济增长要求对低技术工人的再教育投资，以防止由自由贸易协议造成的永久性低技术工人失业率上升，这是政府教育调控的时机。

公立学校通常由政府所有和运营，但拥有所有权并不是政府教育调控的典型方式，政府可能通过税收、补贴和转移支付等形式来监管公共利益，改变某些特殊物品的价格，从而影响人们的行为。例如，财政补贴和奖学金能降低高等教育成本，鼓励家庭或个人继续参与教育。有些政府职责是通过财政转移支付来实现的，政府通过转移支付可均衡教育财政资源的分配。

## 三、政府教育资源的总量配置

教育资源配置是否充足是衡量一个国家教育支出规模的重要指标，它是教育财政资源效率配置的前提。教育财政资金并不是越多越好，也不是财政支出得越多效率就越高，而是要与各方面发展水平相一致，协调发展。国家教育都要消耗很大一部分资源，占到国民生产总值（GNP）的6%～10%。一个国家为达到经济的适度高速增长，保持教育最低水平的投入是很必要的。[①]

### （一）财政总量充足标准

衡量国家水平上的教育资源配置是否合理的标准，主要是看政府公共财政支出中用于教育的经费是否充足。

#### 1. 财政总量充足的衡量指标

20世纪60年代，教育财政经费的充足与否，是通过其在GNP中所占的百分比（8%为充足）和中央政府在教育上所用的财政预算（20%为充足）来界定。财政收入与支出占GDP的比重，是国际上衡量财政收入与支出规模大小比较通用的指标。发达国家教育财政收入占GDP比重大多在25%以上，一些国家高达35%，教育财政支出在4.5%以上甚至更高。发展中国家教育财政收入占GDP比重一般在10%～22%，教育财政支出占比

---

① ［瑞典］T. 胡森，［德］T. N. 波斯尔斯韦特. 教育大百科全书：教育经济学［M］. 重庆：西南师范大学出版社，2011.

普遍不高。中国 2013 年财政收入占 GDP 比重达到 22.71%，教育财政支出占比在 2012 年首次超过 4%。这类指标被称为衡量一个政府在教育经费上的努力程度的指标，但人们渐渐对这种评估方法不满意，因为它们忽略了个人及当地教育职能部门对教育的投入。

20 世纪 70 年代以来，世界银行率先采用的测定教育财政支出总量是否充足的标准，是一套更加接近教育成果的标准。主要包括：一是相关年龄组就读于小学或初等教育注册学生比例；二是教育机会的性别平衡，即教育机会是否提供给女性；三是相关年龄组接受中等教育的比例，或中等教育尤其是初中教育的注册学生比例；四是成人文盲率的高低。其中，第四条标准也与各国国情密切相关，由此新的测定标准开始被人们接受，如以教育成果来衡量教育经费是否足够。这类指标包括初等教育入学率、巩固率，衡量教育性别平等指标——女童入学率，中等教育入学率等。这些指标不仅反映了政府财政努力的结果，还反映了一个国家、社会及个人在教育投入方面的总体努力。

因此，若要单独衡量政府财政在教育投入上的努力程度，政府财政教育支出占 GDP 的比例和政府财政预算中用于教育支出的比例仍是目前被广泛应用的指标。当下，衡量教育财政总量配置是否充足的一般标准为：当一国政府教育财政收入占 GDP 比重达到 15%~20%，而教育财政支出占 GDP 比重达到 3%~6% 时被认为是合理的、适宜的，且经济发展水平越高，这种比例也会越大。

**2. 财政收入规模扩大的限制**

既然教育财政支出会受到财政收入的影响，那么政府为何不再扩大一些财政收入规模呢？因为财政收入增长并不以政府意志为转移，要受到相关因素的制约，包括经济增长速度、生产技术水平、收入分配政策、价格水平和其他因素等的影响。[①] 经济增长速度对财政收入规模起着基础性作用，经济增长越快，财政收入总额就会越高，财政收入占 GDP 比重也会更高。生产技术水平或技术进步对财政收入规模的影响更为直接和明显，它往往能够加快生产速度、提高生产质量、降低物耗。

---

① 王曙光. 财政税收理论与政策研究［M］. 北京：经济科学出版社，2018.

收入分配政策是政府对国民收入进行再分配的规范手段和措施,分配政策越追求公平,就要求政府掌握的财力越雄厚,财政收入规模也就会越大。如果财政收入随着价格总水平的变化而同比例升降,那么财政收入的增加或减少就是虚增或虚减,即剔除价格因素后财政收入没有变化。价格水平对财政收入规模的影响主要表现在财政赤字和收入体制上。此外,诸如政治和社会等其他因素,也会影响财政收入规模。

**3. GDP 与教育财政的相关性**

教育经费总投入及增长率与 GDP 增长率之间,并不直接存在较强的相关性。在实践中,GDP 的极大增长并没有带来教育财政投入的一致变化(增长)。中国 GDP 呈持续上涨趋势,而中国 2012 ~ 2017 年全国教育经费总投入增长情况却呈现波动状态,如表 7 - 1 所示。

表 7 - 1        中国 2012 ~ 2017 年全国教育经费总投入及增长情况

| 项目 | 2012 年 | 2013 年 | 2014 年 | 2015 年 | 2016 年 | 2017 年 |
|---|---|---|---|---|---|---|
| 全国教育经费总投入（亿元） | 28655 | 30365 | 32806 | 36129 | 38888 | 42562 |
| 增长率（%） | 20.1 | 6.0 | 8.0 | 10.1 | 7.6 | 9.4 |

资料来源:《中国教育经费统计年鉴》相关年份的。

此外,该项比例的趋势是随着人均 GDP 变化而变化的。人均 GDP 达到 16000 美元的国家,国家财政性教育经费占 GDP 比例在 5% 左右,9900 美元的在 3.5% 以上。中国人均 GDP 从 2012 年的 6316 美元增至 2019 年的 10300 美元。国家统计局统计数据显示:国家财政性教育经费占 GDP 比例 2012 年首次突破 4% 以后,至 2020 年始终保持在 4% 以上。

**4. 影响教育财政投入的因素**

导致教育财政投入变化的原因既有需求因素(如经济增长、公共服务领域竞争需求等),也有供给因素(如人口构成变化、教育对国家发展的重要性等)。教育财政支出增速或下降通常可归于经济增速变慢、教育需求相对下降和政府对教育态度的改变三个因素(Eicher,1984)。

此外,从各国及各地区看,教育财政支出呈逐年增长趋势。发达国家教育财政投入增长平稳,而一些发展中国家教育财政投入力争增长。尽管财力还无法与发达国家相比,但发展中国家如马来西亚、泰国、韩国、菲律宾、墨西哥、加纳和肯尼亚等越来越重视教育投入，即将有限的财力尽可能地投入教育中，将教育财政投入维持在一个较高的水平（约为10%～25%）。

### （二）人均教育经费配置

公共教育规模可粗略地通过受教育学生的数量来体现。人均教育经费就是教育资源平均到每个学生、教师或某个计量单位的份额。中国当前的总体情况是：教师占用经费较多，生均经费需要提升，在生均经费中高等教育偏高，初等和中等教育生均经费偏低。主要体现在：

第一，教师经常性教育经费占教育财政支出的比例。教师分摊到的大约占到教育经费的六七成。

第二，生均教育经费。中国生均教育经费在世界层面看仍然相对不高，还需要提升。

第三，生均教育经费占人均 GDP 的比值。在多数国家，高等教育的生均经费都要高于初等和中等教育生均经费。

第四，生均教育资源配备。教育资源指教师配置、教育用地、校舍面积、教育设备和器材等。该标准没有统一的统计口径，一般是各国或地区根据实际情况而定。

## 四、政府教育资源的配置结构

效率是与资源配置的结构紧密相连的，高效率来自对资源的优化配置，将有限的资源发挥最大效益。政府教育资源配置结构是在一定的政府教育资源的条件下，政府根据国家教育政策目标对不同教育产品的性质及其需求进行资源配置的一系列比例安排。

### （一）教育资源经费使用结构

#### 1. 教育资源经费结构的内容

教育资源经费结构是政府用于教育的经常性支出结构，主要包括：政府教育预算中用于教育从业人员的经常性教育支出，如工资、科研经费及维持教育的经常性费用等；教育建设的经费支出，如基本建设支出、固定资产投入及教学和科研设备的经费支出等；对学生的教育补助等。

教育财政所形成的经费结构效率，决定着教育财政经费在教育系统内的合理分配问题。其产生的效果诸如：政府给每一位教师提供的经费应负担多少学生的工作量才算合理；每一位学生应占有多少教育房屋使用的面积；教师人数和从事教育管理、教育科研以及后勤工作的人员等的比例应是多少。

**2. 教育资源经费结构的比例**①

当前，中国教育资源经费结构是教育事业费和教育基本建设费所占比重，前者高达80%以上，后者在最高的年份也不超过10%。教育事业经费主要包括两类：一是人员经费（人头费），如教职工工资、补助工资、福利金、离退休人员费用和学生助学金等；二是公用经费，如公务费（办公费、水电费、取暖费和差旅费等）、设备购置费（国家规定不足2万元的设备，如交通工具、教学仪器、家具和体育器材等）、房屋修缮费、业务费（教学业务、科研、教师培训、招生方面的费用等）。

中国各级各类学校的人员经费一般占教育事业经费的70%左右，最高的地区和学校高达90%，低水平地区在40%左右且为极少数。这也表明教育经费的绝大部分是人头费。近年来，中国教育事业经费虽有很大的增长，但增加的教育经费的大部分被人员经费所占用，实际上公用经费近年来增长较少，这正是目前学校教师办公条件、生活条件、设备仪器等办学条件得不到较大改善的根本原因。其改革的途径是在增加教育事业总投资量的基础上调整好占比。

教育基本建设费属于国家基本建设项目，由国家发展和改革委员会（以下简称"发展改革委"）、住房和城乡建设部（以下简称"住房城乡建设部"）通过建设银行拨款。主要支出项目包括：新建校舍占用土地的征购费用，包括购地费用和对原占地者的搬迁安置费用；校舍、校园的新建、扩建和大型维修费用，包括建筑材料的购置和施工费用；购置价值2万元以上的教学设备费用。

---

① 娄成武. 教育经济与管理［M］. 北京：中国人民大学出版社，2008.

## （二）教育资源配置层次结构

教育资源配置的层次结构是政府对各个级次的教育领域进行资源配置，教育资源可以分为初等教育、中等教育、高等教育三级。世界各国教育资源配置的层次结构如表 7-2 所示。

表 7-2　　　　2008 年世界各地区教育财政支出层次结构表　　　　单位：%

| 地区 | 初等教育 | 中等教育 | 高等教育 |
|---|---|---|---|
| 亚洲 | 36.00 | 35.79 | 17.52 |
| 非洲 | 45.68 | 29.45 | 18.47 |
| 大洋洲 | 36.71 | 36.66 | 19.35 |
| 欧洲 | 25.13 | 41.47 | 22.16 |
| 拉丁美洲 | 37.78 | 32.73 | 17.68 |
| 世界平均 | 36.18 | 35.22 | 19.04 |

资料来源：UIS Data Centre，据 UNESCO 发布的各大洲主要国家 2008 年不同教育层次的财政支出比例数据整理。

由表 7-2 可知，世界各国多将大部分公共教育资源用于基础教育，这也与基础教育产品公共属性的政府配置的要求相一致。

## （三）教育资源配置区域结构

各地区的经济发展、人口状况等方面的不同，对教育资源的需求也不同。要做到各区域均衡发展，依靠各地政府自有财力对本地区进行教育资源配置，是不可能达到区域均衡的。因此，就必须要求中央政府对各地教育资源进行有效调整，依靠中央政府的教育补助、转移支付等财政手段来予以调节。

## 五、政府教育资源的公平问题

在大多数教育系统中，要求教育经费分配公平。党的十九大强调要"推进教育公平""努力让每个孩子都能享有公平而有质量的教育"。我们将公平描述为一种影响教育财政决策的道德价值，讲求公平就是要在教育资源分配中做到合理、公开、透明。①

## （一）教育财政公平的科学内涵

### 1. 教育公平的基本含义

近年来，教育公平问题成为社会热点话题。有钱人随便买学区房，出身穷苦人家的孩子无论天赋如何，可能都无法上最好的小学，这是否公平？教育公平是社会公平的一个重要组成部分，也是衡量社会公平的一个重要尺度。当前，无论是在中国这样世界上最大的发展中国家，还是在美国这样的世界上最大的发达国家，教育公平程度都不能令人满意，在教育公平问题上都引起社会舆论的高度关注。因而成为世界性的教育改革主题，也是中国当前教育改革的热门话题。

对教育公平的认识，国内外学者有不同的解释。如教育公平是社会公平价值在教育领域的延伸和体现，包括教育权利平等和教育机会均等这样两个基本方面——强调其社会性质；公民能够自由平等分享当时、当地公共教育资源的状态——强调其社会功能；教育公平是教育活动中对待每个教育对象的公平和对教育对象评价的公平——强调其教育性质。也可以说，教育公平不是教育平等，让所有儿童有机会接受同样的教育不一定是公平的，而让所有儿童有机会接受适宜的教育才是教育公平。从教育财政视角看，教育公平是实现公共教育资源的平等、均衡、合理安排与有效利用，以保障和促进不同的个体或社会群体在教育实践中得其所应得②。

### 2. 教育公平的实现路径

（1）影响教育公平实现的因素。政府将公正原则作为供给或配置公共教育的价值原则，这是教育公正的重要保障。如国家取消"985""211"院校的说法，其目的就是更加公正地供给或配置公共教育资源，不再将有限的公共教育资源向不同类型和层次的重点学校倾斜。现行实施的"双一流"建设是对所有院校发展的新机遇。此外，教育实践者的公正德性也会影响教育公平。

---

① 王曙光. 财政税收理论与政策研究［M］. 北京：经济科学出版社，2018.
② 石中英. 教育哲学［M］. 北京：北京师范大学出版社，2008.

（2）教育公平实现的主要途径。其途径主要包括促进教育市场化和加强政府调控。前者强调政府在促进教育公平过程中要放松管制，给予学校更大的自主权，突出学校特色和竞争意识；后者则强调政府要加强宏观调控，通过法律和行政措施，有力改变公共教育资源的配置方式。

（3）中西方教育公平的差异性。中西方基于对教育公平不同的认识，采取了不同的促进实现教育公平的路径。这里以中国和美国对"择校"的不同态度为例，分析中西方对教育公平的不同认识。

【案例 7 - 1】2014 年教育部办公厅印发的《教育部办公厅关于进一步做好重点大城市义务教育免试就近入学工作的通知》，将工作聚焦 19 个大城市，要求 2014 年制订完善进一步规范义务教育免试就近入学的方案。根据教育部要求，择校生或小升初不按规定入学的学生今后在升学时还将受到限制：包括上海在内，优质高中的招生指标按一定比例分配到对口的学区初中。择校生将不得享受优质高中分配指标。

美国教育评论家认为，"择校的做法是基于这样的前提：允许家长为他们的孩子选择学校不仅是一件关涉公平的事情，还是一项改善公共教育的战略。选择性的教学计划代替了"以一当十"的教育模式，为家长提供了多种选择，使他们能从中挑出他们相信最适合于他们孩子的教学环境。①

中西方政府对于"择校"有不同的看法，如美国试图通过促进择校来实现教育公平，而中国则力图通过限制择校来保障教育公平。这里有"同一尺度的公平"与"多元尺度的公平"两种不同的教育公平，前者基于平等的人权要求在教育实践中同等地对待所有人，并构成"同一尺度公平"的基本内容；后者则是基于自由和个性发展的要求，以满足家长和学生的多样化教育需求。

总体来说，中国目前绝大多数人追求的是第一种教育公平，只有少数先富地区或人群中出现了追求第二种公平的需求。而在西方发达国家，第一种公平已基本实现，人们所追求的主要是第二种公平。正是因教育发展

---

① ［美］小弗恩·布里姆莱，鲁龙·R. 加弗尔德. 教育财政学——因应变革时代［M］.9 版. 北京：中国人民大学出版社，2007.

阶段和追求教育公平类型的不同，导致了中西方国家社会舆论对"择校"的不同态度与政策安排。此外，更深层次的原因恐怕与中西方不同的社会制度、基本的价值体系与信念有关。

（4）教育公平实现的原则。主要包括四项原则。

第一，平等原则。教育平等应包括教育权利平等和教育机会均等。教育权利平等是教育公平的基石，是政府教育资源供给和配置过程中应坚持的一个"应得"标准。要注意"平等"是一个内涵和外延都比较模糊的词，如果不加以分析，激进的平等主张可能导致平均主义或"大锅饭"的后果。如教育机会平等，意味着一种可能性而不是一种现实性。

第二，差别原则。公共教育资源的分配，特别是一些稀缺或优质教育资源的供给或配置，要想实现实质性的平等，即人人有份、人人相等是不可能的。这就有了差别原则，即在做到教育机会平等的前提下，给予那些学业成就优异的人或学校以更多的份额。人们常说的"择优录取""多劳多得""表彰和奖励优秀学生"等，都体现了这种差别原则。

第三，程序原则。在公共资源供给或配置中，不公平的结果往往是由不公正的程序所产生的。程序公正是结果公正的保障之一。在实际生活中，人们所忧患的包括结果和程序的不公平等。比较起来，对程序公平的诉求甚至要强于对结果公平的诉求。只要程序是公平、公正、公开的，人们常常就倾向于比较能接受任何一种或好或坏的结果。

第四，需要原则。从理论上说，公共教育资源供给或配置的目的是要满足人们的教育需求，包括基本教育需要和非基本教育需要，前者具有普遍性，是一定历史时期和社会背景下每一位公民或青少年与儿童都具有的教育需要；后者则呈现出比较大的差别性，不同地区、不同阶层、不同家庭有不同的高于基本需求的教育需要。

### 3. 教育财政公平的变迁

总体上看，世界各国特别是美国对教育财政公平的关注在20世纪70年代达到高潮，至90年代逐渐减弱。自60年代起，美国补偿性教育项目开始，教育机会平等成为教育领域的主要议题。70年代，人们关注的焦点是教育公平，美国一半以上的州发生了教育财政诉讼，对其教育财政体制合宪性提出了质疑。70年代被认为是促进教育财政体制改革的十年，因为一个接一个的州在法院命令或者自愿下重建了财政体制，以促进教育公平。且多个学科的专家学者与法理学家、政策制定者、利益群体、特遣部队及国家基金会等合作，加强人们对公平问题的理解并评估补救措施的有效性。其公平被认为是单一维度的概念即横向公平。

20 世纪 80 年代，各国的注意力转移到卓越和效率上，对公平的关注有所下降，但还没有完全消失。20 世纪 90 年代中叶直至进入 21 世纪以来，公平问题再次引起人们的关注。但人们关注的焦点是纵向公平，最终的目标是充分性，这对政策发展起到促进作用。可以说，公平观念是 19 世纪公共教育传播和普及的指示灯。20 世纪早期，人们认识到同等的平庸并不是国家期望从公立学校中获得的结果，尽管这些期望得到的结果并没有被很好地界定。资源分配应足以让公立学校产生公众所期望的结果，平等应建立在这样的资源水平上。当然，除非学校的效率得到提高，否则教育财政拨款的公平并不能带来学生成绩的平等。

## （二）教育财政公平的技术维度

伯恩和斯蒂菲尔（Berne & Stiefel，1984；1992；1994）从政策分析者的角度对教育财政公平进行了研究。他们围绕以下四个问题展开分析：一是教育财政体制的公平应该针对哪个群体？应该对谁公平？二是需要在群体成员中公平分配的是什么服务和资源，或者更一般地说，教育财政公平是关于什么东西的公平？三是确认一个特定分配方案是否公平的准则是什么？四是评价公平程度运用的数量标准是什么？

关于第一个问题，目前已有学生和纳税人两个群体成为教育财政公平研究的主体。伯恩和斯蒂菲尔（1984）界定了在学生公平分析中涉及的几个概念。在评价纳税人公平时，主要关心的对象是税率及由此产生的财政收入。在学生间公平分配的对象包括投入、产出和结果，其中投入是教育过程中使用的人力和物质资源，是传统的教育公平分析关注的焦点。在政策立场上，一些收入支出种类相对其他类而言更加受关注，政策制定者需要谨慎作出选择，伯恩和斯蒂事尔（1984；1922）建议使用调整后的美元价格来修正存在于州内及州之间的地域性差异。

根据实际可得的教育资源数量，测度投入的学生和成人比例、平均班级规模、教师特性（如语言表达能力和经验）和图书馆藏书数量。使用实际资源测度的好处是，这种测度方法不受地区价格差异或通货膨胀因素的影响；不足之处在于不能找到一个令人满意的整合不同资源的途径，如不能将教师的教龄、教学经验和班级规模联系起来。在充分性维度上考虑公平问题，投入就不再是利益公平标准，而是作为机会标准（opportunity standards）或提供标准（delivery standards）。

伯恩和斯蒂菲尔（1984）建议，在判定一个特殊分配是否公平时，可运用横向公平、纵向公平和机会公平三个原则。横向公平是指对相同的人给予相同的对待，即传统意义上所说的平等；纵向公平准则认为，平等对待对条件特殊的受教育者（或纳税人）并不总是公平和公正的，对诸如经济贫困者，生理、心理或精神残疾的人，或居住成本高、人口分散、市政负担过重的地区是不公平的，因而对不同的人给予不同的对待是合适的；机会平等是对不同的人的无差别对待，如对因种族、性别、民族或其他不合法的分类及特性不同的人给予同等对待。目前，关于教育财政公平的研究实际上只停留在横向公平和机会平等上，在充分性背景下纵向公平已成为一个关键的概念。

为回应伯思和斯蒂菲尔提出的第四个问题，政策分析者运用指标估计教育资源分配满足公平原则的程度。这类在学校层次上展开的研究，重点是对两个问题作出回应：一是对最为关键的教学、学习活动是学生参与的活动，这一问题的理解在加深；二是人们不断增加对结果公平的关注，因为随着计算机技术的迅速发展，过去不能实现的细节数据的收集和分析变得容易起来，因此学校层次的分析已经是切实可行的。

### （三）充分性问题的产生和内涵

确立所有学生达到高标准的教育目标，改变了教育财政政策的定位到导向。这种挑战直接将财政与教育目的联系在一起。因此，尽管公平仍然是教育财政政策的目标，但公平分析的对象已从教育投入转移到学校产出。由于教育财政政策不能直接影响产出，只能间接通过教育资源供给量、学校实践及相关的制度来影响产出。因此，在教育财政投入与产出具有正相关关系的假设前提下，公平分配教育资源投入的充分性就称为教育财政政策争论的前沿问题。

尽管教育财政投入与产出具有正相关关系的假设看起来很直观，但已有的经验证据却很微弱，这使得实现教育财政产出公平变得异常困难。证明教育财政投入与产出之间存在正相关关系的事实证据正在增加。但也有更强的证据证明，在同样条件下使用同等的教育财政资源，产生的结果却有很大的差异，一些学校更擅长将教育资源转化为它们所期望实现的教育目标。

在没有完全理解这些关系的情况下，从教育财政政策立场上看，我们现在最好的做法就是找到所需要的资源水平，使不同特征的学生能在相当大的概率上达到我们想要实现的目标。给定在这样的充足水平下提供教育资源，我们必须继续研究这些教育资源转化为我们所期望的学生行为变化的成就机制，以使所有学校的学生都能获得成功。

由于我们对教育财政资源投入和教育产出、结果之间的关系缺乏理解，因而从广义上定义充分性这一术语非常重要，如充分性是指生均日常成本，而不是指那些诸如班级规模或详细课程规定。在 20 世纪最后 20 年里，人们理解了横向公平与纵向公平的差别，但至 20 世纪的最后 10 年，人们才开始确定实现纵向公平所需要的资源水平。充分性是纵向公平的最终目标，但在定义充分性时，必须注意不要造成奖励无效率的现象。

### （四）教育配置公平经济学释析

什么人接受什么样的教育对个人和社会更为有利？用社会福利函数来加以解释，假设资源配置带来的社会福利函数为：

$$W = f(Y_1, Y_2, \cdots, Y_n)$$

其中，$W$ 代表由教育带来的社会福利；$Y_i$ 代表第 $i$ 个人的收入，这里用收入代表福利；$n$ 为社会成员总数。

上式用边际形式表示出来：

$$\Delta W = h(\Delta Y_1, \Delta Y_2, \cdots, \Delta Y_n)$$

可以改写成如下形式：

$$\Delta W = \Delta Y_1 + \Delta Y_2 + \cdots + \Delta Y_n = \sum_{i=1}^{n} \Delta Y_i$$

这时讨论教育资源的公平问题就有两种情况：一是 $\Delta W < 0$；二是 $\Delta W \geqslant$ 0。显然，前者是教育资源配置后社会总福利为负数，没有人会认为这种情况是公平的。后者较为复杂，又分为两种情况：一是所有的 $\Delta W_i \geqslant 0$，即所有人的福利都大于 0，这是一种成功的教育资源配置；二是一部分 $\Delta W_i \geqslant$ 0，同时另一部分 $\Delta W_i < 0$，是由于前一部分人所占比例较大，导致整体社会福利为正数，即一部分人获益而另一部分人受损。

假如，明确告知前一部分获益人是富人，大多数人会立判是不公平的。这种情况是有可能存在的，如学校奖学金恰巧大多给了富人，因为富人有很大的可能学习好，此时恐怕很多人都会感到不公平。关键是：当 $\Delta W_i \geqslant 0$ 时穷人和富人的 $\Delta W_i$ 孰大孰小的问题，这就涉及对公平的价值判断问题。通常政府为避免社会贫富悬殊而采取累进税、遗产税等措施，抑制某些成员财富过分增长，并对贫困家庭进行资助，使其子女获得与富人相等的教育，借以达到教育公平的目的。从另一个角度来看，即使富人和穷人得到的 $\Delta W_i$ 相等，也仍然存在着公平问题，因为富人和穷人在得到等量的福利时，二者的效用是不同的。基于上述分析，教育公平应首先考虑对穷人的资助。

## （五）教育配置公平的基本选择

在中国，存在教育财政支出在地区、城乡、层级间的分配失衡及教育财政支出主体间的失衡，这种失衡如果持续扩大势必会影响人力资源在地区间分布的差异，从而导致地区间经济发展水平差距的扩大。这不仅会导致教育资源分配公平性的缺失，更重要的是它们会影响教育公平性的实现。面对上述问题，政府教育资源配置在考虑公平性时有三种选择：一是面向贫困家庭提供教育资助；二是面向所有家庭提供教育资助；三是兼顾效率和公平。具体可从以下四个方面着手。

第一，加强政府对教育市场的调控，抑制市场失灵问题的发生。在中国社会主义市场经济条件下，采取"小政府大社会""小政府大市场"的做法，并不意味着削弱政府对教育市场的调控，而是要通过政府对教育市场的宏观调控来实现教育自身肩负的实现社会公平的社会责任。同时，加大对教育产品的有效供给，避免教育市场垄断的发生，以实现教育市场的充分竞争。另外，通过政府对教育市场的调控还可有效配置教育资源，提高教育市场的效率，促使教育市场的信息趋于对称与完备。

第二，建立转移支付制度、制定优惠政策和相应机制，应加大对西部和弱势群体的教育支持。其重点是应在边远和少数民族地区普及义务教育，缩小西部、东北地区与东部、中部地区在初中教育普及上的差距，提高少数民族自治县的初中教育普及率。高等学校可扩大国家所需要的、免收学费的范围，制定鼓励高校招收贫困生的社会政策。同时，应重视和切实解决流动人口、贫困阶层、农民工子女的教育机会和教育公平问题。

第三，促进教育财政资源配置的合理化、均衡化。应确立新的教育资源配置的理念：在发展中缩小教育差距、增加教育公平。在照顾各地历史形成的实际教育差距时，应将逐步缩小地区、城乡教育差距作为重要原则之一。教育新的发展布局、增量部分应向薄弱地区倾斜，增加其教育机会。如原则上在沿海发达地区不再新设公立高等学校；高等学校扩招的增量部分，主要向人口大省和贫困地区倾斜，以利于不同群体获得大致相同的教育机会和进行公平竞争。

第四，在资源配置公平的问题上，应区别对待基础教育和高等教育的差异。欧洲和大部分经济发达国家，高等教育的大部分经费都由中央政府投入，学生根据其能力找到适合的受教育机构。在经费的投入主体大多经历了从国家财政主体到投资主体多元化的过程。近年来，有人主张美国高等教育费用可从政府和家长通过贷款转移到学生身上，学生贷款总额不受限制。因为学生收入增加部分被认为是由受教育年限增加带来的，在保守的财政政策和高通胀的情况下，这种有益的方法很容易被接受。

# 第三节

## 中国教育财政效率分析

### 一、中国教育财政效率的总体状况

目前，中国教育财政支出规模不断扩大，但效率不高。有限的教育财政资金更多投向了经济发展较快、教育事业发展较好的东部沿海地区和经济发达城市，而对经济欠发达的西部地区和东北地区及边远的农村地区投入过少；将更多的教育财政资金投向了来源渠道较多的高等教育。这些教育财政支出的不合理、没有将有限的资金投入最需要的地区和部门的现象，大大降低了教育财政支出的效率，影响了教育事业的快速发展。①

### （一）中国教育财政的规模

党的十八大特别是十九大以来，在优先发展教育事业战略下，中国教育事业取得了历史性发展和显著成就。

**1. 教育财政支出总体规模较大**

根据 2021 年 8 月教育部发布的《2020 年全国教育事业发展统计公告》，2020 年全国有各级各类学校 53.71 万所，同比增长 1.33%；学校专任教师 1792.97 万人，同比增长 3.52%；各级各类学历教育在校生 2.89 亿人，同比增长 2.39%；教育财政支出由 1991 年的 617.8 亿元增至 2020 年的 42908.15 亿元，同比增长 7.15%，占全国 GDP（1015986 亿元）比例为 4.22%。截至 2020 年，中国国家财政性教育经费占 GDP 比例已经连续 9 年超 4%。

**2. 教育财政投入资金仍显不足**

从教育财政占 GDP 比重看，中国低于世界平均水平。与国际、国内不同行业对比，教师收入偏低；中小学及高等学校（特别是地方高校）的非人员性教学支出及必要的仪器、设备费仍然短缺，大量的校舍需要维修改造。中国义务教育虽不收学费，但杂费和书本费对于一些贫困地区的贫困家庭来说仍是一笔较大的负担，从而导致学生入学率高、流失率高的不协调的问题，这也表明中国教育财政资金仍需加大投入力度。

**3. 教育支出低于其他财政支出增速**

以 2020 年为例，国家一般公共预算教育支出总额为 36359.94 亿元，增长率为 4.00%，相对于社会保障和就业支出增长率 10.9%、卫生健康

① 焦青霞. 教育财政投入与经济发展［M］. 北京：经济管理出版社，2014.

支出增长率 15.3% 和资源勘探工业信息等支出增长率 23.5% 低了很多，如图 7-1 所示。

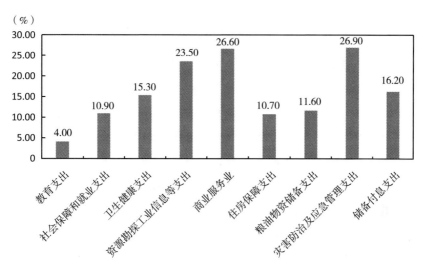

图 7-1 2018 年国家一般公共预算各项支出增长率对比

## （二）经费结构的使用效率

### 1. 预算内教育经费使用结构

中国教育事业费和教育基建费的比例相差较大，教育事业费约占 70% 以上。如 2018 年中国各级教育生均一般公共预算教育事业费支出均呈增长态势，增幅最大的是幼儿园，同比增长 11.52%。[①] 也就是说，用于校园建设、教学设备等方面的经费非常少。与美国相比，1996 年美国公立中小学的教育经费结构为：工资部分占 58.2%，公用和基建占 41.8%。当然，教育事业费和教育基建费孰高孰低，哪种结构更为合理还有待于进一步分析。此外还需说明，教育基建费用缺口大是世界普遍存在的难题，并不是只有中国存在。美国即使教育基建投入比中国大，也仍然不能满足教育的需求，甚至时常还要法院出面才能获得一些解决。

---

① 教育部，国家统计局，财政部. 2018 年全国教育经费执行情况统计公告［EB/OL］.（2019-10-01）［2020-09-26］. http：//www. moe. gov. cn/srcsite/A05/s3040/201910/t20191016_403859. htm.

【案例7-2】美国西弗吉尼亚州1975年开始诉讼的波利诉贝利教育案，1984年才作出判决。该案判决（1984）认为，充足的设备是一个完整高效的教育系统的必要部分，这也是州宪法所要求的。西弗吉尼亚州的立法者和教育官员们认为，公平的教育投资体系包括基建投资费用。由于现有设备质量良莠不齐，而各地区的情况又大不相同，所以州政府在为学校募集资金方面扮演了更加重要的角色。为募集建筑资金（预计基本建设标准为8亿美元），1986年州政府准备发行总额计2亿美元的债券，以满足法院的要求，但该州的3次投票都否决了这项债券的发行。而执行法院判决的立法者设立了独立的学校建设工程管理处，该处发行了5次债券，为该州学校的建设和改革筹资4.4亿美元，包括当地教育设施改进基金总计筹集资金6.47亿美元，共建成56所新学校、翻新470所学校。法院对整个案件进行了全程监督，历时20年并于2003年1月结束。

【案例7-3】美国新泽西州最高法院宣布学校教育基金法违宪，因为该法不符合州宪法中"维持充足有效的教育资源"的条款。该案为阿博特诉伯克案（1990）大开方便之门，阿博特案对学校设备和基建投资产生了更为直接的影响。法院对立法会施加压力，以敦促其平衡教育基建投资费用。按照法院的要求，州政府兴建了约120亿美元的学校建筑工程，其中有60亿美元被指定用于阿博特地区（本州最贫困的30个区之一）。2003年受经济因素的影响，该计划由于税收不足而被搁置。

【案例7-4】美国关于教育设施的需求，国会和立法者收到了一些惊人的数据。这些数据来源于国家教育委员会（NEA）。数据显示：

（1）学校年久失修。美国公立学校平均校龄是42年，但其28%的公立学校都已建成50年以上。

（2）学校负荷过重。美国创纪录的招生人数及不断增长的社区正导致公立学校拥挤加剧，用校车接送学生及轮换上学已不是长久之计。

（3）学校无法满足当今科技要求。美国46%的公立学校没有可支持当今电脑系统的电缆和网线。

（4）学校教育设施费用支出较大。根据美国国家教育数据中心2000年6月出版的《美国教育设施现状》（NCES2000-032）所载：在其抽样的 903 所公立小学和中学中，有 3/4 需要投入资金进行修缮、翻新和现代化建设，所需资金约 1270 亿美元，平均每所学校设施费为 220 万美元。

（5）教育基金筹集的主要方法。美国各州解决教育基金不足的方法主要包括所得税预扣法、使用纳税储备金和债券发行。但有人也提出，采用一个以年周转的学校日程表来更充分地筹集基金。学生到校天数是有规定的，他们在一年中有离开学校的时间（如在校 45 天，离校 15 天）。理论上看，按四轨制有多于 1/3 的学生能来上学，每四所学校轮换一次就可以省下一栋新楼的钱。[①]

**2. 教育经费负担的教师结构**

（1）生师比。从教育财政成本和效益视角来考虑问题，生师比是低者为好，支付更少的工资，因而教师少能承担更多的教学任务，效益高；从教育质量看，自然是生师比低好，教师 1 对 1 教学可以把全部精力都放在一个学生身上，因材施教，质量高。同一地区的不同高校、同一高校的不同专业之间的生师比也不同，这既是一个值得研究的课题，也是各学校教学的实际问题。

（2）专业教师与教辅、行政、工勤人员比例。中国一直倡导要精简行政机构，学校也是如此，教育经费已经非常紧张了，还要有很大一部分发给不承担教学授课任务的工作人员。但学校要想顺利、高效运转，又离不开行政管理和后勤保障，因而行政管理和后勤服务人员数量多少是适宜的，也是一个矛盾体，存在永恒的博弈，很难达到帕累托最优。

## （三）不同层次的教育支出

教育财政支出在各级教育间的分配反映了教育部门内部各因素的综合影响，包括各级教育在校生的比例结构和成本行为，以及公众在各级教育进行经费分配时所起的作用。教育经费在不同层次教育中的分配重点随国家政策的变化而改变，中国各级教育生均一般公共预算教育经费增长情况如表 7-3 所示。

---

① ［美］小弗恩·布里姆莱，鲁龙·R. 加弗尔德. 教育财政学——因应变革时代 ［M］. 9 版. 北京：中国人民大学出版社，2007.

表 7–3　　　　　　中国各级教育生均一般公共预算教育经费增长情况

| 级次 | 2017 年（元） | 2018 年（元） | 增幅（%） | 增长最快省份 |
|---|---|---|---|---|
| 幼儿园 | 6951.49 | 7671.84 | 10.36 | 贵州省 |
| 普通小学 | 10911.17 | 11328.05 | 3.82 | 河南省 |
| 普通初中 | 15739.92 | 16494.37 | 4.79 | 安徽省 |
| 普通高中 | 15138.49 | 16446.71 | 8.64 | 贵州省 |
| 中等职业学校 | 15112.35 | 16305.94 | 7.90 | 江西省 |
| 普通高等学校 | 21471.03 | 22245.81 | 3.61 | 海南省 |

资料来源：教育部网站。

中国和亚洲其他国家在初等和中等教育的公共经费比例为何有很大的差异呢？众所周知，中国初等教育财政支持主要来自地方自身，即教学费用、公务费用和公办教师工资由地方政府支付，而其校舍建筑费用和民办教师工资则有一大部分由社会、团体及个人集资解决。由于民办教师工资及基建费用中的一大部分无须地方政府负担，所以中国初等教育公共经费开支在全部教育公共经费开支中所占的比例自然会小一些。至于中等教育，政府不但要负担普通中等教育的经费开支，同时还要负担中等专业技术学校（中专）、技工学校和其他各种中等职业学校的经费开支，因此中等教育的公共经费开支必然会在全部教育公共经费开支中占有较大的比例。

一般认为，中国教育财政经费在各级教育间的分配比例基本上是合理的，但如果考虑各级教育规模，其分配比例就需要加以调整了。中国初等和中等教育的规模比例远高于与中国人均 GNP 相近国家的比例，而对高等教育则恰好相反。从教育经费三级教育支出看，高等教育财政支出比例过高，而初等教育和中等教育比例相对较低；从生均资源配置密度看，对较高层次教育所给予的财政支持，相对于较低层次教育的财政支持似有"偏袒"之嫌。中国初等教育生均经费成本低于亚洲地区平均值，但中等和高等教育生均成本高于地区平均值。

一方面，中国应通过增加公共资源的配置比例、成本分担及成本补偿等举措，进一步改善对初等教育的财政支持；另一方面，要进一步提高高等教育（部分中等教育）内部效益，扩大规模。据统计结果显示：在其他条件既定情况下，中国近年来不断加大教育财政投入，但所产生的社会发展的综合效益是有限的。如果不调整政府对教育的支出结构，减少对高等教育的支出比例，将会导致教育财政支出效率的下降。可见，政府的首要责任是保证义务教育，依次则是中等教育、高等教育。优先保证义务教育和中等教育，会提高社会满意度和资源配置效率。

### （四）区域间教育财政效率

教育发展的区域均衡问题与经济发展的区域均衡紧密相关，政府财政转移支付是维护一国教育发展区域均衡的一个不可忽视的主要途径和重要手段。

#### 1. 区域之间教育财政支出不均衡

纵观世界各国经济发展史，在一些大国因其区域辽阔且国内不同地区常存在着自然条件、资源禀赋和文化背景的巨大差异，以致区域间经济发展的不平衡就成了不可避免的结果。一些国家或地区由于得天独厚的自然资源和优越的文化传统，其经济发展水平比那些自然资源条件恶劣、文化落后的地区明显超前。由于经济发展水平是教育发展的物质基础，雄厚的财力是经济发达地区发展教育的坚强后盾，区域间教育发展的不平衡也就因经济发展的区域失衡而成为必然的结果。

中国是一个有着 960 万平方千米国土的发展中大国，同时又是一个拥有 56 个民族的多民族国家，因此这些客观条件决定了她在经济发展和教育发展进程中的区域失衡的必然性。从表 7 - 4 可以看出，经济发展水平的差异导致中国沿海地区与内陆地区教育发展水平的差异，经济发达地区教育财政投入相对过剩，存在教育财政投入效率损失。而经济欠发达地区虽教育财政支出水平很低，但教育财政投入产出水平却相对较高，这说明政府教育投入仍不能满足这些地区教育发展的需求。中国基础教育实行地方负责、分级管理的管理体制以来，极大地调动了地方各级政府和广大人民群众的办学积极性，教育投入有所增加，办学条件有所改善，但也加大了地区间的差距。

表 7 - 4　　　　　2018 年中国部分地区一般公共预算教育经费　　　　单位：亿元

| 地区 | 宁夏 | 青海 | 黑龙江 | 上海 | 北京 | 江苏 | 广东 |
|---|---|---|---|---|---|---|---|
| 一般公共预算教育经费 | 167.97 | 198.94 | 587.72 | 889.96 | 1020.72 | 2040.47 | 2805.31 |

数据来源：教育部网站。

**2. 教育发展与经济发展互为因果**

第二次世界大战之后，舒尔茨等倡导的人力资本理论使大多数国家认识到，教育不仅是加快经济发展的重要举措，也是改善收入分配不公的有效手段。随着知识经济蓬勃发展，人们充分认识到教育在经济发展和改善收入分配公平性中的作用，来自贫困家庭的子女通过自身的努力及政府、社会的帮助，因接受较高水平的教育而摆脱了父辈贫困的阴影，挣脱了"世代效应"的束缚，从而改变了贫困状况。这就使人们认识到，教育发展与经济发展是互为因果的，教育发展可促进一个地区的经济发展，使该地区的人民经济收入增加；反之，经济发展了才可能为教育的发展提供必要的条件。如果一个贫困地区因缺乏财力支持本地区的教育发展，该地区的人力素质水平就不可能提高，低素质的人力资源无法保障高水平的经济发展需要，从而使经济发展和教育发展陷入一种恶性循环。

**3. 加大教育财政转移支付的力度**

政府区域政策可对地区间的差异变动起到明显的促进作用，当政府给予经济发展较发达地区以优惠政策时会加速其发展，这是"锦上添花"式的政策设计，导致原有的地区差异加大；当政府将优惠政策给予经济发展较落后地区时会迅速提升其发展，这是"雪中送炭"式的政策设计，导致原有的地区差异缩小。政府究竟应采取何种政策设计，取决于当时当地的经济发展实际，特别是应运用财政转移支付手段防止地区间差异的无限扩大。政府财政转移支付主要采用财政补贴方式对落后地区、贫困人群进行资助，而教育财政转移支付是上级政府根据下级政府教育所产生的财政缺口给予的用于教育发展的财政补贴。中国教育财政转移支付采用的主要是专项拨款，当下实行的"国家贫困地区义务教育工程"则是一种新的教育财政转移支付，是对义务教育全面进行系统财政支持的新创举。

## 二、影响中国教育财政效率的因素

### （一）教育财政投入数量规模

1993 年中国提出的国家财政性教育经费占 GDP 4% 的目标后，教育财政投入逐步提升，但直到 2012 年才实现这一目标。与其他国家相比，教育财政投入水平仍然较低。中国自 1991 年以来中国的教育财政支出规模不断增加，2009～2018 年增长了 3 倍[①]，但教育财政支出占教育支出的比例却由 1991 年的 84. 46% 降至 2005 年的 61. 30%，且有些年份不仅未增长反而出现下降，到 2018 年教育财政支出占教育总支出（46143. 00 亿元）的比例达到 80. 18%。而经济合作与发展组织（OECD）国家教育财政支出占教育总支出的比例为 85. 5%，欧盟 19 国的这一比例更是高达 90. 5%。

中国教育财政支出规模偏低问题，这在一定程度上与中国政策体制和经济发展水平密切相关。因为改革开放较长时期内，中国都是以经济建设为中心，这就导致将更多的资金投向那些收益高、见效快的生产性行业而非教育部门。但随着中国经济快速发展、居民收入水平不断提高，人们对教育的需求和重视程度不断上升，家庭和个人愿意将更多的资金投向教育，这在一定程度上提高了非财政性教育支出的比重。

### （二）教育财政支出用途结构

教育财政支出按照具体用途可分为教育事业费支出、教育基建投资支出、各部门事业费中用于教育的支出、城市教育费附加支出、支援不发达地区资金用于教育的支出和农村教育费附加支出六大类，其中教育事业费和教育基建费是支出的主体，其他四项所占比例非常小。

中国教育财政支出用途结构的失衡主要体现为教育事业费支出比例过高，达到 80% 以上，教育基建费在最高的年份也不超过 10%，足以说明教育财政支出用途结构的严重失衡。教育事业费的大部分主要用于职工工资、社会保障和奖贷助学金等个人部分，公用经费较少。近些年学校行政管理和后勤服务人员增多，机构冗杂是较为普遍的现象。

### （三）教育财政支出地区结构

中国教育财政支出的地区结构失衡包括城乡结构和区域结构两个方

---

① 2009 年国家财政性教育经费为 12231. 09 亿元，2018 年国家财政性教育经费为 36995. 77 亿元。

面。城乡结构失衡体现为地方政府分担比重过大，因为地方政府财政收入水平直接决定着地方政府对教育的投入力度。近年来，地方政府对教育财政支出承担的比例在 90% 左右，而中央政府仅占 10% 左右。中国 2006 年开始实行"地方政府负责、分级管理、以县为主"的教育管理体制，该体制使得县级政府不得不承担了教育的大部分责任。但 OECD 国家，中央政府负担的比例远远高于中国的 10%。

区域结构失衡体现为中央政府事权层层下放、地方政府财权层层上缴的问题。自 1994 年开始，中国公共财政体制实行了分级、分权、分管、分税改革，但事与愿违，这一体制改革却导致中央政府事权层层下放、地方政府财权层层上缴的问题，有 2/3 以上的财政资源掌握在中央和省级政府手中，仅很少一部分在基层政府手中，基层政府的财政能力越来越弱。当财政资金逐层分配到县级时，县级政府的财政汲取能力已极其有限，一部分县甚至出现连温饱也难以维持的现象。

### （四）教育财政支出层级结构

中国教育财政支出层级结构失衡是教育财政支出在初等教育、中等教育和高等教育间的分配比例问题，其支出层级间的结构失衡主要表现在高等教育的投入远远大于初等、中等教育的投入。虽然中国很重视初等教育和中等教育的财政投入，并实行了九年制义务教育。但目前高等教育的财政投入远远大于初等、中等教育的财政投入，三级教育财政支出比例失衡。

中国教育财政支出层级结构失衡的原因是初等教育财政投入在收益上具有间接性和迟效性，它对经济发展的促进作用很难像基础建设那样在短时间内显现出来，因此容易被忽视，政府往往将财政资源投向那些见效更快的项目。此外，随着社会经济的发展，中国对高素质人才和先进科技的需求更加强烈，这就导致将较多的财政资源投向了高等教育。

## 三、提高中国教育财政效率的举措

将有限的教育财政资金用在更需要的地方，不仅可以提高教育财政资金的利用率，还有利于教育财政体制改革和教育事业发展。当前，中国教育财政已进入新时代、面临新形势，教育领域的政府与市场之间的关系日趋复杂，主要体现在教育需求出现新诉求，即人民对更高质量和差异化、个性化的教育需求整体提升；教育供给出现新业态，如课外补习以信息化技术为基础的虚拟式教育供给主体在教育现实中发挥了越来越显著的作用。① 因此，针对教育发展过程中的新变化，教育财政应作出适宜的调整，不断提升教育财政支出效率，更好地促进中国教育事业的发展。

### （一）合理构建财政拨款模式

设计更加精细和富有弹性的教育拨款模式，"即使在实施了基础教育免费政策的学段，也应进行更加科学和精细的教育成本测算"。为此，按照"个性化需求应由个人付费"原则，赋予公立学校适宜的制度弹性，即完善公共财政对民办教育的财政支持与激励制度体系，建立公立学校拨款标准、民办学校财政补贴标准的联动机制，保障民办学校的健康发展；同时对民办学校的生源和收费施以适当的监管，鼓励更多公益性、普惠性和创新性导向的民办学校的有效发展。

### （二）完善教育经费监管机制

为保证教育事业发展所需的财政经费，可通过立法或其他法律手段对各级政府教育财政职责作出明确规定。中国正处在经济发展的起步阶段，经济社会各方面的发展都需要以大量的资金为基础，但为追求更大更快的经济收益，政府会将有限的经费投入那些收益较大、见效较快的基础建设中而忽视对教育的投入。因此，通过立法手段可以保证教育财政的投入，有利于经济发展和教育事业进步，同时应关注教育政策特别是教育财政政策法令的设计与实施。

### （三）构建多元化的筹资体制

教育经费来源渠道的多元化，可在一定程度上缓解政府教育财政的压

---

① 张雨馨. 迎接教育财政 3.0 时代——访北京大学中国教育财政科学研究所所长王蓉［N］.中国财经报，2018 - 03 - 05.

力。虽然中国不断扩大教育财政支出规模，但受财政收入限制加之受教育人口数量庞大，教育财政支出仍不能满足教育发展之需。1999 年《世界发展报告》数据显示，教育财政投入占国内生产总值的比例世界平均水平是5.5%，发达国家在 6% 以上。而中国在 2012 年才首次达到 4%，这在一定程度上制约了中国教育事业的发展。除政府教育投资外，私人、企业等教育赞助和发行债券等都是筹集教育资金的有效途径。

### （四）优化教育财政支出结构

政府教育财政支出范围重点明确，优化用途结构特别是三级教育之间和地区、城乡之间的投入结构。三级教育财政投入会随着经济发展而变化，经济发展初级阶段的重点是初等教育，随后会向中等和高等教育转移，且三者间的比例差距会不断缩小，目前基础教育仍是教育财政支出的重点。党的十九大以来，强调推动城乡义务教育一体化发展，可有效消除城乡义务教育不公平现象，推动城乡义务教育两者之间的优势互补，实现协调发展，是对义务教育均衡发展基础上提出的更高要求。

### （五）提供教育活动财政资金

认真贯彻落实国家"教育财政应为教育活动而非教育机构提供资金"的原则。教育供给主体从实体学校转变为"实体学校＋课外补习机构＋虚拟化项目与机构＋国际化供给"，如何妥善处理市场化教育主体对体制内教育主体的冲击及其协调发展，将格外考验教育政策研究者和制定者的智慧。教育财政政策的瞄准对象和方式也相应调整，要将技术从教育财政体系设计的边缘位置移动到中心，鼓励数字化学习活动本身，考虑为非传统的但符合公共财政负担原则的教学活动付费。

### （六）厘清政府与市场的边界

长期以来，教育财政的政策研究主要聚焦在体制内的问题，教育因其公益属性而得到公共财政支持的合法性地位，更加合理地划分各级政府的教育支出责任等。但当今教育市场性或市场化的供给侧主体，如课外补习机构已在不为研究者充分关注的情况下逐步取得了中国教育业态中的重要地位。"这些主体的背后，有可能带来更加多元和复杂的教育参与者，如资本市场的关注和介入等，而我们对此并无充足的预判和分析"①。由此可见，厘清政府与市场的教育边界至关重要。

---

① 张雨馨. 迎接教育财政 3.0 时代——访北京大学中国教育财政科研所所长王蓉 ［N］. 中国财经报，2018 － 03 － 05（3）.

# 第八章

# 高等教育财政研究

　　建立和完善高等教育财政体系，应对高等教育投资的战略定位、发展"瓶颈"和经费渠道等方面进行深入调查研究，在充分尊重高校自主发展的基础上做好顶层设计，充分发挥政府教育和财政部门的引领作用，加强高校与社会各界联络，通过多方合作增加高校经费来源渠道。本章主要释析高等教育财政基础理论、国外高等教育财政模式和中国高等教育财政战略三个问题。其中，高等教育财政基础理论包括高等教育财政的拨款方式、管理效率和成本分担，以及高等教育的收费制度变迁和财政发展机制；国外高等教育财政模式包括国家教育财政控制、教育财政多维补偿和教育资金渠道多元模式等；中国高等教育财政战略包括进入 21 世纪以来中国高等教育的发展和中国高等教育财政改革发展战略。

## 第一节　高等教育财政基础理论

### 一、拨款、效率与成本分担

#### （一）高等教育财政拨款方式

　　中国改革开放以后，高等院校教育教学为适应新形势和新要求的需要进行改革。如1980年高校实施了"预算包干，节余留用"改革，高校经费按年度预算包干使用，年终节余结转归高校下一年度自由支配。高校经费使用上有了一些自主权利，同时鼓励高校形成勤俭节约的风气，将高校经费使用效益与其自身利益统一起来，激励高校充分利用现有资源不断提升资金使用效能。

1986年财政部和国家教委联合发布了《高等学校财务管理改革实施办法》，强调高校财务管理改革应按照教育和经济规律办事，考虑社会和经济效益，采取"综合定额＋专项补助"的教育财政经费拨款方式。其综合定额取决于在校生人数，专向补助由政府部门根据学校发展需要确定。但该模式对高校实际成本计算存在盲区，易导致高校盲目扩建、随意增招和培养质量下降等问题。

2002年起高等教育财政经费改为"基本支出预算＋项目支出预算"方式（马陆亭，2006），前者预算经费是高校正常运行、基本办学所需；后者预算经费是用于学校大修和某些专项活动，可实行经费专项管理。专项管理可根据学校的各项活动及功能划分为教学、行政管理、学生服务、后勤服务、建筑维修和其他六个部分，这是为提高教育财政投入效率和效能适时作出的调整。

### （二）高等教育财政管理效率

高等教育财政管理效率是在满足高等教育财政支出需求的基础上衡量其支出有效程度的指标，涵盖了高等教育财政支出全过程的效率，包括高等教育财政的配置效率、运行效率和技术效率等。

#### 1. 高等教育财政的配置效率

高等教育财政配置效率是财政资金配置于高等教育领域的效率，包括高等教育财政资金配置过程和结果产生的效率。当高等教育财政规模为定值时，其配置效率的高低主要取决于高等教育财政资金配置的取向、数额和结果的效应等。高等教育财政资金配置以高等教育利益为目标，反映公众对高等教育财政配置的利益诉求。

若高等教育财政配置方向是错误的，则可能对高等教育财政效率产生反作用。如政府教育政策缺乏足够的财政资金配置，导致无法完成政府教育政策的目标；高等教育财政资金配置与公众诉求存在偏差，产生了诸多负效应；高等教育财政资金配置差异及转移支付调节尚有欠缺，城乡、省域、校际资金配置调节作用未能充分发挥，因而配置效率不显著、不均衡发展未得到有效改善。

### 2. 高等教育财政的运行效率

高等教育财政运行效率是指高等教育财政资金拨付过程的效率。这主要体现在财政部门将资金配置给教育部门后，各级教育部门能及时、足额、不需额外交易费用获取财政拨款的效率。在以收定支的财政运行模式下，经过集体商议和科学测算确定高等教育财政资金配置方案后，高等教育财政资金的拨付貌似按照程序执行即可。

但现实中财政资金真正拨付到位往往经历了较为曲折的过程，尤其是基建资金和专项资金的财政运行效率受到的影响因素更多。具体表现形式有：挤占、挪用高等教育财政资金；高等教育财政资金拨付过程中的寻租行为，产生非法交易成本，影响高等教育财政效率。类似的腐败事件亦不在少数，既影响了政府的公信力，也严重影响了高等教育财政运行效率。

### 3. 高等教育财政的技术效率

高等教育财政技术效率通常是指高等教育财政资金的使用效率，重点体现在高校财政投入与产出的效率。高校是高等教育财政资金配置的主体对象，通过使用财政资金完成教学、科研、知识创新和社会服务职能，最终培养出社会所需的各类高级研究人才。因此，分析高等教育财政技术效率应研究在既定的高校财政投入下教育产出的效率，旨在节约财政投入成本，获取最大的教育效能。

高等教育财政技术效率问题主要表现为：高校无偿获得财政资金且无绩效考核，导致高校内部缺乏追求效率的自主动力，缺乏成本控制的理念和方法，影响了财政技术效率；高校内部要素投入分配比例失衡，用于人头费、杂项经费以及与教学无关的其他费用所占比例过高，影响教学和科研水平的提升；高校内部收入分配制度单一，缺少激励政策；学生毕业质量标准执行中存在把关不严，毕业率偏高；学科设置和人才培养标准与社会需求错位，导致财政技术效率大打折扣。①

### （三）高等教育财政成本分担

高等教育成本分担应以公平正义为基本原则。高等教育是一种准公共品，高等教育的外部性、社会性和公益性要求其成本应由政府承担主要支付责任。因高校学生接受教育后为自身积累了可交易的人力资本，即个人接受高等教育后能获取较高的私人回报，因而按照基本交易原则，受益者高校学生应承担一定的私人教育成本。高等教育的外部性和社会性决定了高等教育必然会为社会生产和服务创造一定的价值，故此高等教育成本应由政府、社会和个人共同分担。1971 年美国经济学家约翰斯通（B. Johnstone）在其著作《高等教育成本分担：英国、联邦德国、瑞典和美国的大学生资助》中提出了高等教育成本分担理论，他认为高等教育成本合理分担应遵循受益原则和能力原则。由于中国不同地区和行业间居民收入差距较大，以及贫困家庭的现实状况，因此中国高等教育成本分担应坚持政府分担和转移支付为主、受教育者个人或其家庭分担为辅的原则。

在高等教育成本分担中，政府始终应成为主要分担者。由于高等教育产生的外部效应较大，政府财政投入高等教育后可获得较为丰厚的经济效益和社会效益，尤其是能直接获得具有一定潜力和价值的人力资本，能创造更大的社会财富，因此政府作为公共利益代表，理应成为高等教育成本的主要分担者。为满足广大人民日益增长的高等教育需求，只有政府投入足够多的资源，才能让更多人从中受益，也能让更多人日后为社会经济服务，对此需要政府为高等教育提供基本保障。从国际视角看，在实行高等教育成本分担制度的国家中，政府对高等教育的投资通常占有较高的比例，在成本分担的各主体中往往扮演着"主角"。因此为了不断提升中国高等教育发展水平，缩小与世界发达国家之间的发展差距，国家应不断提高对高等教育的财政投入。

遵循受益原则即权益与义务对等原则以及人民生活水平，家庭有更多富余资金投资于子女接受高等教育，因而高等教育的受教育者家庭及个人

---

① 栗玉香，冯国有．我国教育财政效率的问题影响因素对策选择［J］．国家教育行政学院学报，2009（11）：44－48.

理应负担部分高等教育成本。但从中国发展现状和贫富差距较大的现实出发，尚有部分家庭无力承担高等教育的学费支出，所以个人分担高等教育成本的比例不宜过高，否则将会对贫困家庭造成沉重的负担，从而加剧高等教育受教育机会的不平等。教育财政运行规律和效率均要求非义务教育阶段的受教育者要承担部分教育成本。个人接受教育的成本分为直接成本和机会成本，前者包括学费、住宿费、书费和交通费等，后者是个人因为接受教育而延误就业造成的经济损失等。而个人教育收益主要反映在对未来预期收入的增长上，如果个人认为其接受教育的成本与收益相匹配，其教育融资也将处于平衡状态。

## 二、高等教育收费制度变迁

中国义务教育实行免费上学政策，基本不涉及个人教育投资问题。高等教育作为准公共产品，除国家财政投入外，个人作为直接受益者承担部分教育经费是正常、合理的做法。个人所承担的高等教育经费主要涉及学费、住宿费、书费和杂费等。

### （一）高等教育收费制度的历史演变

新中国成立后，1949～1982年高等教育实行免费教育；1978年以"收费走读、不包分配"的方式招收了一批短期职业大学学生，标志着高校收费和学生自费的雏形；1983年由单一助学金改为助学金和奖学金混合模式，教育部、财政部重新规定了学生助学金标准，并确定了奖学金制度；1984年普通高校除按国家计划招收公费生和定向生外，开始招收自费生和单位出资的委培生，学生交纳一定数量的培养经费；1986年普通高校招收自费生和委培生所占比例为8.77%，提出了奖学金制度改革方案和学生贷款制度；1987年学生资助和奖励政策改为助学金（困难补助）、奖学金及学生贷款。从助学金到奖学金再到学生贷款，反映了学生资助从无偿到有条件资助再到有偿资助的变化过程，是与精英教育向大众化教育迈进相呼应的，体现了高等教育"注重效率，兼顾公平"基本价值取向，实现了教育效率与效益的有效提升。

　　1989 年 1 月国家教委《关于高等学校毕业分配制度的报告》中，首次提出了高校所有学生缴纳学杂费的建议，同年 3 月国务院正式批准并正式建立了"双轨制"，自此国家承担高等教育全部经费的政策向国家与私人共同承担的体制转变；同年 8 月中央相关部委规定了高等学校新生入学收费标准，但公费、自费、委培的学生缴费标准差异较大；1992 年国家提出发展民办教育的倡议，招生采取完全自费方式；1993 年普通高校招生委培生与自费生所占比例为 38.99%，部分高校招生实行并轨和学生缴费上学改革试点，其招生并轨即指公费、自费、委培采取统一计划招生和统一录取分数线，学生全部收费，毕业时采取双向选择或自主择业；1996 年《高等学校收费管理暂行办法》明确规定了学生收费的基本原则，提出要适当增加学生学费在培养成本中的占比，但同时规定高校学费占年生均教育培养成本的比例不得超过 25%；1997 年招生并轨和学生缴费政策在全国高校全面展开，伴随高等教育学生收费政策的实施，高校也呈现了扩招和并校的浪潮，体现了大众化更多群体受益的多元效率。

　　伴随高校收费制度的实施，为让更多贫困学生不至于因贫辍学，从 1999 年 10 月起，在中央有关部门的大力支持下，中国工商银行在北京、上海、武汉、天津、重庆、南京、沈阳、西安八个城市试行国家财政贴息的助学贷款政策。2000 年 2 月中国人民银行、教育部、财政部针对实践中遇到的问题，出台了《关于助学贷款管理的若干意见》，同年 8 月出台了《关于助学贷款管理的补充意见》，中共中央和国务院办公厅全文转发。故此，从 2000 年起国家开始全面实施助学贷款制度，国家助学贷款和商业助学贷款在全国铺开，这成为教育收费制度重要补充。从图 8-1 可以看出，2010~2015 年中国高等教育学生资助总额的变化趋势。

　　国家助学贷款是在高校扩招而财政资金供给不足的背景下启动的。1999 年开始扩招，高校招生人数呈逐年大幅递增趋势，造成了高校校舍及后勤等基础设施的严重不足，对高校投资建设造成巨大压力，学校和学生个人负担加重，而国家助学贷款有效解决了贫困大学生上学的难题，也体现了计划经济向市场经济过渡的现实需求，反映了高校发展由政府包办向自主发展过渡的进程；2002 年首批申贷的部分专科学生毕业进入

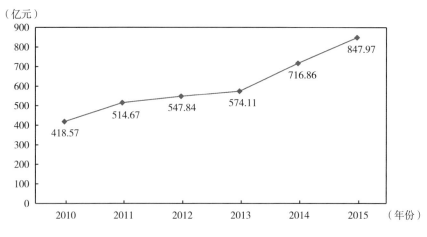

（亿元）

418.57　514.67　547.84　574.11　716.86　847.97

2010　2011　2012　2013　2014　2015　（年份）

**图 8 - 1　2010～2015 年中国高等教育学生资助的发展趋势**

还贷期，随之是贷款风险的显露；2003 年首批助学贷款步入还贷高峰期，贷款违约率攀升（平均违约率高达 20%），银行开始对高校助学贷款实施限制性措施，直至停止发放相关贷款；2004 年 6 月，教育部、财政部、人民银行及银监会进一步完善贷约束机制和风险防范机制，从 2004 年 6 月至 2005 年 12 月底，全国审批贷款新增学生 120.4 万人，新增审批合同金额 102.5 亿元。[①]

　　发达国家助学贷款具有借款期限长（大多在毕业后 7～12 年，国内还贷期限定为毕业后 6 年内）、手续简单、征信体系健全和违约风险小等特点。中国助学贷款属于无担保的信用贷款，风险相对较高，尤其是大学生就业困境导致风险骤升，且学生毕业后流动性大，对未如期还贷学生债务的追讨形成一定困难。国家虽已出台了国家助学贷款坏账核销办法和风险补偿机制，但核销所涉及的利益损失依然是由银行承担，商业银行对发放国家助学贷款是有抵触情绪的，但由国家全部承担风险，财政支付能力是难以实现的（王小兵，2013）。[②] 同时《中华人民共和国教育法》（以下简称《教育法》）确立了教育以财政拨款为主，校产收入、社会集资和建立教育基金、发行教育债券、股票等多种渠道为辅的经费筹措机制。自此，

　　① 刘伶俐，等. 国家助学贷款还贷违约的原因与对策 [J]. 重庆工商大学学报（西部论坛），2006（1）：131 - 132.
　　② 王小兵. 教育发展融资创新论 [M]. 北京：高等教育出版社，2013.

中国初步形成了以国家投资为主、社会力量为辅、高等学校与其他社会组织合作为补充的多元化办学、多方投融资的高教体制。

## （二）高校学费制度变迁的基本逻辑

中国计划经济时代实施的"免费加人民助学金"的高等教育学费制度，是新中国成立后高等教育学费制度变迁的原点。此后，高校学费制度经历了"政府买单""改革酝酿""双轨制""并轨"四个收费时期，以及目前的利益相关主体"均衡博弈"期，走过了一条由免费教育到成本分担的制度变迁路径。在中国经济转型时期，高等教育成本分担机制也处于动态演进之中。纵观中国高校学费制度变迁，即从最初的增量创新为先导逐步演进为存量调整阶段。学费改革保持原有公费生制度，逐步扩大招收自费生和委培生就是以增量创新为先导。学费制度从增量改革开始，以"双轨制"作为过渡，到存量调整完毕，完成了渐进式改革过程。从"双轨制"到并轨完成，也是渐进式改革路径。

在中国高校学费制度变迁过程中，政府一直处于主导地位，政府出台一系列政策文件引领改革不断向前。在学费"双轨制"阶段，计划外学生的学费制度是诱致性和渐变的。学费制度变迁呈现出强制性为主、诱致性为辅的特征。在计划经济体制下高等教育学费是一种隐含的社会契约关系，一切由政府主导、学校无自主权、学生人力资本产权归国家所有。学费制度变迁是从原有的隐含的社会契约关系向明晰的契约关系转变，高等教育中隐含的各种社会契约逐步过渡为正式规范的契约，降低了交易成本，如学生与学校的关系以外显的契约关系表现出来。高等教育学费制度也由集权制向分权制演化，高校自主权逐步提升，学生也可自由支配自身的人力资本。因此，高校学费制度变迁是政府、高校和学生之间权利、契约不断分权演化的发展过程。[①]

## （三）完善高等教育收费制度的对策

高等教育收费是弥补政府财政投入不足的一种重要手段，因此确定合

---

① 黄令. 建国后我国高等教育学费制度变迁的路径与特征 [J]. 高教探索, 2010 (6): 54–58.

理的学费标准也是完善高等教育收费制度的重要环节。从理论与实践上看，依据居民平均收入水平确定学费标准是合理且可行的。

第一，确定合理可行学费标准。学费标准的确立与国家政策有关，也与社会经济发展水平、政府意愿、高校发展状况、个人收入水平和劳动力市场需求等诸多因素有直接关系。根据《中国教育改革和发展纲要》（1993年）规定，"收费标准的制定既要考虑到实际培养费用，又要考虑到学生家庭的承受能力"。因此，大多数社会公众能承担的标准是一个既有效又公平的政策选择，可区分私人收益和公共收益的差异，各高校确定不同学科专业的收费标准和资助计划。

第二，完善高教成本核算机制。建立规范的高教成本核算体系和约束机制是改进高校教育收费制度的关键，也是规避高校乱收费和形成科学合理收费的重要依托。如合理划分高等教育成本，细化成本分类及所含项目，规定计入分担成本的类别。成本核算包括硬指标和软指标：前者是指生均培养成本，随地域、学校、专业等的不同而分别核算，并确定不同的收费标准；后者是指生均培养成本之外直接影响培养成本的有关因素，主要包括家庭支付能力和学生生活成本等。

第三，建立高教收费听证制度。确定合理可行的高校学费标准，相关的监管工作尤为重要。为避免高校高收费、乱收费，政府必须对学费的收取进行严格监管，通过建立教育收费听证制度，增加收费标准制定的透明度，形成全社会共同参与和监管体制。听证制度可将收费标准制定依据和各专业具体标准等向大众公布，通过严格的程序和充分的建言机制保证听证会的有效性。参加听证会的代表应包括各界人士，通过共同商议确保收费决策的科学性、合理性和规范性。

第四，完善高校学生资助制度。高等教育收费制影响最大的群体是贫困生和特困生，因而收费制度应与学生资助制度相结合。高校学生资助可分为直接资助和间接资助：前者是将资助的费用直接交付给学生本人，包括助学金、奖学金、教育券、减免学费和勤工俭学等赠予性资助，以及学生贷等推迟付费性；后者是将资助经费提供给教育机构再由其根据一定的原则进行分配和补偿，如政府为大学拨款、为高校提供的基础设施和服务、学生家庭税收优惠等均属于间接资助。①

## 三、高等教育财政发展机制

### （一）高等教育财政运作机制

伴随着社会主义市场经济的快速发展，政府有责任来保障每个人平等接受高等教育的权利，维护好高等教育中的处境不利人群的基本权益。在保证公平的基础上，高等教育财政资金的分配和使用应尽可能地提高其效率，保障其资源发挥最大的效能。市场追求的首要原则是效率，但作为准公共产品的高等教育，财政的公共性决定了其公平的重要地位。

**1. 维护高等教育的社会公益性**

促进教育公平是中国一直坚持的基本理念，也是关乎全体民众切身利益的大事。因此，必须以新发展理念为指导，通过公平的教育促进人的全面发展，并以人的全面发展为基础构建和谐社会。教育财政公平主要体现为政府教育经费保障职能、资源均衡配置等方面，这也应成为考核各级政府工作的一项重要指标。在社会主义市场经济背景下，政府是市场失灵的规制者和调控者，防控市场不利因素损害教育公平，因而应明晰各级政府教育财政定位，细化各级政府财政责任。

高等教育担负着培养社会主义的建设者和接班人的重要任务，具有社会公益性，因此不能完全靠市场机制进行调节。诚然，高等教育确实具有一定的经济功能，但这种经济功能不能被异化，如果完全产业化会抑制高等教育社会公益性作用。现实中受高等教育产业化思潮的影响，加剧了教育不公平的问题，甚至少数地区出现了财政政策上的偏差，如公立高校的高收费、乱收费行为。因此，应以市场化为导向需求，强化各级政府在高等教育中的财政责任和保障机制。

**2. 健全高等教育财政法律制度**

为规范高等教育财政运行，必须完善高等教育财政法律制度。如出台

---

① 李文利，魏新. 论学生资助对高等教育入学机会的影响 ［J］. 北京大学教育评论，2003 （3）：83－89.

《教育投入法》，明晰中央和地方政府的高等教育投资责任，规范经费全过程管理的要求（包括经费来源、监管、分配和使用等），保障高等教育财政性经费的有效供给和高效利用。在规范高等教育成本核算方法的基础上，将其成本审计交由社会中介机构，由高校根据经审计结果和国家规定的教育成本分担比例确定学费标准，在相关部门备案后向社会公示，同时加大对营私舞弊和乱收费等违法行为的监管和惩处力度。

高等教育财政责任应结合具体的高等教育事务特征来划分，按照全国性事务和地方性事务划分财权，地方财政不便履行的事务应交由中央处理。高等教育具有很强的地方性事务特征，其受益范围具有明显的区域特征。中国高等教育实行以省级政府管理为主的政策就是对高等教育事务地方性的确认；而涉及高等教育的公平保障、均衡发展等诸多问题则属于全国性事务，应由中央财政负责调节。因而应结合实际进行中央和地方财政的事权范围划分和资源配置。

总体而言，可结合地方经济实力、学龄人口数和教育成本等客观因素，设计科学、合理的财政转移支付公式。按照一定标准和省域发展差距、高校布局、生源结构、毕业生就业去向等因素，完善高等教育财政转移支付制度，对高等教育投资净流出地区的教育成本给予适当补偿。用绩效预算和公式拨款等手段，提高教育财政投入的效能，充分发挥教育财政投入效果。将国家预算内安排用于高等教育的各项支出进行单列，以保障高等教育各项经费逐年递增。

### 3. 拓宽高等教育经费来源渠道

目前，增加财政性教育经费投入仍是解决高等教育经费短缺的主渠道，其关键是要确保财政预算对高等教育支出稳定增长，并拓宽高等教育经费来源渠道。在发挥财政投入主渠道的同时，不断提升其他融资渠道的作用，以实现适龄人口拥有接受高等教育的权利。在贫富差距难以消除的现实背景下，若要实现高等教育机会分配的公平，单纯依靠市场的力量往往会加大已有的差距，因而必须通过政府财政的调控职能特别是激励和扶持功能，才能对弱势学生群体给予适当的帮扶。

此外，政府在加大教育财政投入的同时，必须压缩行政经费的开支，减少不必要的岗位设置，调整财政支出结构，以利于节约更多资金用于发展高等教育事业；要充分利用资本信贷市场，对高等教育融资进行拓展和创新，有效吸纳民间资金投入。政府通过发行教育债券、教育彩票等方式，筹集闲散和小额度的私人资金，诸如可通过中央政府发行教育专项债务，或是地方政府直接发行教育专项债券和彩票，或是地方高校发行有地方政府担保的教育债券和彩票，多渠道筹措高等教育经费。

### 4. 改进高等教育经费拨款方式

高等教育拨款方式除公式拨款外，结合中国实际可采用合同制和基金制等拨款方法，发挥财政拨款的激励作用。为提高教育财政投入的使用效能，必须建立有效的财政监督评估制度。为保证评估的中立与公正性，应引入各类中介评估机构进行评估。采用多种评估手段和方法相结合的措施，保障评估的有效性。高等教育基本运行经费按定额定员分配，专项经费通过招标投标竞争基金，建立高校与主管部门之间的协商谈判机制（马永霞，2002），通过签约约束彼此行为，切实提高专项资金使用效益。

高等教育财政策略应充分利用一切经济杠杆，充分发挥金融调节职能，为高等教育产业发展开辟一条"绿色通道"（胡久权，2000）。诸如成立高等教育银行，利用教育银行发放债券的职能，可拓展高等教育资金来源；通过国际银行组织对中国高等教育进行低息贷款，降低高等教育运营成本。此外，教育银行可通过存款和理财产品有效利用社会上的闲散资金补充教育财政，专门用于高等教育经费需求。利用教育银行鼓励民众将部分存款转化成教育投资，并以优惠的条件吸引居民参与教育专项理财。

### 5. 完善高等教育税收优惠政策

高等教育税收优惠按受惠对象可分为两类：一是给予高等教育服务和运营提供者的税收优惠，如对高校及校办产业给予的税收优惠政策；二是给予受教育者的税收优惠。但目前中国高等教育税收优惠政策主要是针对教育机构的，针对受教育者个人的尚属空白。同时，对高等教育捐赠方的税收优惠尚不到位，如现行税收政策规定准予企业所得税的税前列支的额度有比例限制，从而抑制了社会公众大额教育捐赠的热情。尤其是对个人捐赠约束过多，不利于广泛募集教育经费。

鉴于上述问题，政府实施对受教育者个人或家庭的税收优惠政策，尤其是对贫困或特困家庭在此方面要给予最大限度的优惠。在区分营利性与非营利性民办高等教育的基础上，适当调整其税收优惠政策。非营利性民办高等教育机构具有较强的公益性，可将其视同公办高等教育给予全额免除税收的优惠政策。与此同时，鼓励社会和个人捐赠高等教育，如对所有捐赠高等教育的纳税人，无论是法人还是自然人，均给予所得税税前高等教育经费全额或较大比例的减免。

### （二）高等教育财政拨款模式

中国教育财政拨款模式是与财政体制的发展相适应，大致分为三个阶段。

#### 1. 基数加发展模式（1949～1985 年）

基数加发展模式是根据高校规模及日常开支需要，经费预算在上一年度经费基数基础上，适当增加本年度的发展经费的模式。该模式简单明了，决策程序简便易行，且便于财政集中管理，适合当时的经济发展状况和政策需求，与当时精英教育阶段高校数量少、结构单一的发展状况相适应。但这种模式未考虑上一年度学校支出是否合理，而采取"一刀切"地增加本年度经费，其弊端可想而知。由于基数的确定缺乏系统科学的计量依据，主观性较大，导致单位成本越高的高校，获得的经费越多，越不利于高校控制成本和提高经费使用效率（官风华和魏新，1995）。

此外，人为因素对投资部门决策也产生了一定影响，导致了公共资源分配的寻租行为，严重影响和制约着教育的公平公正、合理有序发展。基数加发展模式在"统收统支""分级包干"的财政体制阶段，高校由上级主管部门核定年度预算，年终结余回收上缴国库。高校辛辛苦苦节约的经费不但不能自由支配，还要如数上缴，这从一定意义上来说鼓励了铺张浪费，因为经费基数计算时要扣除上缴财政的部分，因而下一年度经费增加额度也相对减少。相反，那些铺张浪费的高校却能获得更多的教育经费支持，花得越多得到的也越多，造成了国有资产的严重流失。

#### 2. 综合定额加专项补助模式（1986～2001 年）

1986 年财政部、国家教委联合发布了《高等学校财务管理改革实施办法》，强调高等学校财务管理改革应按照教育规律和经济规律办事，考虑社会效益和经济效益，改革高校经费管理办法，采取综合定额加专项补助的经费拨款模式。该模式是为克服基数加发展模式的弊端，提高办学效率提出的。1980 年国家实行了高校"预算包干，节余留用"的改革，高校经费按年度预算包干使用，年终节余结转归下一年度自由支配，高校在经费使用上有了一些自主权利。同时鼓励高校勤俭节约，将经费使用效益与其自身利益统一起来，激励高校充分利用现有资源不断提升资金使用效能。

综合定额加专项补助模式将高等教育财政拨款经费划分为综合定额和专项补助两部分。其中，综合定额指上级主管部门根据培养成本确定的生均教育经费的定额标准，不同层级的高校和专业定额标准也存在一定差别。根据各级各类高校学生数量和定额标准确定综合定额。经费构成包括教职人员经费、学生经费、教学业务费、行政公务费、维修费、设备费和其他费用等。专项拨款则是对综合定额的补充，依据高校发展需求单独安排给高效使用的专项资金，主要包括重点学科及实验设备费、师资培训费、专业设备补充费、离退休人员经费、外籍专家经费、世界银行贷款的国内配套设备及国外设备维护费以及特殊项目补助经费等。

综合定额加专项补助模式的拨款依据是高校上一年度成本支出，克服了以往基数加发展模式的随意性，教育经费与其事业发展计划和学生人数紧密挂钩，拨款依据更加公开透明。而专项补助项则结合高校经费需求与政府政策目标有效结合，更加有利于实现高校的现实发展需求。高校经费按照"包干使用，超支不补，节余留用"的原则，国家既对教育经费进行了有效限定，又增加了高校使用经费的自主性，提高了高校经费管理的自主责任，通过高校自主加强财务管理，从而在一定程度上提升了教育经费投资效益。

采取该模式的综合定额取决于在校生人数，专向补助由政府部门根据学校的发展需要确定投资数额大小。由于不同类型的高校及不同专业生均培养成本存在一定的差别，导致部分高校和专业因生均培养成本高而出现培养经费严重不足的情况。同时造成高校盲目扩招追求在校生人数而忽视办学质量和效益的状况。由于"综合定额"的成本结构是为会计核算而设计的，该模式对高校实际成本的计算也存在着盲区，过分依靠学生数量进行核算，不能准确地反映学校的成本，容易导致高校盲目扩建和提升办学层次、增加招生数额，从而产生了一些新的问题。不但影响了高校学生培养质量，同时也造成重复建设等问题，严重影响教育投资的使用效率和效益。

### 3. 基本支出预算加项目支出预算模式（2002 年至今）

从 2002 年起，中央财政预算核定方式改为基本支出预算加项目支出预算模式（彭久麒，2003）。要求部门预算外收入全部纳入预算或财政专户管理，收支不挂钩。事业单位开始实施财政集中收付制度，高等教育财政拨款也由之前的综合定额加专项补助模式变为基本支出预算加项目支出预算模式（马陆亭，2006）。高等教育财政拨款划分为基本支出预算和项目支出预算两部分，前者预算经费是用于高校正常运行、基本办学所需；后者预算经费是用于学校大修和某些专项活动所需，可实行项目经费专项管理。专项管理可根据学校的各项活动及功能划分为教学、行政管理、学生服务、后勤服务、建筑维修和其他六个部分。

## 第二节 国外高等教育财政模式

进入 21 世纪以来，全球高等教育在互动交融的国际交流大背景下获得了空前的发展，同时也面临着巨大的挑战。尤其是高等教育经费短缺一度成为世界性的普遍难题，拓展经费来源、提高财政投资效能是国际解决高等教育经费紧张的重要途径。当今世界，将金钱与能力因素结合成为国际上高等教育资源分配的主流。各国发展模式各异，但其高等教育财政基本模式概括起来主要包括控制模式、补偿模式和多元模式三种类型。

### 一、国家教育财政控制模式

#### （一）国家教育财政控制模式的科学内涵

国家教育财政控制模式是中央政府通过财政手段对地方政府施加的控制模式。主要包括教育财政拨款、转移支付、财政补助、财政借款和审查开支等，其中财政拨款和转移支付是教育财政国家控制模式的主要手段。

中央财政补助分为一般性教育补助和专项补助，前者中央不限定具体用途，后者则限定指定用途。财政借款是中央政府通过规定借款条件、限额及用途，实现对教育借款的控制。对地方教育财政预算的审查、批准，以及对地方教育财政开支合法性的审查，是中央政府控制地方教育财政行为的基本手段。

由于教育资源不均衡分布是大多数国家面临的常态，尤其体现在经济发展不均衡的国家，因而各国均努力采取措施促进教育公平。集权制国家可通过国家教育财政控制模式调节教育资源分配，可按照教育均等原则促进教育发展的横向公平，主要是保证同一学区内所有学校和学生的教育财政公平分配，当然这只是一种理想的状态。对发展不均衡的学校，政府可通过不均等的财政拨款政策，适度向处于劣势地位的学校倾斜，实现扶贫济弱的功效。该模式虽具有较强的调控职能，但各国尤其是发展中国家和落后国家财力毕竟有限，只能通过成本分担与补偿原则将教育财政压力转给学生及家庭。遵循成本由获益者分担原则，要求非义务教育阶段学生分担一部分成本，可采取推迟付费办法，这属于纵向性公平。其模式最显著的特色是遵循公共资源济困原则，即教育资源由富裕阶层流向贫困阶层的原则，也可按此原则对弱势群体或特殊群体给予更多的关注和财政拨款，这也成为判断教育资源分配是否公平的最终标准，这是教育财政公平的最高目标，亦是实现教育机会均等的根本保障。[①]

## （二）国家教育财政控制模式的拨款模式

世界银行报告概括了四种典型的国家教育财政控制拨款模式。

第一，协议拨款模式。参考上一年度财政拨款，综合财政能力和发展状况，确定调整系数和下一年度拨款预算。

第二，投入拨款模式。综合学生数量、投入成本和学校发展状况等因素进行拨款。中国是以投入拨款模式为主。

第三，产出拨款模式。财政拨款与教育产出即毕业生人数挂钩，对完

---

① 吕炜. 高等教育财政：国际经验与中国道路选择 [M]. 大连：东北财经大学出版社，2004：121.

成学业计划毕业生人数较多的学校给予更多的拨款。

第四，质量拨款模式。以学校招生生源质量为判定标准，对学校给予相应资助。

## 二、教育财政多维补偿模式

### （一）高等教育成本分担与补偿

高等教育的成本可分为社会成本和个人成本，又可分为直接成本和间接成本。高等教育的社会直接成本是指政府为培养学生而投入的资源及高等教育接受的捐款、捐赠等；高等教育的社会间接成本则指社会为受教育者间接支付的教育费用，主要包括教育使用的土地、建筑物和设备等，如不用于教育而用于其他方面可能获得的租金和利息等收入，或用于教育税收优惠的部分，以及成年学生若不上学而就业时国家可获得的税收。受教育者个人直接成本包括学生或家庭支付其接受高等教育的全部费用；而个人间接成本则指成年学生因接受高等教育而放弃的就业收入。高等教育成本分担与补偿主要是分析高等教育的社会直接成本，即社会为高等教育学生培养投入的成本。其成本分担涉及的主体主要包括各级政府和受教育者及其家庭，若是企业办学还涉及相关企业；成本补偿则是由除政府外高等教育受益各方根据各自收益高低及支付能力大小对高等教育费用进行的补偿。[①]

### （二）高等教育成本的补偿制度

根据高等教育成本补偿与在学时间关系，可划分为实时付费制、预付学费制和延迟付费制三种。其中，实时付费制是即时缴纳在学学费的付费方式。这是被广泛采用的教育成本补偿形式。这种补偿方式可及时弥补教育成本的不足，避免一些不确定性因素的干扰。

预付学费制是指学生在入学之前按照现行学费收费标准付清全部学费或以储蓄方式按收费标准提前支付学费。这种付费制可有效规避学费的上

---

① 闵维方. 高等教育成本补偿政策的决策依据 [J]. 科学决策, 1997 (6): 3-7.

涨、通货膨胀等因素造成的影响，也可为高等教育发展提前储备较为丰富的运行资金，保障高等教育的可持续发展。但此种方式在实践中较少应用。

延迟付费制是指学生在学期间通过借贷、补助等方式支付教育成本，在未来工作后以收入或服务的形式来补偿受教育期间的学费。这种付费制主要包括学生贷款、奖学金、毕业生税、工作后付费和服务合同等。

### （三）高等教育成本的补偿模式

补偿高等教育成本可根据学业成绩划分为三种补偿模式：一是由学业成绩较差的学生负担，如日本高校，这种教育成本补偿方式具有一定的激励作用；二是由学业成绩优秀的学生承担教育成本，如美国私立大学，这种教育成本补偿方式体现了一种对弱势群体的补助作用；三是平均分担模式，如中国高等教育并轨后的收费模式。按照国际上较为典型的国家高等教育成本补偿方式可划分为三种。

第一，美国模式。美国模式包含丰富的教育成本补偿形式，且其主体多元，因此教育经费来源广泛，校友捐助和社会捐助的成本补偿方式较为盛行。尤其是 20 世纪 90 年代创新教育成本补偿方式，对毕业后收入较低不足以偿还在学期间贷款的学生，可通过从事两年的社会服务工作来抵债。这样，既解决了贫困生的后顾之忧，也可为社会提供素质较高的社会工作人员。美国是预付学费制的典型代表，预付学费计划包括学费储蓄计划和州学费预付计划。

第二，日本模式。日本模式代表了韩国、巴西、菲律宾，以及中国台湾等国家和地区的教育成本补偿模式。这种模式采用实时收费与延期收费相结合的补偿模式。一方面公立与私立大学学费差距悬殊，家庭负担比例较大，其私立院校与公立院校学费的比值通常达到两倍左右，且私立院校就读学生占绝大多数，表明承担高额学费的家庭占比很高。另一方面，国家高等教育成本补偿形式较为单一，延迟付费制一般以学生贷款为主，由准官方机构（奖学金基金会等组织）负责发放和管理，且以商业抵押贷款为主，学生毕业后在规定的期限内定期定额偿还全部贷款。

第三，澳大利亚模式。澳大利亚 1989 年实行高等教育贡献（HECS）

计划，通过实时付费制与延迟付费制的有机结合，赋予学生更多自由选择的机会。主要表现在：一是学费的专业差异，按照不同专业设置不同的学费档次，各档次间存在一定差距，给予学生更大的选择空间；二是学费折扣，学生入学时一次性支付全部学费将获得学费折扣，折扣比例高达25%；三是与收入挂钩的贷款，结合贷款学生家庭现有经济水平和预测学生未来的收入设置贷款额度和还款年限，由澳大利亚税务局负责解释延期偿还债务等事项。[①]

### （四）多渠道筹措经费补偿模式

发达国家高等教育多渠道筹措经费，可弥补政府财政投入不足。在高等教育市场化的背景下，各国均积极探求不断拓展高等教育经费来源渠道，缓解高等教育经费紧张问题，谋求多方共同分担高等教育负担机制，呈现出多元化投资主体趋势。许多国家的实践也证明：多渠道筹措经费有助于高校扩大规模，促进教育公平，有利于提高资源的利用率和高校内部效益（宋秋蓉，2003）。多渠道筹措经费主要包括校办产业收入、扩大家庭资助和社区对学生的资助，以及提高学杂费占比、加大贷款范围和比例、多渠道筹集科研拨款和资助、增加高校产业和服务创收、通过对外培训创收以及争取更多捐赠来源等。在欧美等发达国家，学费和捐赠收入，已成为高等教育非官方投入的重要渠道。

此外，发达国家私立高等教育非常发达，私立高校经费主要来源于学生交纳的学杂费，知名私立高校获得校友捐赠数额相对较大，弥补了办学经费不足。招收国外留学生不仅是综合国力的反映，也是高等教育国际知名度提升的重要手段，是教育收入及外汇收入的重要渠道，同时也是引进外国智力资源服务于本国科研及生产实践的重要途径，能不断提升本国发展水平和扩大国际影响力。公立学校筹资多元化是各国政府高等教育改革的目标之一，政府在结合本国经济发展现状的基础上，决定高等教育投入比例，同时通过多种渠道持续增加高等教育经费收入水平。

---

① 韩保君，韩小东，李丽. 论我国高等教育资源的有效供给［J］. 西北大学学报（哲学社会科学版），2003（1）：145 – 147.

企业、个人和社会团体通过独立办学、校企合作及捐赠等方式增加了高等教育的经费来源。美国和日本的私营企业具有较为悠久的投资高等教育的历史，促进了本国私立高等教育的蓬勃发展，私立高校从数量到质量获得了同步提升。日本私立高校数量大大超出国立和公立高校数量，美国的私立高等学校的数量和质量更是获得了国际认可。英国政府在减少高校整体投入的情况下将资助重点转向高成本学科，重视绩效和质量，促进知识交换，如牛津大学、剑桥大学和圣安德鲁斯大学都是由私人或宗教组织捐赠组建而成，此外众多的私立学院增加了海外留学生来英留学的机会。

## 三、教育资金渠道多元模式

高等教育财政多元模式依据经费来源分为政府拨款、学生资助、筹措经费和成本补偿等，其中政府财政拨款依然处于主导地位，而其他经费来源只能作为政府拨款的有益补充。这里释析政府拨款和学生资助模式。

### （一）政府拨款模式

#### 1. 政府拨款模式的类型

政府财政拨款方式受教育体制、经济体制、政治体制和文化背景等影响而存在一定的差异，从全球来看，政府财政拨款方式可大致分为公式拨款、合同拨款、增量拨款和学费拨款四类。

（1）公式拨款。公式拨款是将分项预算和项目预算方法综合，通过公式以高校特征数及相应成本进行预算。公式拨款始于20世纪80年代的工业化国家，因其拨款的科学有效性而被越来越多的国家所推崇。可分为三类：一是学生数公式，政府按照学生数乘以单位成本的结果拨款；二是用教员数乘以成本系数；三是两类拨款公式综合应用，可综合其他预算形式计算。公式所涉及参数权重不同，对政府进行政策调控和高校建设与发展具有一定的引领作用。政府如果想增加某一类型高校或某一学科专业及某学历层次的学生数量，就可通过增加其权重实现目标。多数国家在确定公式拨款权重时主要考虑高校的类型与层次、修业年限和专业类型等，如德国和北欧国家等采用限制学生修业年限的办法。

（2）合同拨款。合同拨款法主要通过合约对高校科研项目和重大基础设施建设进行拨款，通过招投标竞争确定拨款对象。这种方式最初用于大学科研经费的分配，始于 20 世纪 70 年代经济危机时期，英国、法国、丹麦和荷兰等国家均采用了合同拨款方式为高等教育提供经费。合同拨款主要通过协议约束高校的经费使用和效能，因此具有一定的激励作用，有利于高等教育办学质量的提升。但其也存在一些不利的制约因素，总体来说利大于弊，且激励效果较为明显。

（3）增量拨款。增量拨款属于"基数加发展"的一种拨款方式，高校经费当年分配额是以上一年度所得份额为基础，根据高校规模及日常开支需要适当增加本年度经费的模式。增量拨款主要依据公式测算、经验判断和简单的比例增加等方法确定。该模式简单明了，决策程序简便易行，且便于财政的集中管理，与精英教育阶段高校数量少、结构单一的发展状况相适应。但该模式未考虑上一年度学校支出是否合理，且人为因素对投资部门决策也会产生一定的影响，从而导致公共资源分配的寻租行为，制约了教育公平公正、合理有序发展。该模式盛行于 20 世纪 70～80 年代，顺应了世界高等教育大众化趋势，但伴随经济滑坡及高等教育体制改革，因其激励效应不足而渐被其他拨款方式取代。

（4）学费拨款。学费拨款相对灵活，既可将财政经费直接拨给学校，成为公式拨款、合同拨款和增量拨款的一部分，也可采用全额、差额、平均或部分拨款方式直接拨付给学生（田恩舜，2003）。在欧洲各福利国家及部分社会主义国家采用全额拨款方式，在英国、德国、澳大利亚、马来西亚和新加坡等国家通过奖学金与贷学金的方式进行拨款。

**2. 政府拨款模式的应用**

美国由于各州可根据自身情况自主确定政府拨款模式，因此各州拨款模式不尽相同，有采用一种拨款模式的，也有综合采用几种拨款模式的。以美国田纳西州为例，该州绩效拨款项目设定为 5 年一个周期，已成功运作了 6 期。州政府在 2015～2020 年的主要质量考核指标是学生的学习质量和学生的入学及毕业情况，其高校绩效拨款的考核标准如表 8－1所示。

表 8 - 1　　　　　　　　　美国田纳西州高校拨款绩效考核标准

| 标准 | 项目 | 社区学院 | 大学 |
|---|---|---|---|
| 标准 1：学生学习质量及参与度（占比 75%） | 通识教育评估 | 15 | 15 |
| | 专业领域评估 | 15 | 15 |
| | 专业认证与评估 | 15 | 25 |
| | 学习满意度 | 10 | 10 |
| | 就业 | 10 | — |
| | 实施情况评估 | 10 | 10 |
| 标准 2：学生入学及毕业情况（占比 25%） | 五类亚群体学生情况 | 25 | 25 |

从表 8 - 1 可知，学生学习质量及参与度占考核总分的 75%，学生的资助及毕业情况占 25%。学生学习质量即参与度，重点考察通识教育评估、专业领域评估、学业认证与评估、学习满意度、就业和实时状况；学生的入学及毕业情况，主要针对五类亚群体学生按社区学院和大学分别进行考核。

## （二）学生资助模式

根据对学生资助的偿还方式，可将其分为无偿助学金、学生贷款和混合资助三种模式。其混合资助模式是发达国家普遍采用的资助模式，如美国、加拿大、瑞典等国家自从 1990 年以后均采用混合资助模式。混合资助模式汇集了各类资助模式的优点，如助学金可为学生接受高等教育消耗的基本成本提供补助，贷款则可为贫困生和就读于学费昂贵的学校的学生提供帮助。一些发达国家规定接受助学金通常以接受贷款为前提，加拿大和美国均有类似规定（唐英，2007）。

以美国为例，美国联邦政府通过立法为高等教育提供财政资助。除政府财政拨款外，通常还通过设立助、奖学金和贷学金项目，为高校贫困和少数民族等符合条件的学生提供资助；设立专项资助项目，促进高等院校改革和创新。美国高校办学权由州政府负责，联邦政府主要负责协调和宏观政策引领。美国高校学生资助与其他高校拨款相比具有典型特征，高校经费投入和管理权集中在州政府，州政府通过中介组织进行具体的经费分拨，对高校拨款主要用于教学、科研和部分学生资助，并通过立法和行政管理等方式监管高校财政拨款。美国公立高等学校经费主要来源于州政府拨款，高校由州政府自主管理，州政府通过立法规范和管理本辖区内高等教育发展。

美国政府对私立高校的财政资助按资助方式，可划分为直接资助和间接资助。前者以直接财政拨款为主，用于基础建设和教学设备设施等；后者则主要通过合约向学生提供助学金、奖学金及贷款等方式进行资助。财政资助可分为联邦政府、州政府和地方政府三级资助，其中联邦政府的财政资助主要集中在科研资助、学生资助和设施资助，科研资助重点扶持科研实力雄厚的研究型私立高校，学生资助则体现公平性，尤其是加强对收费较高的私立院校困难家庭学生的资助。私立高等学校的学生拥有与公立院校一样的权利，即学生可申请联邦政府设立的助学金、奖学金、贷款及工读补助费用。联邦政府通过免费政策为非营利性私立院校提供财政资助，或直接拨款为私立高校购买教学设备设施等。州政府一般不会对私立高校给予常规性财政支持，而是通过科研补助和学生帮扶等政策给予相应的资助。

# 第三节

## 中国高等教育财政战略

改革开放以来，中国高等教育进行了一系列的多元化体制改革，经过四十多年的发展基本形成了以政府投入为主、其他投入为辅的高等教育体制和多渠道经费筹措格局，高等教育事业步入快速发展轨道，高校数量和招生规模显著增加，高等教育逐步由精英教育转变为大众化教育，其中教育财政投入起到了决定性作用。

## 一、21 世纪以来中国高等教育的发展

1999～2005 年中国高等教育进入全面扩招的发展阶段，高校整体规模呈现出急剧扩大趋势，与之对应的高等教育财政投入也呈现出扩展态势。

进入 2010 年以后，高等教育进入平稳发展阶段，高校数量虽呈现逐年递增趋势，在学规模也呈现出平稳增长态势。图 8 - 2 和图 8 - 3 反映了 2010 ～ 2020 年全国高校数量和在学规模的发展变化情况。

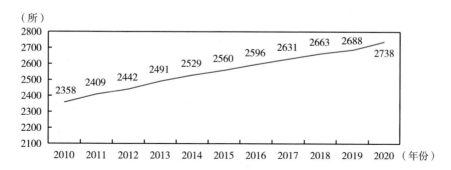

**图 8 - 2　2010 ～ 2020 年全国普通高等学校数量变化情况**

资料来源：历年《全国教育事业发展统计公报》。

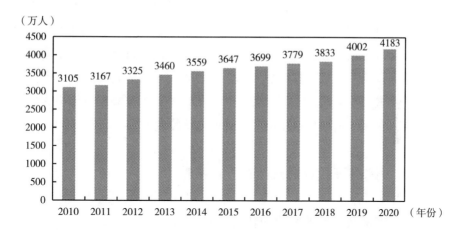

**图 8 - 3　2010 ～ 2020 年全国高等教育在学总规模变化情况**

资料来源：历年《全国教育事业发展统计公报》。

中国高等教育规模扩张的初衷是提升全民素质，促进高质量就业。地方政府在高等教育资源整合中利用集团效应，启动高等教育园区的建设工作，从而促进高等教育发展、与地方经济同步发展。高等教育产业化的实质是为解决高校扩张引发资金困境所采取的政策导向，但也存在着层级传导所造成的效率损失。高等教育财政资金的紧张与高等教育规模扩张有直接关系，公立高校经费主要来源于财政投入，因此经费申请与使用、贷款事项等均取决于政府的政策法令，甚至高校的机构设置都与政府职能部门机构设置相对应。在一定程度上来说，这完全有悖于高校去行政化的初衷，抑制了高校自主发展的动能。

高校的急剧扩招，在现有办学条件下必然造成资源的不足，因而建设新校区迫在眉睫，通常多所学校都会选择某一地段集中建设，形成所谓的高教园区。这些建设需要大量资金，高校通过扩招收费、土地置换和银行贷款融资等方式来弥补资金的不足。同时，民办学院、独立学院、公办民助院校和民办公助院校等纷纷兴起，这些高校通过高额收费（通常高于公立院校）、兴办产业等开展办学，但有的院校依然无法弥补资金缺口，只能通过再贷款来进行融资。其中存在着盲目跟风效仿的现象，诸多高校未谨慎考虑自身发展规划而盲目扩建与融资，导致一些高校专业设置雷同、无序竞争、急功近利、培养模式单一等问题。

中国高校扩张阶段之后，高等教育和高校发展迎来了崭新阶段。其发展重心伴随国家政策发生了质的转变，由注重数量转变为以提高高等教育质量为核心任务的内涵式发展阶段。在高等教育改革过程中，逐步形成以国家财政投入为主、教育费附加为辅，通过收取非义务教育阶段学生的学杂费、开办校办产业收入、设立教育基金和社会募捐等多渠道筹措高等教育经费管理体制，有效促进了高等教育的可持续发展。

## 二、中国高等教育财政改革发展战略

### （一）高等教育经费结构的特点

中国高等教育经费来源主要包括国家财政性教育经费、学杂费、社会团体和个人办学经费、社会捐赠和集资经费等。其高等教育经费结构的特点主要体现在以下几方面。

第一，政府财政性拨款仍是高等教育经费来源的主要渠道，但增长率不稳定。2008 年世界金融危机时，高等教育经费出现了大幅负增长，国家财政投入与既定目标存在着较大差距，相应的应对和保障机制也不够健全。

第二，学杂费收入已成为高等教育经费来源的第二渠道，且有不断增长的趋势。20 世纪 90 年代高等教育实行收费制度以来，其学杂费占比曾高达 1/3。1996 年国家出台《高等学校收费管理暂行办法》，规定该比例不能超过生均培养成本的 25%，但现实中超过该标准的情况也时有发生。

第三，其他融资渠道获得高等教育经费困难较大。从增长率来看，从其他融资渠道获得高等教育经费曾一度出现萎靡态势，各项办学经费占比很小，不能与国家财政性教育经费增长保持同步，社会办学和社会捐集增长比率均出现了下滑趋势。此外，以校办产业收入和产学合作等为主的融资方式正逐步发展为高等教育经费来源的重要渠道，且有不断提升的空间和发展潜力。

### （二）高等教育财政宏观发展战略

保障高等教育的可持续发展，教育财政创新发展可起到关键性的作用。2017 年全国人大代表翟志海提出了相当有建设性的建议：中央与地方财政应逐年增加财政性教育经费，中央财政性教育经费支出占 GDP 比例应保证每年至少比上一年度增加 0.1 个百分点；省级教育经费所占本级财政支出的比例，应每年平均增长至少 0.2 个百分点，省级以下各级政府应保持同样的水准。因此，应建立和完善高等教育财政体系，在充分尊重高校自主发展的基础上做好顶层设计，充分发挥政府部门的引领职能，加强高校与社会各界的联络，通过校企合作增加高校经费来源渠道。

第一，给予私立高校财税扶持。发达国家私立高校的快速发展离不开政府的扶持，如政策扶持、财政资助和税费减免等。对非营利性质的私立高校，政府应给予与公立高校平等的财政资助。日本早在 19 世纪末就已对私立教育予以立法，美国 1958 年通过《国防教育法》对私立高等教育提供法律支撑和制度规范。中国民办高等教育立法则相对较晚，如 2002 年出台《中华人民共和国民办教育促进法》和 2007 年发布《民办高等学校办学管理若干规定》均在 21 世纪，对民办高校发展提供了基本的法律保障和政策支持，但却没有有效解决民办高校发展中的诸多现实问题。2016 年《中华人民共和国慈善法》的颁布，明确规定了慈善信托的财产登记制度、鼓励大额捐赠的税收抵扣制度和非现金财产的捐赠税收认定等，这对增加高校经费筹措渠道特别是吸引高额捐赠具有重要导向作用。政府应重视社会融资对私立高校发展的重要性，广泛实施财政配比政策，加快发展私立高等教育。

第二，强化地方教育投资责任。各级政府教育财政拨款的增长幅度应高于财政经常性收入的增长幅度，生均费用应逐步增长，实现生均教育经费与人均 GDP 的同步增长，不断加大地方各级政府的教育投入力度。高等教育组织作为非营利性组织，高校资产大多属于国有资产而非个人资产，其资产仅有运营权而非所有权，这导致其创收能力十分有限。高等教育事业的跨越式发展及地方高校的规模扩张，为地方经济建设和全面发展提供了丰富的人才供应和智力支撑，作为受益方的地方各级政府应针对不同层次和类型的高校，按高等教育经费需求进行科学的评估和测算，加大高等教育的财政投资力度，不断提升生均教育经费水平，并实现经费投资的科学化和规范化。

第三，强化高等教育财政投入。政府应通过法律法规保障高等教育财政经费的稳步增长，明确增长指标；改革教育财政拨款体系，建立国家和地方教育拨款委员会，并赋予其独立监管权，监控政府拨款和高校经费使用效果；中央及地方政府都应严格执行教育经费公示制度，接受全社会监督，建立与完善高等教育评价体系及风险预警机制。目前，诸多地方高校尚未摆脱传统理念的束缚，面对新情况依然固守传统思维，盲目扩张造成了不必要的损失，且因缺乏长远规划和科学的评估程序，即便能顺利获取财政教育经费，其资金效益较差，造成严重的资源浪费。因此，政府应合理规划高等教育布局，对教育财政经费进行有效管理，及时化解风险，充分发挥教育财政资金使用效益，使之更好地为高等教育事业发展服务。

第四，完善筹措教育经费机制。目前，应完善政府拨款为主、多渠道筹措教育经费机制，注重通过助学贷款、奖学金、购买服务以及出租、转让闲置国有资产等措施扶持民办高等教育的发展。通过不断完善财税、土地和金融等优惠政策，吸引社会资源进入教育领域；运用财税优惠政策激励社会性捐赠，适时发行高等教育债券和教育彩票，允许福彩和体彩等公益金用于教育发展。在高等教育市场化的背景下，各国积极拓展高等教育经费来源渠道，谋求多方共同分担高等教育负担机制，多元化的投资主体渐成主要趋势。在建设"双一流"高校和"双一流"学科的背景下，高校更应抓住机遇，充分调动社会各方力量，广泛开拓经费来源渠道。此外，企业、个人和社会团体通过独立办学、校企合作及捐赠等方式增加了高等教育经费来源。

### （三）高等教育财政微观发展战略

第一，坚持教育的内涵式发展。高校的特色是一所高校长盛不衰的关键所在，更是高校的核心竞争力。国际知名院校都具有鲜明的特色，如哈佛大学、剑桥大学、牛津大学均以注重学术自由和理念创新而著称，在招生中更加关注学生的创新实践能力，注重考查学生的综合素质和水平。中国高校若想尽快达到发达国家的水平，就必须对自身进行精确定位，充分发挥自身优势，在创新的基础上办出自己的特色，并以特色为引领不断提高办学质量。当前，在创办"双一流"大学和"双一流"学科政策背景下，特色发展是高校突破发展"瓶颈"的关键所在，各高校应结合好自身的实际大胆创新，实现既能发挥自身优势又能突出重点的特色发展。

第二，提升高校运作专业水平。目前，中国高校的自主筹资意识较弱，融资渠道相对有限，高校中尤其是公立高校对政府财政依赖程度依旧较高。高校确定好中长期发展规划目标后，应给予持续性的资金扶持。政府在财政拨款时设立高校绩效考核指标，并通过测算进行合理分配；高校也应摆脱传统"等靠意识"的束缚，敢于承担适度风险，不断拓展教育融资领域；培养和聘请专业人士在投资、筹资、财务管理及资产规划等领域创建科学、灵活、高效的管理模式，提升本金运作水平；通过组建专业部门或聘请专业机构，充分发挥信托与项目管理、捐赠关系维护、筹款运动策划、融资计划和项目组合等特长，争取获得更大的教育效益。

第三，注重第三方机构的作用。高等教育第三方中立机构对教育财政拨款的监督、协调和规范运作起到了重要的作用，既能维护政府的经济利益，又能保障学校的合法权益，有助于实现教育公平。第三方机构向政府部门负责但不受其直接管理，可依据政府部门设定的年度高教政策目标进行调控，并向政府部门提交年度报告。该机构参与高校财政拨款和绩效评估应具备专业性，其绩效考核结果可直接作为对高校拨款的依据。第三方机构科学运作是高校财政可持续发展的关键，因而应通过专业人员对数据进行精确分析，编制绩效考核指标，提高高等教育财政经费配置的科学性，及时向社会公布拨款依据和考核结果，接受社会监督，真正做到财政款项取之于民、用之于民。

第四，强化地方高校自我管理。政府在高等教育财政拨款不足、创收及融资渠道有限的情况下，各类高校应奉行开源节流原则，在尽量争取外部教育资金的同时应做好自有资金管理。高校在申请政府专项高等教育资金拨款方面，因受制于公共财政发展水平，专项教育资金在高校资金来源中所占比重不大。因此，在高等教育财政资源有限的情况下，各级各类高校就必须加大现有教育资金管理，强化高等教育经费节流力度，持续增加高等教育事业收入，对各部门高等教育预算外收入实行统一核算，严格管控，严查贪污浪费等问题，集中高校有限的教育资金，进行科学合理的分配，提高高等教育资金使用效益。

第五，发挥高校捐赠基金效能。高校捐赠基金来源于爱心人士和团体，在使用时必须发挥其最大效能，促进高校从优秀走向卓越。该基金要用于提高和改善高等教育质量，不断提升科研水平，促进科技成果转化和产业合作，原则上不能用于维持高校的基本日常支出或基础设施建设，公立高校的基础设施建设主要是政府财政的资助范围。在高校捐赠基金极其有限的情况下，就更应发挥有限资金的效能，注重卓越项目与常规性学生资助项目的统筹与协调，加强创新型应用技术人才的培养，促进政企联系、校企合作，更好地服务于社会经济建设，充分体现捐赠资金的真正价值所在。同时，通过充分发挥捐赠资金的效能来吸引更多爱心人士投入高校捐赠事业。

第六，借鉴与强化董事会管理。民办高校董事会主要职责是经费筹措、人事选举和任命，以及提升学校影响力等。高校董事会制度是美国私立高校的一大特色，学校的权力机构是董事会，由师生代表、资助者、政府、企业、校友代表等各界人士组成，分为校院系三级董事会，分开监管；日本私立高校运作分为行政管理和学术管理，通过理事会进行监督协调，管理学校的具体事务，同时设有监事负责监管学校的财产。借鉴国外经验并结合国情，中国可积极将高校资助者、政府、校友及企业代表利益相关者纳入董事会及监事会，加强内外部监督。建立校内审议制度对学校各项事务的运行进行全方位监督审议，并将结果交由董事会集体讨论，可有效提高决策的科学性。

第七，建立高校绩效考核指标。在高校绩效考核中定期跟踪检查是关键，只有定期跟踪检查才能及时发现高校运作中的问题。考核指标的设定要根据不同学校采取不同策略，如高职院校与普通本科院校的绩效考核指标就应有一定的差别。总体而言，考核指标体系可根据研究成果、成果转化、教学质量、内外部监督、外部合作、就业质量和学业水平等内容设计，并将相关服务产生的社会效益和经济效益纳入绩效考核指标，注重产教融合和科技转化。考核指标可按时态和内外部需求变化，及时调整和补充，真正发挥指标体系科学评价的职能。同时，各高校内部也应建立相应的考核指标体系，随时进行自检自查，提升自我监督水平，从而保障高等教育工作运行的质效。

总之，高等教育作为准公共产品必须在教育公平的基础上，使高等教育财政资金的分配和使用发挥其最大效能。高等教育财政只有在不断地创新与改革发展中才能实现可持续发展，更好地促进高等教育与经济、社会的协调发展，在助推高等教育科学发展的同时为社会经济发展产生更大的效益、创造更高的价值。

# 第九章

# 非政府教育投融资

非政府教育投融资作为教育财政的重要补充发挥着越来越重要的作用，在教育投融资改革中须通过制度约束确定教育投融资各类资金的来源及比重，明确政府、教育机构和居民个人等投融资主体的权责与义务。本章主要释析民办教育经费的投融资、个人教育的投资与学费、社会捐赠教育资金规制和民间借贷教育资金分析四个问题。其中，民办教育经费的投融资包括民办教育含义的界定与变迁、民办院校的困境及经费来源、民办院校教育经费问题分析和民办院校教育经费筹集策略；个人教育的投资与学费包括个人教育投资影响因素、个人教育投资非确定性和个人教育学费标准管理；社会捐赠教育资金规制包括社会捐赠相关概念的界定、社会捐赠与公益捐赠异同，以及社会捐赠现实困境与规制；民间教育借贷资金分析包括民间借贷的基本特点、民间借贷与银行贷款，以及民间借贷的案例分析。

## 第一节

### 民办教育经费的投融资

民办教育以私立教育为主，尤其是春秋战国时期以孔子为代表发展到了空前繁盛状态。新中国成立后，伴随社会经济的快速发展，公立教育逐步完善并占据主导地位。当代民办教育作为公立教育的重要补充再次兴起，通过民办教育可为不同层次的受教育者提供所需的教育，是人力资本发展和扩充的重要路径。民办教育的非义务性能获取一定的收益，使民间组织和个人投资兴办学校成为现实，且逐步成为教育融资的重要渠道。

## 一、民办教育含义的界定与变迁

### （一）民办教育的含义

一般而言，民办教育也称私立教育、民间教育，是相对于公办教育或公立教育的教育形式，是指国家机构以外的社会组织或个人利用非国家财政性经费面向社会举办学校及其他教育机构的活动。根据 2002 年 12 月制定、2018 年 12 月第 3 次修订的《中华人民共和国民办教育促进法》（以下简称《民办教育促进法》）规定，民办教育事业属于公益性事业，是社会主义教育事业的组成部分。

国家对民办教育实行积极鼓励、大力支持、正确引导、依法管理的政策方针，中央及地方各级政府应将民办教育事业纳入国民经济和社会发展规划。民办学校与公办学校具有同等的法律地位，国家保障民办学校的办学自主权，保障民办学校举办者、校长、教职工和受教育者的合法权益，鼓励捐资办学，对为发展民办教育事业做出突出贡献的组织和个人给予奖励和表彰。

中国民办学校大致分为两类：一是举办实施学历教育、学前教育、自学考试助学和其他文化教育的民办学校，由县级以上教育行政部门按照国家规定的权限审批；二是举办实施以职业技能为主的职业资格培训、职业技能培训的民办学校，由县级以上政府劳动和社会保障部门按照国家规定的权限审批，并抄送同级教育行政部门备案。

### （二）民办教育的变迁

中国是历史悠久的文明古国，私立教育源远流长。早在春秋时期，孔子等就开始兴办私学，战国时期形成了以儒墨道法为代表的私学"百家争鸣"的局面。此后，私立学校在传承中华文明方面发挥了重要作用。

改革开放后，民办教育进入了新的发展时期。1982 年 11 月第五届全国人民代表大会提出"两条腿"办教育的方针；1985 年 5 月发布的《中共中央关于教育体制改革的决定》提出，"地方要鼓励和指导国营企业、社会团体和个人办学"，民办教育多是非学历的文化补习性质的培训；1992 年 10 月党的十四大提出，鼓励多渠道、多形式社会集资办学和民间办学形式，改变国家包办教育的做法；1993 年 2 月中共中央、国务院颁布的《中国教育改革和发展纲要》中规定，"逐步建立以政府办学为主体、社会各界共同办学的体制"，以及"国家对社会团体和公民个人依法办学，采取积极鼓励、大力支持、正确引导、加强管理的方针"，将民办教育推进到中、高等职业教育和职业培训领域。

1997 年 7 月国务院发布了《社会力量办学条例》，这是新中国成立后第一个规范民办教育的法规，标志着中国民办教育进入了依法办学、依法管理、依法行政的新阶段；1997 年 8 月党的十五大提出了"科教兴国"战略，政府加大教育改革与发展的力度；1999 年夏召开的全国教育工作会议提出要大力发展民办教育，在"十五"期间要基本形成以政府办学为主体、公办学校与民办学校共同发展的教育格局；2002 年 12 月制定了《民办教育促进法》，至当年年底，中国各级各类民办学校已经发展到 6.12 万所，在校生总规模已达 1115.97 万人，其中民办高等教育机构 1202 所、民办普通中学 5362 所、民办职业中学 1085 所、民办小学 5122 所和民办幼儿园 4.84 万所。

2018 年 12 月第 3 次修订的《民办教育促进法》、2021 年 4 月修订的《中华人民共和国民办教育促进法实施条例》完善了民办教育的相关制度，有利于实现良法善治的积极互动，更好地稳定预期、指导实践，保障民办学校及受教育者、教职工、举办者等各方的合法权益，促进民办教育持续健康高质量发展。截至 2020 年底，全国共有民办学校 18.67 万所，占全国各级各类学校总数的比例超过了 1/3；在校生 5564.45 万人，占比接近 1/5。随着民办教育行业竞争的加剧，大型民办教育服务机构的服务创新与资本运作日趋频繁，国内优秀的民办教育服务日益重视对行业市场的研究。为此一大批国内优秀的民办教育服务提供品牌迅速崛起，逐渐成为民办教育行业中的翘楚。

## 二、民办院校的困境及经费来源

中国民办院校类型较为复杂，主要分为三类：一是具备颁发国家承认的学历文凭资格的民办高等学校；二是具有高等教育学历文凭考试的试点学校；三是不具有颁发国家承认的学历文凭的高等教育机构，其大多属于高等教育自学考试助考辅导机构，少数属于高中后的非学历职业教育培训机构。此外，还有公办普通本科高校按新机制、新模式举办的二级独立学院，即部分地区的公立高校试点并引入民办机制，设置独立办学、独立核算、独立招生和独立颁发学历证书的本科层次的独立学院。

### （一）民办院校的发展困境

根据教育部公布的全国教育事业发展大数据——《2021 年全国教育事业统计公报》（以下简称《公报》），2021 年全国高考报名人数为 1078 万人，本专科录取率为 92.89%。相比 2012 年参加高考人数 915 万人，高等教育计划招生 635 万人，录取率为 69.40%，录取率大幅提升，在公办高等院校增速较低的背景下给予了民办高等教育有了更大的发展空间。我国民办高校出现在 20 世纪 90 年代，主要集中在经济相对发达、普通高校分布较多的地区。近年来，民办高校呈现出不断上升的发展态势，越来越多的民办高校如火如荼地兴办起来。[①]据《公报》统计数据，2021 年全国民办高校 764 所，占全国高校总数的比例 25.37%，其中普通本科学校 390 所、本科层次职业学校 22 所、高职（专科）学校 350 所、成人高等学校 2 所。民办普通、职业本专科在校生 845.74 万人，同比增加 54.40 万人，占全国普通、职业本专科在校生的比例 24.19%。

民办院校发展的直接动力是当前中国仍有近一半的适龄人口未就读高等教育，特别是在广大农村地区高教就读率也远低于城市，在公办教育有限的情况下民营办学仍有很大的发展市场。在高考竞争日趋激烈的背景下，如何解决公办教育的溢出生源实际上已成为一个社会广泛关注的问

---

① 民办高校［EB/OL］．央视网，http：//news. cntv. cn/lm/792/41/56672. html.

题。2012 年共有民办院校 706 个，其中本科院校（所）390 个、高职院校（所）316 个，民办教育普通本专科招生数仅为 160.28 万人，不足全国高等教育招生数量的 1/4。随着民办院校数量快速增加，一些独立学院也向民办院校转型，2019 年全国民办院校高达 756 个，其中本科院校（所）434 个、高职院校（所）322 个，民办院校招生数量突破 200 万人达到 219.69 万人。

中国民办院校发展相对缓慢，这是因其资金来源有限和高教行业长期壁垒所致。2020 年教育部对独立学院转设进度提出了目标，至 2020 年 11 月教育部公布了 37 所独立学院（拟）转设情况，其中 7 所转为公办高校、2 所撤销建制、28 所转为民办本科普通高校。尽管当前民办院校政策放宽，但其认可度低、生源不稳定导致学校在师资、资金等资源短板明显。民办院校教师晋升、评价和待遇依然较差，民办院校成为多数毕业生的跳板，师资流失严重。根据民办院校教师离职去向调查，具有高级职称教师占比高达 30%，主要流向企业和公办高校。2016～2019 年部分民办院校离职去向情况：企业 28%、公办高校 26%、考研（硕博）20%、公务员及事业单位 12% 和其他 14%。

民办院校办学质量参差不齐，发展差异较大。总体上看，民办教育办学成本不断提高，招生较为困难，加剧了民办高等教育的财务危机。同时，教职员工薪酬、设备、软件、租金等成本均呈不断增长的趋势，但限于教育经费压力，民办高等教育办学条件、办学效益、办学行为、课程设置、专任教师和队伍结构等均存在不同程度的问题。在办学成本增加的前提下，学费收取也受到一定的影响，且学费价格受政府部门管控，利润很小甚至亏损，地方民办院校发展举步维艰。借鉴西方国家经验，科学划分、布局盈利性与公益性民办院校，在对营利性民办院校征税的同时，可对公益性民办院校给予免税政策，以促进民办高等教育持续发展。

### （二）民办院校的经费来源

民办院校按照盈利属性和公益性主要分为三类。一是公益性民办学校：投资者个人回报率为零，盈利节余只能用于学校发展，此类学校在中国很少，欧美国家相对较多。二是微利公益性民办学校：以公益为目的获取微额的利润，投资者回报率不高于国库券利率，营利节余仅用于学校发展，投资者虽有少量回报但却低于国库券利率甚至不足银行利率。三是营利性民办学校：以营利为目的，通过发展教育获取一定的报酬，投资者回报率高于国库券利率，盈利结余可自由支配，无任何限制条件，此类学校从回报率来看属于教育产业。

**1. 中国民办院校教育经费来源情况**

中国民办高等学校教育经费主要有事业来源（学费和其他）、财政性教育经费、民办学校投入、捐赠来源和其他教育经费五项。2013～2017 年教育经费总额年均增长 8.9%，其中财政性教育经费年均增长 10.1%，学费增长了 8.3%。学费和财政性教育经费是教育经费来源中占比最高的两项，其中 2017 年民办院校教育经费总额为 1095.1 亿元，学费来源 817.5 亿元，国家财政教育经费 107.8 亿元，各占经费总额的 74.7% 与 9.8%。各项经费来源具体情况如表 9-1、图 9-1、图 9-2 所示。

表 9-1　　　2013～2017 年中国民办高等学校教育经费来源情况统计　　单位：万元

| 项目 | | 2013 年 | 2014 年 | 2015 年 | 2016 年 | 2017 年 | 年均增长率（%） | 2017 年经费比重（%） |
|---|---|---|---|---|---|---|---|---|
| 财政性教育经费 | | 733502 | 801497 | 930603 | 1189363 | 1077738 | 10.1 | 9.8 |
| 事业来源 | 学费 | 5944336 | 6476885 | 6931768 | 7473315 | 8174476 | 8.3 | 74.7 |
| | 其他 | 504154 | 594672 | 738949 | 789245 | 891741 | 15.3 | 8.1 |
| 民办学校投入 | | 340322 | 191542 | 281014 | 472742 | 379795 | 2.8 | 3.5 |
| 捐赠来源 | | 34165 | 18219 | 36122 | 33525 | 42887 | 5.9 | 0.4 |
| 其他来源 | | 248664 | 208906 | 337564 | 285434 | 383930 | 11.5 | 3.5 |
| 教育经费总额 | | 7805144 | 8291721 | 9256022 | 10243624 | 10950566 | 8.9 | 100 |

注：其中 2013～2017 年国家财政性教育经费为公共财政预算教育经费与各级政府征用于教育的税费合计值；事业来源值为事业来源与校办产业和经营收益用于教育的经费合计值；事业来源中的其他来源为事业来源值与学费的差值；年增长率及经费比重数据根据绝对值数据计算整理得出。

资料来源：2014～2018 年《中国教育经费统计年鉴》，其中 2017 年数据来源于"中国 2017 年各级各类教育机构教育经费来源情况统计（民办）"。

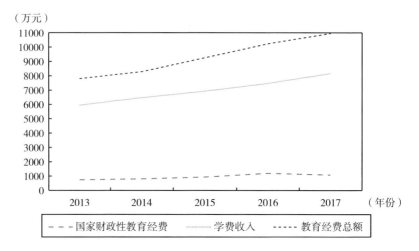

**图9-1 2013~2017年中国民办院校教育经费来源变化趋势**

资料来源：2014~2018年《中国教育经费统计年鉴》，其中2017年数据来源于"中国2017年各级各类教育机构教育经费来源情况统计（民办）"。

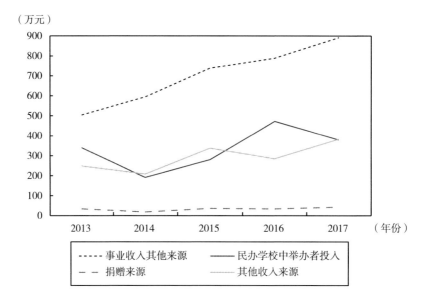

**图9-2 2013~2017年中国民办院校教育经费来源变化趋势**

资料来源：2014~2018年《中国教育经费统计年鉴》，其中2017年数据来源于"中国2017年各级各类教育机构教育经费来源情况统计（民办）"。

## 2. 中国各类高校教育经费来源情况

中国各类高校教育经费主要由国家财政性教育经费、民办学校中举办者投入、事业来源（学费）、捐赠来源和其他教育经费五项构成。2013～2017 年教育经费总额年均增长 8.0%，其中国家财政性教育经费年均增长 8.8%，学费年均增长 3.3%，其他事业费年均增长 13.5%。国家财政性教育经费和学费是占比最大的两项教育经费来源，其中 2017 年教育经费总额为 11108.1 亿元，其中财政教育经费 6899.1 亿元，学费 2332.3 亿元，各占教育经费总额的 62.1% 与 21.0%。各项经费来源的具体情况及变化趋势如表 9 - 2 和图 9 - 3 所示。

**表 9 - 2　　2013～2017 年中国各类高等学校教育经费来源情况统计**　　单位：万元

| 项目 | | 2013 年 | 2014 年 | 2015 年 | 2016 年 | 2017 年 | 年均增长率（%） | 2017 年比重（%） |
|---|---|---|---|---|---|---|---|---|
| 国家财政性教育经费 | | 49333907 | 52632080 | 59299929 | 62878522 | 68990718 | 8.8 | 62.1 |
| 事业来源 | 学费 | 20483943 | 20264495 | 20582691 | 21766357 | 23322768 | 3.3 | 21.0 |
| | 其他 | 6979283 | 9192924 | 10109216 | 10471919 | 11581895 | 13.5 | 10.4 |
| 高等学校投入 | | 340322 | 191542 | 281014 | 472742 | 379795 | 2.8 | 0.3 |
| 捐赠来源 | | 435906 | 404072 | 481533 | 472074 | 464311 | 1.6 | 0.4 |
| 其他来源 | | 4212787 | 4251437 | 4427397 | 5184838 | 6341262 | 10.8 | 5.7 |
| 教育经费总额 | | 81786148 | 86936551 | 95181780 | 101246451 | 111080749 | 8.0 | 100.0 |

　　资料来源：2014～2018 年《中国教育经费统计年鉴》。其中，2010～2013 年的学费数据缺失用学杂费数据代替，学费增长率数据 5.9% 为 2010～2013 年的年均增长率。

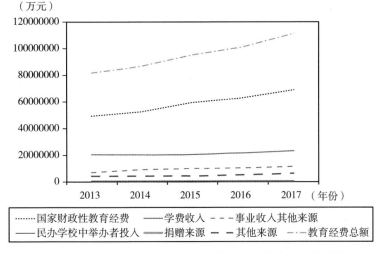

**图 9 - 3　2013～2017 年中国各类高校教育经费来源变化趋势**

　　资料来源：2014～2018 年《中国教育经费统计年鉴》。其中，2010～2013 年的学费数据缺失用学杂费数据代替，学费增长率数据 5.9% 为 2010～2013 年的年均增长率。

### 3. 美国私立高校教育经费来源情况

美国私立高等学校教育经费来源与中国民办院校有着较大的差异，主要包括政府投入、学费、捐赠来源、投资回报、教育活动、辅助企业、附属医院和其他教育经费8项，尤其是投资回报、教育活动、辅助企业、附属医院已成为美国私立高校教育经费来源的重要组成部分，且投资回报呈现持续增长的态势。2016～2017年度教育经费总额为25836749万美元，其中，学费8839830万美元、投资回报4888020万美元、捐赠来源2843457万美元、政府投入2791989万美元和附属医院收入2673079万美元，各占教育经费总额的34.2%、18.9%、11.0%、10.8%和10.4%，是美国私立高校教育经费的主要来源，尤其是投资回报增长幅度较大（见图9-4）。各项教育经费来源情况如表9-3所示。

表9-3　　　　2016～2017年度美国私立高等学校教育经费来源情况

| 项目 | 绝对值（万美元） | | | 总计占比（%） |
| --- | --- | --- | --- | --- |
| | 营利性 | 非营利性 | 私立高等院校 | |
| 学费 | 1442984 | 7396846 | 8839830 | 34.2 |
| 政府投入 | 56100 | 2735889 | 2791989 | 10.8 |
| 捐赠来源 | 1259 | 2842198 | 2843457 | 11.0 |
| 投资回报 | 4145 | 4883875 | 4888020 | 18.9 |
| 教育活动 | 20339 | 751629 | 771968 | 3.0 |
| 辅助企业 | 24720 | 1800456 | 1825177 | 7.1 |
| 附属医院 | — | 2673079 | 2673079 | 10.4 |
| 其他教育经费 | 28360 | 1174869 | 1203229 | 4.7 |
| 总计 | 1577906 | 24258842 | 25836749 | 100 |

注：绝对值数据中的私立高等院校数据为对应项目的营利性与非营利性数据相加得出；绝对值中的营利性与非营利性数据统计项目不一致，营利性私立高校数据中无"附属医院"项目；总计占比根据相应的绝对值数据计算得出。

资料来源：美国国家教育统计中心（NCES），https：//nces. ed. gov/programs/digest/2018menu_tables. asp。

## 三、民办高等教育经费问题分析

### （一）民办院校教育经费结构分析

从上述表9-1、表9-2和表9-3中可以看出，民办院校学费来源年均增长率与教育经费年均增长率相差不多,但学费占比较高,达70%以上,民办院校依然主要靠学费收入维持运行;中国各类高校的学费所占比重为20%左右,而美国私立高等学校学费比重则为34.2%,两者占比差距过大(约14%)。

### 1. 经费来源结构相对单一

中国民办教育经费来源相对单一,如图9-4和图9-5所示。

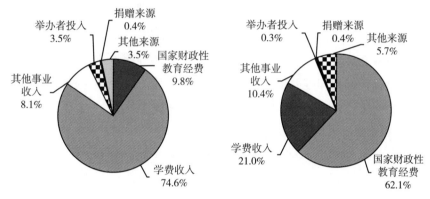

(a)民办院校教育经费来源结构　　　　(b)各类高校教育经费来源结构

**图9-4　2017年中国民办院校及各类高校教育经费来源结构对比**

资料来源:2014~2018年《中国教育经费统计年鉴》,其中2017年数据来源于"中国2017年各级各类教育机构教育经费来源情况统计(民办)"。

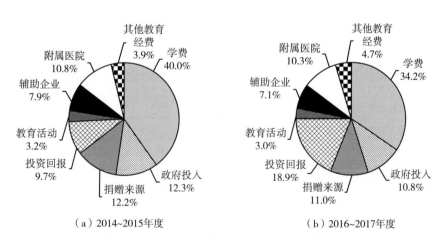

(a)2014~2015年度　　　　　　　(b)2016~2017年度

**图9-5　美国私立高校教育经费来源结构年度对比**

资料来源:美国国家教育统计中心(NCES)。

从图 9 - 4 和图 9 - 5 可以看出，中国 2017 年民办院校学费收入（74.6%）、政府投入（9.8%）和其他事业收入（8.1%）为教育经费的主要来源，占教育经费总额的 92.5%；美国私立高校教育经费来源众多，美国 2016～2017 年度私立高校各项教育经费来源占比由高到低排在前六位的依次是学费（34.2%）、投资回报（18.9%）、捐赠来源（11.0%）、政府投入（10.8%）、附属医院收入（10.3%）和辅助企业（7.1%），总计占比 92.3%。中国民办院校捐赠来源占教育经费总额的比重最低，为0.4%，美国私立高校捐赠来源占全部经费来源 2014～2015 年度为 12.2%、2015～2016 年度为 11.0%，排第三位，两者差距显著。通过美国私立高校教育经费来源结构年度对比可以发现，学费占比下降较多，投资回报的收入则涨幅较大，由 9.7% 上升为 18.9%，比例翻了一番。

**2. 教育经费来源较为不足**

2017 年中国民办院校数量、本专科在校生人数和教育经费来源情况如表 9 - 4 所示。

表 9 - 4　　　　　　　2017 年中国民办院校教育经费来源情况

| 项目 | 民办院校 | 各类高校 | 民办院校占全国各类高校比重（%） |
|---|---|---|---|
| 学校数（所） | 747 | 2913 | 25.6 |
| 本专科在校生人数（万人） | 651.3 | 3561.7 | 18.3 |
| 学费（亿元） | 817.5 | 2332.3 | 35.1 |
| 教育经费来源总额（亿元） | 1095.1 | 11108.1 | 9.9 |
| 人均教育经费（万元） | 1.68 | 3.12 | 53.9 |
| 国家财政性教育经费（亿元） | 107.8 | 6899.1 | 1.6 |
| 人均国家财政性教育经费（万元） | 0.17 | 1.94 | 8.8 |

资料来源：学校数、本专科在校生人数数据来源于《中国统计年鉴（2015）》《2017 年教育统计数据》，教育经费来源总额数据来源于《中国教育经费统计年鉴（2015）《中国教育经费统计年鉴（2018）》，人均教育经费数据、人均国家财政性教育经费数据根据对应的教育经费来源总额、国家财政性教育经费额及本专科在校生人数数据计算得出。

从表 9 - 4 可以看出，中国 2017 年民办院校（所）数量为 747 个、在校生人数为 651.3 万人，分别占全国各类高校数量及在校生人数的比重为25.6% 和 18.3%，已成为民办高等教育重要的组成部分。但教育经费来源总额仅占各类高校教育经费来源总额的 9.9%，存在一定差距。国家财政性教育经费仅占各类高校国家财政性教育经费的 1.6%，反差巨大。这一反差不仅体现在国家财政性教育经费来源总额上，而且人均国家财政性教育经费差距也较大，不足全国各类高校的 1/10。

此外，中国民办院校人均教育经费仅为全国各类高校人均值的 50% 左右。从表 9-1 和表 9-2 各项教育经费来源年均增长值数据看，中国民办院校近年来学费收入的增长相比全国各类高校的增长率有着显著的提升，需要依靠学费增长来维系院校教育教学的正常运转。与美国私立高校相比（见表 9-5），美国私立高校学校数、注册大学生数、学费、教育经费来源总额、人均教育经费、政府投入及人均政府投入的比重均高于中国民办院校的对应数值，其中人均教育经费占全部高校人均教育经费比重 151.2%，人均政府投入占全部高校人均政府投入的 56.8%，两者数据与中国民办院校的对应值数据反差巨大；而中国民办院校国家财政性教育经费占全国比重 1.6%，美国私立高校政府投入比重 15%，反差较大。

表 9-5　　　　　　2016~2017 年度美国私立高校教育经费来源情况

| 项目 | 私立高校 | 公立高校 | 全部高校 | 私立高校比重（%） |
|---|---|---|---|---|
| 学校数（所） | 2737 | 1623 | 4360 | 62.8 |
| 注册大学生数（万人） | 520.5 | 1456.0 | 1976.5 | 26.3 |
| 学费（亿美元） | 884.0 | 792.6 | 1676.6 | 52.7 |
| 教育经费来源总额（亿美元） | 2583.7 | 3907.8 | 6491.5 | 39.8 |
| 人均教育经费（万美元） | 4.96 | 2.68 | 3.28 | 151.2 |
| 政府投入（亿美元） | 279.2 | 1588.9 | 1868.1 | 15.0 |
| 人均政府投入（万美元） | 0.54 | 1.09 | 0.95 | 56.8 |

注：学校数、注册大学生数、教育经费来源总额、政府投入数据中来源于美国国家教育统计中心（NCES），其中美国私立高校数（29422737）为非营利性高校数（16981682）与营利性高校数（12421055）合计结果，全部高校相关数据总额及比重值根据相应数值计算得出。

资料来源：美国国家教育统计中心（NCES），https：//nces.ed.gov/programs/digest/2018menu_tables.asp。

## （二）民办院校教育经费问题成因

从教育经费来源结构上来看（见图 9-6），中国民办院校教育经费来源中学费比重过大，这与经费来源单一及其他经费来源资金有限存在直接关系。

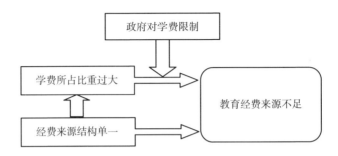

图 9 - 6　中国民办高等教育经费问题结构性成因

**1. 民办院校教育经费受制于学费标准限额**

中国民办高等院校学生交纳的学费通常要受制于政府制定的学费标准（所设限额大小的科学性一般难以考证），而民办院校的生存发展主要还依赖于学费收入。限额的设置将造成民办高等院校无法根据学校的实际发展需要提高学费额度，造成教育经费来源不足。对民办高等院校是否设置学费限额标准也存在着分歧。我们认为，为民办院校设置收费限额是必要的，以防其收费过高甚至乱收费的情况发生。但在实践中，针对民办院校各项经费来源比例及现实状况的不断发展变化，并未采取灵活、有效的政策，也导致了一些民办院校举步维艰。

**2. 民办院校的其他经费来源制约其发展**

由于中国民办院校教育经费来源结构单一，其他教育投资经营项目极其有限，仅仅依靠学费和有限的经费来源难以对民办院校正常发展进行有效支撑。

（1）政府投入不足。主要体现在两个方面：一是民办院校教育经费来源于政府投入不足 1/10，而各类高校则有六成以上的教育经费来源于政府；二是民办院校来源于政府投入仅占各类高校政府投入的 1.6%，但中国民办院校的生源却占全部生源的 18%。对比美国私立高校，其获得政府投入占全部高校来源于政府投入的 15% 以上。

（2）银行贷款困难。根据中国现行法律法规，民办学校的校舍和操场等固定资产被列为公益资产，不能作为银行抵押的资本。民办学校属性为民办非企业的法人单位，不以营利为目的，因此产生的利润空间有限，出于还款能力考量，很难从银行获得贷款。而学校建设与发展需要大量资金，只能通过熟人或关系借款，发展道路困难重重。

（3）其他来源乏力。相对于西方发达国家私立高校发展史而言，新中国的民办院校是近30年兴起的，相关法律、政策尚待完善，与西方私立高校投资回报、捐赠来源、其他事业来源等相比差距悬殊。如美国1958年的《国防教育法》、1963年的《高等教育设施法》和1965年的《高等教育法》等法律，对私立高校尤其是非营利性私立高校建设、学生经济补助与奖励等均有较为具体的规定。

综上所述，一方面，中国的民办教育属于公益性质的教育事业，盈利空间有限，且政府投入相对不足；另一方面，民办院校教育经费的增长受制于政府制定的学费标准的限额，主要的生存发展来源受到限制，同时因其固定资产被列为公益性资产无法作为抵押物进行贷款，因此民办院校的发展遭遇重重障碍。

**3. 民办院校教育经费来源的结构性问题**

民办院校教育经费来源问题成因的结构性问题是制约民办院校健康发展的重要环节，其教育发展和影响力离不开办学质量与管理水平两个重要因素。民办院校的教育经费、管理水平与办学质量三者紧密联系、彼此制约、互相促进（见图9–7）。

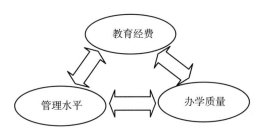

**图9–7　教育经费、管理水平、办学质量之间的关系**

（1）教育经费与办学质量关系。民办院校办学质量的提升能不断扩大其社会影响力，为吸引优质生源提供保障，促进生源数量与质量的同步提升，有助于增加教育经费来源。两者成相辅相成、互相促进的关系。反之，办学质量低导致学校生源减少，而民办院校学费又是教育经费的最大来源，因此生源的减少将会减少民办院校经费，对办学质量产生不利的影响，难以与其他高校形成有效竞争。而办学质量又反过来限制占教育经费比重最大的学费的提升，其教育经费来源很难保证。如果学生中途退学将会对学费收入造成较大冲击，故而学校一般会采取降低授课和考核难度等措施，进而又会影响民办院校的办学质量。

（2）教育经费与管理水平关系。民办院校良好的管理水平能促进教育高质量发展，并提升其他投资的回报率和其他事业性来源等项目收益，从而促进教育经费总额的增加，而教育经费的增加反过来又可以更好地进行管理培训、聘请较高水平的管理团队，从而提升教育管理水平。相对而言，民办院校管理水平较低，财务管理粗放，缺乏长远的战略眼光，存在短期行为（刘学民，2016）[①]，导致教育经费来源结构中的投资回报、其他事业性来源等项目难以对总体教育经费进行支撑。有限的教育经费往往投入院校教学运营和人员开支方面，无法更好地进行培训及聘请水平较高的管理人员。如民办院校决策通常以营利为目的，而不利于民办教育的可持续发展。

（3）管理水平与办学质量关系。不断提高民办院校管理水平，能持续提升教育质量、更好地将有限的教育资源配置到关键领域，发挥教育资源的最佳效能，从而有效地促进办学质量的提升；而较高的办学质量对管理水平又提出了更高的要求，进而能促进管理水平的不断提升。一些民办院校教育管理体制不健全、职责不明确，其董事会或决策大多成为董事长的"一言堂"，决策很难实现科学与规范（黎军和宋亚峰，2017）。由于教育管理水平不高，造成教学理念相对落后、师资力量相对薄弱，办学质量难以提升。低质低效的教育管理效能，导致民办院校办学质量的进一步降低，更难以吸引优质的专业人才加盟教学及管理团队，无法形成办学质量与管理水平的良性互动。

## 四、民办院校教育经费筹集策略

2002 年颁布的《民办教育促进法》规定：民办学校在扣除办学成本、预留发展基金以及按照国家有关规定提取其他的必需的费用后，出

---

① 刘学民. 试论如何提高民办高校财务管理水平［J］. 经济师，2016（12）：176－177.

资人可以从办学结余中取得合理回报。这一规定为民办教育发展和投融资提供了法律保障。这里从结构性和综合性视角来释析民办院校经费筹集策略。

## （一）结构性视角解决民办院校经费问题的策略

### 1. 政府持续加大支持力度

民办院校是高等教育的有益补充，理应享受与其他公办院校同等的权利。政府应持续对民办院校的引领和帮扶，在税收、贷款和用地等方面给予更多的优惠政策，尤其应对非营利性民办院校加大投入力度。政府可根据院校办学质量区分投入力度，通过"马太效应"和市场机制实现优胜劣汰，从而提升民办院校的办学质量和管理水平。

对不同性质和类型的民办院校采取不同的政策。根据《民办教育促进法》规定，民办教育属于公益性的教育事业。非营利性民办高等教育为准公共产品，其成本应由政府与消费者共同承担；而营利性民办高等教育的私人产品属性较强，受教育者应承担较多成本，资源配置中市场的作用更大。纯公益性民办院校的性质和公立院校基本一致，二者应作为同一类型院校对待，在享受免税待遇的同时给予必要的财政支持，促进民办院校有序科学发展。

对非营利性民办院校，政府除财政支持以外，要在税收优惠和用地等方面给予便利。政府应加强对非营利性民办院校的财务监督力度，避免其将政府资金挪作他用。对微利性民办学校，应在税收优惠政策给予适当倾斜，以此鼓励更多民间资本投入高等教育事业。对营利性民办院校应给予国家高等教育政策下自主办学权限，以商法规范其融资行为，因其与一般商业性投资类似，从公平税负原则出发实行与企业统一的税收政策，但考虑教育的外部性问题，也可给予一定的税收优惠政策。

### 2. 民办院校实施弹性收费

对营利性民办院校的学费收费标准应按照不同地域和不同性质的学校设置不同的标准，并给予一定的弹性空间。营利性民办院校学费标准应由市场决定，其办学水平高、社会认可度高，收取高额的学费无可厚非，若学校自己设置过高的收费标准，可能遭遇一定的生源危机。为抑制民办院校收费过高或乱收费情况的发生，设置必要的收费限额是可取的。

规定营利性民办院校学费限额应根据市场经济发展规律和本地区发展水平制定相对较高的限定标准，以利于民办院校经费的可持续增长和自身发展需要，并根据现实的发展变化做出适时调整，不让学费收取成为民办教育发展的阻滞因素。尤其是对口碑好、影响力强的优质民办院校，应给予其充分赋权，发挥市场对教育资源的调节作用，实现高等教育供需双方的有效对接。

### 3. 创新民办院校融资方式

民办院校因为高等教育经费来源有限，其贷款融资需求较大。但民办院校作为非营利性的事业单位，贷款融资受到了国家法律的制约而面临巨大困难，因此可调整法律相关条款，才能更加有利于民办高等教育的科学发展。面对国家法律的制约，民办院校应积极自谋出路，探索融资新途径，在不触犯国家法律的前提下，创新高等教育融资方式。

例如，浙江省温州市的民办院校融资体制改革措施值得借鉴，其民办院校的收费权、办学权、著作权和商标权等均可以质押贷款，以解决民办院校贷款难题。银行应不断创新贷款方式，给予各类民办院校不同的贷款选择，共同维护民办院校的合法权益，为其顺利融资提供合法渠道。

### 4. 支持民办院校获取捐赠

中国民办院校获取外界捐赠有限，在各项经费来源中所占比重约为0.4%，而美国私立高校捐赠来源在各项经费来源中占比约为11%，二者差距明显。因此，仍需社会上形成良好氛围，构建捐资助学激励机制，充分激发社会各界的捐赠热情。如通过捐赠额抵消纳税等手段，对民办院校捐赠组织及个人，可根据其捐赠额度抵消捐赠者的部分个人所得税及所办企业的企业所得税等。

对民办院校获取的捐赠经费，政府可通过官方慈善机构和公益组织给予一定比例的配套资金。充分发挥民办院校募集资金的能力和社会各方的援助，让公益教育事业不再单纯是某一方的责任，真正发挥社会联动效应。同时，应设立全国统一的民办教育捐赠基金会，加强统一募集及监管能力，使其成为全国权威性的募捐组织，持续为优质但出现资金问题的民办院校提供有效保障。

此外，可通过投资回报丰富捐赠形式。各基金会可利用富裕的募捐资金投资一些风险小且具有一定回报的项目，盘活现有教育资本，发挥有限教育资源的再造能力，并为民办院校学生提供一定的实习、实训岗位，促进募捐教育事业的健康发展，提升民办高等教育的融资能力。

### （二）综合性视角解决民办院校经费问题的策略

破解教育经费问题的综合性视角需要对教育经费、办学质量、管理水平三者施加综合影响，发挥整体效应。但三者综合效能的发挥需要构建一个综合平台，该主要包括评价、公示、规范、外部资本及监管等分支平台。综合平台对学校教育经费的直接作用关系如图9-8所示。

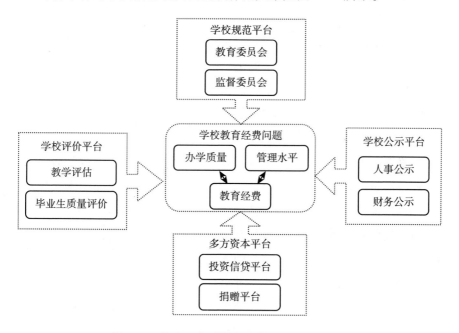

**图9-8 综合平台对教育经费问题的直接作用**

### 1. 综合平台的直接作用

（1）院校规范平台。民办院校办学质量和管理水平离不开规范的运作，才能不断提升高等教育效能。教育委员会与监督委员会的人数、规章应在政府备案，并由政府审查确认。

——教育委员会。教育委员会由专职教师组成，主要负责院校的教育教学及学术、科研等工作的监察工作。院校教育教学及学术等重大事项应由教育委员会集体商议，教育委员会经过表决同意方可执行，否则提议无效。

——监督委员会。由投资者、教学人员、管理人员三方成立监督委员会，对院校的人事、财务状况进行监督。院校每年的财务预算、人事需求信息及用人信息应向监督委员会提交，经监督委员会表决同意，结果方能生效。

（2）院校评价平台。院校评价平台主要包括教学评估和毕业生质量评价两个方面，分别由政府与用人单位创建，多方共同参与评价。两者是院校教育教学质量的重要反映，通过监督与评价，以评促建，促进院校教育质量和管理水平的提升。

——教学评估。教学评估由政府负责，是对院校办学质量的检验。目前高校的本科评估已经形成一定的平台，民办院校的本科教学评估标准与公办院校相差不大[1]。由于民办院校起步相对较低，且教育经费来源无法与公办院校相比，所以对民办院校的教学评估应结合现实制定相应的评估标准。

——毕业生质量评价。在国家和省级层面设立用人单位对全部高校类型毕业生质量的评估平台。由行业协会牵头，用人单位作为主体参与方构建全国和省级高校毕业生综合评估平台。中央及地方的高校就业管理组织可通过问卷调查对评估的标准征询社会意见，评估结果应向社会公布，并由第三方进行监督，保障评估结果的客观、公平、有效。

（3）院校公示平台。院校公示平台主要对院校人事和财务通过政府官方网站进行公示，监督学校日常人事变动与财务状况。由政府组建，重点监督非营利性民办院校，保障院校的规范运作；非营利民办院校的政府官方人事与财务公布平台的建立，能有效监督其运行，有效避免暗箱操作。

——人事公示。人事公示包括人才需求信息、人事变动信息、人事招

---

[1] 根据教育部《普通高等学校本科教学工作合格评估实施办法》的内容，在所有的20个二级指标中，只有办学思路与领导作用中的"1.2 领导作用"与教师队伍中的"2.1 数量与结构"两个二级指标中的部分内容民办高校有调整。

考信息、招聘结果公示和职称晋升信息等。用人的基本标准由政府统一规定，如需破格须经政府审批，确保人才引进质量，同时为优秀人才提供公平公正的竞争机会。

——财务公示。财务监督定期由专业的审计部门审计，结果及时公报。对审计的结果按质量划分等级，最低等级的院校挂红牌警示，限期整改，拒不整改施以一定的惩处措施。

（4）资本公示平台。资本公示平台由政府、学校、投资机构、信贷机构四方共同建设，包括投资信贷平台和捐赠平台。各平台应互联互通，便于信息的共享与资源的有效配置。如院校可在资金需求平台发布资金需求信息，以便信贷平台中的信贷机构、投资平台中的投资机构、捐赠平台中的捐赠基金会及个人及时与之对接。

——投资信贷平台。由投资平台、信贷平台组成。投资平台由投资机构发布欲投资的项目领域及地域、投资数额等信息；信贷平台由信贷机构发布信贷要求、金额、利息等信息。

——捐赠平台。全国统一的民办院校捐赠平台都有其各自独立的账号，捐赠者可捐给平台的统一账号，也可选择目标院校进行捐赠，接受政府部门监督管理。捐赠项目可分为研究项目、助学金、奖学金和基础设施建设等，捐赠信息应及时向社会公布，包括捐赠的来源及去向、详情分析等，严禁挪用。

综合平台具体分类详如表9-6所示。

表9-6　　　　　　　　综合平台的设立、监察部门与公开范围归类

| 平台类别 | | 设立部门 | 公开范围 | 监察部门 |
|---|---|---|---|---|
| 院校规范平台 | 教育委员会 | 学校 | 学校 | 政府 |
| | 监督委员会 | 学校 | 学校 | 政府 |
| 院校评价平台 | 教学评估 | 政府 | 社会 | 政府 |
| | 毕业生质量评估 | 用人单位 | 社会 | 政府 |
| 院校公示平台 | 人事公示 | 政府 | 社会 | 政府 |
| | 财务公示 | 政府 | 社会 | 专业审计机构 |
| 资本公示平台 | 投资信贷平台 | 政府 | 社会 | 政府、专业审计机构 |
| | 捐赠平台 | 政府 | 社会 | 专业审计机构 |

**2. 综合平台的间接作用**

综合平台对教育经费问题破解的间接作用主要表现在政府、用人单位、资本方利用综合平台对解决教育经费问题的间接作用（见图9-9）。

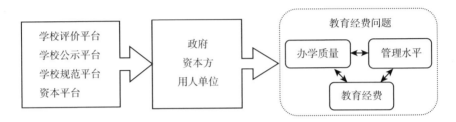

图9-9　综合平台对教育经费问题破解的间接作用

（1）政府部门。政府可根据民办院校运行状况、办学质量及资金需求的合理性进行资源的优化配置，定期考评其人事、财务和融资等存在的问题，使有限的资金发挥最大效能，便于及时调整和优化资助策略。政府可依据学校评价平台的数据及结果，判断学校教学和毕业生培养质量，提升财政资金投入的科学性，在公平公正原则的基础上激发其办学热情，科学施政并提升管理质效。

（2）多方资本。投资和信贷机构可通过民办院校的综合平台掌握动态信息及规范运作的水平，特别是财务状况可作为投资者投资决策的重要参考依据，以使教育资本配置更趋科学高效，促进民间资本对民办教育的投入，拓展民办院校的资金来源渠道。社会公众可依据综合平台的评价结果为捐赠教育提供必要的参考，发挥捐赠者和校方的正向激励作用，促进捐赠资金真正发挥应有的效能。

（3）用人单位。用人单位的评价为民办院校人才培养提供了重要导向，属于依据市场原则优化资源配置范畴，使人才供需双方有效衔接，提高市场决定人才培养走向的配置效率。民办院校为顺应人才市场、产业发展升级等需求，不断优化生源配置，及时调整人才培养结构与规格，进而持续提高人才培养质量和学校声誉，有助于拓展学校经费来源渠道，助推学校科学持续改进。

# 第二节

## 个人教育投资及其学费

个人教育投资是个人为接受教育所进行的投资行为，教育私人受益特征决定了个人作为教育投资的主体。随着个人教育层次的提升，其投资收益率亦会随之提升。教育对个人未来发展、职业收入及未来社会地位等都有正向效应，可激发个人对教育的投资热情。个人教育投资选择与教育学费制度密切相关，政府和学校应根据区域经济发展状况、个人平均收入水平对教育学费适时规划与调整。

### 一、个人教育投资的影响因素

个人教育投资的影响因素是多方面的，影响个人非义务教育阶段及民办教育成本分担比例的因素主要取决于教育发展战略、经济发展水平及个人收入状况、金融市场发达程度。

第一，非义务教育发展战略影响教育财政经费投入状况。政府重视教育发展，将其视为社会经济发展中具有前瞻性和战略性发展地位的基础产业，则会加大教育财政拨款和财政投融资的比例。当政府投入比例足够大时，个人教育投入则会相对减少，反之个人投入教育将会相对增加。

第二，经济发展水平及个人收入状况决定个人投资能力。经济发展水平提高，个人收入也将随之增长，所分担教育成本能力增强。经济发展水平较低的地区，个人不愿意把有限资金投入教育。若政府免除学费或让人个人承担较少的教育成本，可使更多经济困难的学生享有教育的机会。

第三，金融市场发达程度会直接影响个人的信贷水平。不健全的金融体系会导致个人教育资金的困难，只有金融市场发达，受教育者才能通过金融系统投入教育资金。对不能借入而又缺乏资金的家庭消费仅为所赚取的收入（萨克斯和拉雷恩，1997），部分贫困家庭的教育资金需要政府扶持才能克服其困境。

## 二、个人教育学费标准管理

### （一）学费标准的合理性原则

#### 1. 学费标准的公平原则

公平原则主张所有人不论家庭出身、社会地位、职位高低和职业领域一律平等的原则。教育公平是社会关注的热点，反映在学费上即教育受益者的自我负担。学校是教育服务的提供者，学生是教育服务的接受者，尤其是民办学校就是靠收取学费得以延续，因此对教育受益者收费是公平合理的。中国义务教育实行免费政策，其目的是提高全民族基础文化知识和素养，基本不涉及个人融资问题。高等教育作为准公共产品除国家财政投入外，个人作为直接受益者承担部分教育经费是理所当然的，其经费主要包括学费、住宿费、书费和杂费。

#### 2. 学费标准的机会均等原则

均等原则主张消除经济、性别、信仰等差异，提供所有人均等的机会。义务教育作为免费教育应按照均等原则，尽量提供每一个人均等的教育机会。在计划经济时期，中国教育收费实行的是机会均等政策，学校通常仅收取较低的学杂费，基本上免收任何学费。高等院校学生作为国家培养的精英人才，属于国家统一安排和调控的对象，学生免费上学毕业后无条件服从国家分配。伴随市场经济的确立与发展，中国高等教育理念发生了根本性改变，按照市场机制以机会均等和谁受益谁缴费原则面向每位学生，对非义务教育学生按照一定标准收取部分成本费（学费），这也是非义务教育院校生存发展的必然选择，符合社会主义市场经济规律。

### （二）规范个人学费收费标准

然而，作为公益性组织的教育机构是不能完全按照市场化的原则进行收费的，学费标准既与国家教育政策有关，也与社会经济发展水平、政府意愿、高校发展状况、个人收入水平和劳动力市场需求等诸多因素有着直接关系。学费作为高等教育经费的重要来源，是解决高等教育供给不足的重要渠道。国家现行法律法规规定：高等学校学费占年生均教育培养成本的比例最高不得超过 25%，具体比例必须根据经济发展状况和群众承受能力分步调整到位；民办学校对接受学历教育的受教育者收费的项目和标准，应报价格主管部门批准并公示。由此可见，我国教育收费是以非义务教育阶段的收费和民办、私立教育收费为主，这也是减轻政府财政负担的重要举措。

　　学费的收费标准是伴随社会公众生活水平的提高而呈现上涨态势。伴随着经济的发展和学费的增长，社会公众对教育的需求并未降低，相反似有大幅度提升的趋势。这主要是由于改革开放富起来的人们对促进自身发展性消费更加重视，若要在经济社会立足，其所拥有过硬的知识和技能是先决条件，故而人们更愿意把资金投入教育中来。同时，由于现代化社会大生产和管理现代化对技能型与学术型人才的需求日益增长，导致教育未来收益水平不断提高，通过接受良好的学习和教育，个人在未来的劳动力市场可占据更加有利的位置，因此学费标准的提高对人们投资教育热情的阻滞是相对有限的，对缓解学校教育经费压力起到了一定的辅助作用。

## 三、个人教育投资的非确定性

　　由于教育投资与收益的时滞与人力资本市场价格波动均造成了个人教育收益的不确定性，因此个人教育投资具有不确定性的特征。个人接受教育的成本可分为直接成本和机会成本，其直接成本包括学费、住宿费、书费和交通费等；机会成本是个人因为接受教育而延误就业、工作和经营等造成的经济损失等。而个人教育收益主要反映在对未来预期收入的增长上，如果个人认为接受教育的成本与收益相匹配，其教育融资也将处于心理平衡状态。但由于教育具有非完全信息的市场特性，故此教育收费价格标准往往不能与其服务价值相匹配。

　　在教育市场中，买方的个人与作为卖方的教育组织的地位是不平等的，卖方相对买方具有一定的主动性。个人与教育组织之间往往是不对称的博弈，买方所购买教育服务信息不可能完全掌控，故而难免会出现偏差而做出错误选择。这将会影响社会资源的整体配置效率和社会福利的最大化，进而影响教育融资效率。因此，作为以个人教育融资为主构建辅助性制度设计，政府必须对教育收费进行规制，减少个人分担教育成本的不确定性，核定个人分担教育成本的合理比例，这将有助于提高个人参与教育融资的水平，提升教育融资的效率。

## 第三节 社会教育捐赠资金规制

目前，社会捐赠不仅是民政部门的一项日常性工作，也是街道、居委会等基层组织工作的重要内容，并逐步扩展为政府机关、社会团体、企事业单位、各类学校、人民解放军、武警官兵和热心群众积极响应的一种奉献爱心的公益活动。教育的社会捐赠与公益捐助有着一定的差异，因而有必要研究两者的关系，以及社会捐赠的现实困境与规制问题。

### 一、社会捐赠相关概念的界定

捐赠指没有索求地把有价值的东西给予别人，一般是指为公益事业或慈善项目等向社会的个人或组织筹集资金或物资等财产并由捐赠者自愿无偿捐赠的行为与活动。为更好地了解相关的法律制度，让捐赠活动在实践中充分地发挥其作用，有必要对社会捐赠和公益捐赠的概念进行界定。一般认为，社会捐赠是个人或社会团体出于爱心，自愿无偿地向公益性社会团体及组织、某个群体、组织或个人捐赠资金或财产进行救助的公益活动。

社会捐赠的主体包括募集者、捐赠者和受助者。根据捐赠性质的不同，可分为公益捐赠和非公益捐赠两种类型。其中，前者是指募集者为公益事业所发起的捐助活动；后者是指募集者为救助处于困难的特定个人或群体而发起的捐助活动。从受益对象来看，公益募捐的收益方往往不是特定的，即捐助者只知道捐赠活动的目的，而事先也不清楚具体的收益对象。而非公益募捐的收益对象通常是特定的，捐赠者不仅知道捐赠活动的目的还清楚知道具体的受益对象。

公益捐赠是指个人或组织为发展社会公益事业或资助不特定的社会成员而无偿地向公益性社团法人、事业单位法人或慈善机构、临时募捐组织及个人做出捐赠财产或权利的意愿，经由受赠主体做出接受其捐赠的意思表示，从而成立并履行的合同行为。① 我国 1999 年颁布的《中华人民共和国公益事业捐赠法》（以下简称《公益事业捐赠法》）明确规定适用为自然人、法人或其他组织，自愿、无偿地向依法成立的公益性社会团体或公益性非营利的事业单位捐赠财产，并用于公益事业的范畴。②

1999 年的《公益事业捐赠法》规定，受捐赠方包括公益性社会团体和公益性非营利的事业单位两种组织类型，其他团体组织则不受此范围的约束。该法只适用于少部分公益捐赠行为，而大部分慈善捐赠则属于社会募捐行为，是由一定的组织单位或个人为特定的受助对象向社会发起募捐的行为，其中发起募捐倡议的一方为募捐者，自愿无偿捐赠的一方为捐赠者，接受捐赠的一方为受助者。

## 二、社会捐赠与公益捐赠异同

### （一）社会捐赠与公益捐赠的共同点

第一，不以营利为目的。社会捐赠与公益捐赠具有慈善性质，都是为社会公共利益或救助对象的利益而提供的无偿捐助活动。

第二，自愿的捐助行为。社会捐赠与公益捐赠均属于自愿、无偿的捐助行为，不存在任何一方的利益交易或被迫行为。

第三，捐助的不确定性。社会捐赠与公益捐赠的捐赠方通常是不确定性的，捐助活动也往往不属于定向帮扶或指定性的捐助。

---

① 吴勇敏，竺效. 论公益捐赠行为的法律性质［J］. 浙江大学学报（人文社会科学版），2001（4）：132－139.

② 参见《中华人民共和国公益事业捐赠法》第二条的规定。

### （二）社会捐赠与公益捐赠的差异性

第一，捐赠目的的差异。社会捐赠的受助者通常是特定的，是处于困难中需要社会帮助的特定个人或群体，其捐赠资金或物品具有针对性。而公益捐赠是以公益事业为目的进行自愿无偿的捐助，且《公益事业捐赠法》明确规定的公益事业范围主要包括：环境保护和社会公共设施建设；科学、教育、文化、卫生和体育事业；促进社会发展、进步的其他社会公共、福利事业。

第二，主体资格的差异。社会捐赠的捐赠者通常是特定的组织或单位或个人（特殊情况下），捐赠者和受助者的社会关系一般是较为密切的，可能是从属关系。而公益捐赠的接纳方一般是根据国家法律正式成立的公益性社会组织，如基金会、慈善机构和非营利性事业单位等，通常是接纳方在接收捐赠款项后再把捐赠资金或物品用于社会中需要帮助的个人或群体。

第三，捐赠方式的差异。社会捐赠通常是受捐者发出捐赠倡议（要约），捐赠者自愿接受要约并承诺捐赠，受助者是捐赠活动的发起者和倡议者。而公益捐赠则通常是为救助社会困难的个人、群体或发展公益性事业，由个人或组织自发、自愿、无偿地向合法的公益性组织、非营利性事业单位等捐赠资金和物品，多是捐赠者自主发出要约而实施公益捐赠行为的发生。

第四，适用法制的差异。社会捐赠行为适用的法律制度主要包括《中华人民共和国企业所得税法》《中华人民共和国个人所得税法》《社会捐赠资金审计实施办法》《社会福利企业管理暂行办法》《社会福利机构管理暂行办法》等；而公益捐赠行为适用的法律制度包括《中华人民共和国公益事业捐赠法》《基金会管理条例》《救灾捐赠管理办法》等。非公益捐赠则无专门的法律制度规范进行制约，但非法行为除外。

## 三、社会捐赠现实困境与规制

中国在社会教育捐赠方面的主要问题是慈善机构数量偏少，公信力不强，募捐能力弱；社会捐赠税收减免比例较低，难以激励捐赠行为；慈善专项相关的法律法规不健全等。当前，中国捐赠助学融资占教育融资的比例极其小，亟须加强完善，因而应加强政府、社会和学校多方的联动合力，扭转当前教育捐助的被动局面。

### （一）社会捐赠融资的困境

造成当前社会教育捐助融资问题的原因主要有社会经济发展水平不高、人们的捐赠观念和意识较弱，以及相关的法律政策不健全。

第一，社会捐赠力量薄弱。社会资本和财富发展不均衡，大型企业发展还不成熟，主动捐赠民办教育公益事业的积极性不高。加之捐赠税收激励政策较少，捐赠方缺乏引导力。

第二，捐赠筹资观念保守。民办学校主动争取社会捐赠意识不强，被动接受教育捐赠或等待上门捐赠仍是当前很多学校的普遍做法，故而应变被动为主动去筹集捐赠资金。

第三，学校捐赠重视不足。民办学校没有制定吸引和规范社会捐赠的制度和组织机构，多数学校处于空白状态。因此，学校应重视教育捐赠工作，推进社会捐赠助学活动。

### （二）社会捐赠融资的规制

第一，法规层面的规制。作为规范教育捐赠活动的第一层制度建设，相关的捐赠助学法律法规起到统领作用，只有做好第一层制度建设，相关工作才能依法顺利开展，捐赠助学活动才具有公信力。通过建立和完善相关的捐赠助学法律法规，激励社会力量投身民办教育事业，并给予捐赠者一定经济和荣誉上的回馈，提升社会捐赠的积极性。

第二，政策层面的规制。借鉴欧美国家普遍实行的税收激励政策，针对个人和企业所得税、个人财产税及遗产税等给予优惠。以英国遗产税为例，其税率相对较高，但社会捐赠部分可适度抵消遗产税，对捐赠助学起到一定的激励作用。中国可实施相应的税收激励政策，强化民办教育捐赠激励水平，吸引社会力量投资捐助教育事业。

第三，理念层面的规制。随着社会经济的发展进步，人们越来越注重精神层面的追求，企业在社会中的奉献和责任。社会的有识之士主动捐助支持教育公益事业，体现了对人性的关怀和对弱势群体的关注，实现了自身的人生价值。因此，应在社会上倡导并形成这种价值理念风尚，从思想观念上促使社会各界对民办教育公益事业的捐助支持。

第四，管理层面的规制。自主筹资是教育资源的重要渠道，也是学校谋求自身长远发展的应有之义。学校应根据自身的发展特点设计切合实际的筹资模式，建立并完善募捐组织。规范教育捐赠基金会的运作，发挥捐赠资金的最大效益。对捐赠机构和个人应给予其参与学校发展和管理权限，促进日后的教育融资和社会各界参与学校的合作发展。

第五，政府层面的规制。政府应制定相应的减免税和奖励机制、财政补助和贴息等政策，引导和激励各类社会团体、企业组织和个人向学校及教育基金委员会等公益组织捐赠钱物，积极支持教育公益事业发展；为民办学校融资提供良好的环境和渠道，在全社会倡导捐赠助学公益活动，带动和鼓励更多的社会志士主动投身教育事业。

第六，社会层面的规制。中国历来有重视发展教育事业的优秀传统，民办学校是社会发展的重要组成部分，地方教育与当地经济、文化及社会发展关系较为紧密。而地方优秀企业、成功人士可充分发挥自身在地方教育事业中的积极作用，以支持当地教育为己任，通过校企联合、企业冠名和设立奖励基金等方式，提升企业及个人的社会影响力。

第七，学校层面的规制。民办学校有着教学、研究和服务社会的重要职能，可结合地域特色确定办学宗旨和人才培养方案，不断提升教育质量和管理水平。与地方政府和企业紧密合作，及时解决社会经济发展中面临的问题，真正让企业和社会切实感受到学校对推动当地经济发展的重要作用，进而积极主动支持教育事业，破解学校融资难题。

## 第四节　民间借贷教育资金分析

民间借贷自古有之，是古今中外广泛存在的民间金融活动，伴随互联网经济的发展日益繁盛。民间借贷作为投融资市场的重要补充，现已由生产经营与消费性借贷并重向生产经营性借贷转化，成为学校、企业及个人融资的重要手段之一。伴随民间借贷的兴起，许多非法网贷平台乘虚而入，造成了比较严重的社会不良影响，因此应予以重视与规范。

## 一、民间借贷的基本特点

民间借贷相对银行贷款更容易获取，贷款资金获取时间更短，且手续更简单。按银行的正常贷款程序，企业申请银行贷款大约需要 1 个月的时间方能获取资金，即便是长期合作客户，最快也要 10 天左右；而民间借贷效率相对较高，一般则只需 3~5 天甚至更短的时间即可获得所需资金，因此备受大众尤其是一些青少年学生的青睐。其基本特点主要体现在以下几方面。

第一，借贷手续较为简单。银行贷款通常需要提供企业营业执照、代码证书、验资报告、会计报表和购销合同等诸多材料，民间借贷通常不需上述材料，也无须办理公证等程序，通常只需考察房产证明及还贷能力等并签订合同即可，手续简单、耗时少。

第二，借贷资金效率较高。银行贷款期限通常为定期形式，而民间借贷资金可灵活运作，即借即还，高效周转，适合中小企业、个体经营资金使用及周转频率较高的情形。但民间借贷多为高利贷性质，其利率远高于银行贷款利率。

第三，借贷条件相对较低。中小企业、个体经营贷款风险大、管理成本高，因此通常是在银行通过抵押贷款的方式进行融资。而民间借贷相对银行来说普遍门槛较低，因此更加适合中小企业及民企、私营急需资金的情况。

第四，借贷成本费用节省。民间借贷能省略公证、鉴定、验资、抵（质）押登记等手续，可节省相关的手续费和时间。正因为相对传统融资的优势特色才使得民间借贷得以发展，在相关监管不到位的前提下甚至有过度发展的趋势。

## 二、民间借贷与银行贷款

因银行贷款的相对优势，多数人申请贷款时会选择申请银行贷款，因为银行贷款安全可靠，利率相对较低。但银行贷款的审批相对较严，当借款人无法通过银行成功获贷时，会选择贷款门槛相对较低的民间借贷。

### （一）民间借贷与银行贷款的区别

第一，贷款要求。银行贷款对贷款人的资信及偿还能力要求较高，通常不会把钱贷给风险较高的用户；而民间借贷则不同，只要用户具备一定的偿还能力，不管贷款人是银行黑户或是收入、偿还能力较低，通常均可办理民间贷款业务。

第二，贷款利率。金融机构的收益和风险是对等的，即若贷款门槛较低，为弥补风险通常贷款利率就会较高；而银行通常要求较为严格，银行风险相对较低，贷款利率也相对较低。而民间借贷则不同，其贷款利率远高于银行贷款利率。

第三，放款速度。银行贷款要求严格，审批流程复杂缓慢，且用户较多、业务量大、放款速度较慢；而民间借贷以实体店和网上经营的形式开展，通常只需借贷双方签订贷款合同后即可放款，速度快得惊人，甚至是当天办理当天放款。

### （二）民间借贷的优势与弊端

民间借贷作为金融市场的一种补充，发挥了融资市场不断拓展的积极作用。其优势包括：一是民间借贷促进了地方经济发展，尤其是私营经济和中小企业的发展；二是弥补了银行信贷的不足；三是民间借贷对地方金融机构市场化发展起到一定的促进作用。

民间借贷在发挥积极作用的同时，其消极及负面效应也不容忽视。其弊端包括：一是冲击国家货币政策；二是容易造成部分企业、经营者无序贷款，形成不良循环；三是容易发生债务危机，由此引发的恶性事件影响社会稳定，尤其是大学生"裸贷"造成了极其恶劣的影响。

# 三、民间借贷的案例分析

## (一) 法院受理的民间借贷案

### 【案例 9-1】民间借贷的新特征及其风险防控

伴随民间借贷的兴起，江苏省苏州市法院受理的相关案件数量居高不下，年均收案量保持在 1 万件以上，并以每年 5% 的幅度递增。2016 年 1~11 月，全市法院已受理民间借贷一审案件 13059 件，同比上升 15%，占全市法院民事案件收案总数的 10.9%。可见，民间借贷纠纷较为常见。民间借贷伴随经济发展大环境的变化也呈现出一些新的特征。据苏州中院民四庭沈法官介绍，这些新特征集中表现为"四个转变"。

第一，从借贷目的而言，由传统的熟人、亲友间生活消费型借贷向以赚取息差或经营、投资目的为主的新型盈利性借贷转变。传统民间借贷主要发生于亲友、熟人之间，借款用途也多用于购房、装修、嫁娶的短期生活消费。但近年来，受银行融资趋紧、市场主体资金周转困难等因素影响，因创业投融资或企业生产经营周转所需借贷的情况日益多发，而放贷群体也已突破传统范围，专门"吃息差"的群体不断增多，借贷也从传统的互帮互助行为演化成一项新型投融资行业。

第二，从借贷金额而言，由传统的千、万级的小额借贷向百万、千万级的大额借贷转变。近年来，法院受理的民间借贷一审案件涉案标的额不断增大。据不完全统计，案均标的额从 2010 年的 12.2 万元升至 2015 年的 57.3 万元。2016 年以来，苏州市法院受理的一审案件中，起诉金额最高达到 3.1 亿元本金及 1.7 亿元利息。

第三，从担保设定而言，由传统的无担保借贷向多人联保、抵押担保并存的借贷形式转变。以往的民间借贷的借贷双方彼此熟悉，借期短、金额低，出借人对于借款人的人品及还款能力也都较有信心，故通常不会要求借款人另行提供担保；而当下借贷双方之间往往并不具有较高的信任度，加之借期长、金额高，出借人为保证资金安全，通常都会要求借款人提供房产抵押或多人联保。实践中，由互保资金链断裂所引发的系列诉讼也不鲜见。

第四，从基础关系而言，由传统的单一型向复合型转变。当前，许多民间借贷纠纷看似简单的用款关系背后，往往隐藏着买卖纠纷、承揽纠纷、不当得利纠纷、劳资纠纷等深层次矛盾，甚至与非法集资诈骗等刑事案件相交织。也有别有用心的人将民间借贷视为非法牟利的一条捷径，有的试图把赌债和毒债等非法债务以民间借贷方式"洗白"，有的采取预扣利息、将高额利息计入本金等方式隐藏高息，还有的债权人与债务人"手拉手"进法院，虚构债务或隐瞒事实，侵害第三人合法权益。

为有效规避各类风险，苏州中院还发布了典型案例，从借款交付、借贷合意、举证责任分配、夫妻债务认定等多个角度，向公众传达和说明借贷过程中易发的风险点：一是留足凭证，出借款项尽量要求借款人出具书面借据凭证，款项交付优先选择银行转账；二是及时主张，借款到期后应及时向债务人催讨还款以防超过诉讼时效；三是谨慎签字，切莫碍于朋友情面，随意在借条上签字；四是诚信还款，借款人借款后应及时按约还本付息，维护个人信誉，避免记入失信黑名单。

（资料来源：苏州新闻网—城市商报，http://www.subaonet.com/2016/1222/1901106.shtml）

**案例分析：**上述案例说明，民间借贷虽有风险，但一些风险仍然是可控的。控制相关风险可从留足证据、及时主张、谨慎签字、诚信还款等方面入手。因此，面对纷繁复杂的民间借贷环境，必须擦亮双眼及时作出理性的甄别与判断，降低相关借贷风险，有效规避不必要的争端与损失。通过提前预判和学习相关法律和金融知识，将风险降至最低水平。

### （二）校园贷引发的借贷案例

### 【案例9-2】借款8万元还了14万元还欠100万元

春城晚报、开屏新闻记者从云南经侦大队获悉，随着P2P兴起，多如牛毛的网络贷款平台纷纷上线，不少非法"校园贷"开始转入校园寻找机会，以方便、快捷、低息、低成本为诱饵，设置多种消费合同陷阱，诱骗消费欲望强的大学生贷款消费，合同签订后用多种手段让贷款利滚利，导致"暴力催债""裸条借贷"甚至"欠贷自杀"等案件发生。不要以为非法"校园贷"的受害者只存在于网络贴吧和新闻里，我们周围有一些大学生深受其害。"网上小额信贷平台往往水很深，套路多、陷阱多，大家通过这些平台进行借款筹款时，千万要小心，以免上当受骗！"据昭通市彝良县公安局经侦大队通报：一名毕业不久的彝良籍女大学生从2016年大三时起，先后从60多个网贷平台借款共8万元，导致债台高筑，拼命连本带息还款14万余元后，至今还欠下近100万元巨债……

**为虚荣心。**女大学生从网贷平台借款8万元。家住彝良县角奎镇的赵某夫妇带着大学毕业不久的女儿小梅，到彝良经侦大队报案。通过仔细询问，得知背后真相的民警不禁大吃一惊。原来，2016年小梅在外地读大三，也就是从这个时候起，为了满足自己的虚荣心和高消费欲望，小梅不惜以高额利息的代价，相继从60个网上小额信贷平台进行借贷，借款金额从450元至5000元不等，一共借了8万元本金。

据了解，小梅遭遇了网上小额信贷平台的各种套路和陷阱。例如，她在某钱包借贷平台借了450元，借款周利息就为110元，并在借款中扣除利息，她实际到手的只有340元，而一个月后单是利息就得还出440元，已接近本金。到期后，小梅偿还不了本金及利息，该平台工作人员向她推荐其名下的其他借贷平台，让小梅在其他平台再次借贷，借来的钱用来偿付之前所欠的本息，让小梅从一个借款陷阱进入另一个借款陷阱。也正是这样，小梅所借款项犹如滚雪团一样越滚越大，在她已还款14万余元后却还欠下这些平台100余万元的巨额债务。

**苦不堪言。**父母和亲友昼夜遭催债电话骚扰。更让小梅及家人愤怒的是，当时小梅在网上信贷平台借贷时，同意平台方从后台操作控制她的手机，其手机内储存的相关信息全部被平台方所掌控。债台高筑的小梅无法按期偿还近100万元的巨债，平台便对其手机内存储的所有联系电话进行拨打，不仅不分昼夜地打电话给小梅的父母催款，小梅的很多亲戚朋友也都收到平台方催款电话，且是24小时不间断地打，搞得她的亲戚好友们叫苦不迭。

**网贷平台套路多。**网上小额信贷平台套路多，被称为"套路贷"，常见手法如下：第一步是阴阳合同，合同上的借款数额大，实际拿到手的极少；第二步是制造银行流水，借贷人需要到银行把钱取出让对方拍照，拍照后再把钱收走；第三步是延误你还债时间让你还不成钱，等你违约后对方才会现身，此时你原本还得起的钱已还不起了；第四步是平账，对方替你"着想"平账，越平账你欠款的数额就越大。10 万平成 30 万，30 万平成 100 多万，不过是眨眼间的事儿；第五步是收网，或去法院告你，或贴身紧逼，或暴力恐吓，到了这步，对方合理合法手续齐全，借款人根本没有办法。

**这些人容易中招**。民警根据案例分析认为，下面这几种人最容易被心怀鬼胎的网上小额平台盯上或下套：一是贪慕虚荣型，这类人爱慕虚荣，不惜借高利贷满足个人消费；二是常识缺乏型，这类人缺乏基本的金钱概念和理财能力；三是轻侮父母型，这类人认为父母碍事，总想露一手给父母瞧瞧，等发现情形不对而无法补大窟窿时，回家抱着父母大腿哭；四是单纯型，这类人如一张白纸，人家说什么就信什么，唯独不信父母的苦口婆心；五是杠精型，这类人最讨厌父母说教，总觉得成年人小题大做，不过是借上万儿把块钱，怎么可能还不上？这一借，就死定了。

**如何远离非法"校园贷"**？首先，你得做"学霸"。多熟悉金融理论知识，理性分析贷款实际利率标准，这样才能在面对非法校园贷的高利率和合同条款时有据可依，练就对非法校园贷业务及其变种形式的甄别和抵制能力。其次，要学会"勒紧腰带过日子"。学生的主要任务是学习和成长，不盲目攀比，不贪图享乐，合理安排生活支出，做到量入为出、勤俭节约、理性消费、科学消费。要提醒身旁的同学和校友，天下没有免费的午餐，不要上了不法分子的当。最后，要使用"法律武器"。要加强法律法规知识学习，时刻绷紧自我保护这根弦，保护好个人信息和隐私，注意留存相关凭据。当合法权益遭受损害时，第一时间与同学、老师和家长商量，要学会用法律武器保护自己。如果不小心掉入非法校园贷的陷阱，遇到不法催债人、暴力催债人时一定要及时报警，并勇敢地与父母沟通。同时保留借贷双方转账记录、银行流水、聊天记录等相关凭证。

**非法"校园贷"的常见形式**。目前，国家规定只有银行业金融机构可为大学生提供合法合规的信贷服务。下面几种形式的非法"校园贷"遇到时要提高警惕：一是高利贷，根据最高法规定，借贷双方约定年利率未超过 24% 应予支持，约定利率在 24%～36% 系自然债区，若超过 36% 则定为高利贷而不予支持；二是裸条贷，不法债主通过要挟借贷者以裸照或不雅视频作为贷款抵押证据的行为；三是传销贷，不法分子借助校园贷款平台招募大学生作为校园代理并要求发展学生下线进行逐级敛财；四是刷单贷，利用大学生求职心理，以贷款购物刷单获取佣金名义进行的新型诈骗；五是多头贷，主要指因从多个非法"校园贷"平台进行贷款，形成一种"以贷还债"式的多头贷；六是培训贷，打着金融创新旗号的"培训贷"实为"校贷"的新变种，专门坑骗涉世未深的大学生。因此，借钱之前一定三思而后行，不要轻易陷入非法校园贷的陷阱。（记者刘嘉、申时勋；通讯员罗开礼）

（资料来源：云南网—春城晚报，http：//society. yunnan. cn/html/2018 - 05/26/content_5223196. htm）

针对纷繁复杂日益增多的校园贷案例，2016 年 9 月教育部办公厅发出了《关于开展校园网贷风险防范集中专项教育工作的通知》，要求各地各高校要利用秋季开学一段时间，面向广大学生，特别是大学新生集中开展校园网贷风险防范专项教育工作，以防网贷骗局进一步扩大蔓延，乃至对学生造成人身伤害。要通过教育引导工作提升学生的认知水平，通过风险防范工作降低校园贷风险，通过精准帮扶工作缓解贫困学生求学压力。

**案件分析**：民间借贷虽能为学生解决燃眉之急，但一些非法的借贷平台乘虚而入，利用网络平台为大学生提供超出法律规定的高利贷。名义上利息很低，实际上是以担保金、保证金取而代之。加之部分大学生贪图享乐，辨别能力差、金融知之甚少，极易落入网贷的深渊。此外，以提供贷款前需缴纳担保金、保证金的名义，反复要求受害人汇款。由于大学生没有固定收入来源，尤其是一些来自贫困家庭的学生，就此走上了还贷的不归路。因此，作为大学生应擦亮双眼，充分意识到网贷的风险，为预防上当受骗乃至误入歧途，应做好以下防范措施。

第一，选择银行等正规融资，避免落入不法平台陷阱。伴随网络金融的飞速发展，网贷融资平台纷繁复杂、真假难辨，不乏以坑害大学生根本利益为目的网站，因此大学生贷款前必须严加防范。应选择正规的融资平台，以银行贷款为主，减少上当受骗的概率。现阶段互联网金融监管力度欠缺，各类正规网贷平台与非法平台将在很长时期内并存，大学生更应提高警惕，避免各类悲剧重复上演。一旦上当受骗，应及时报警或通过法律手段挽回损失，防止犯罪分子逍遥法外，继续坑害他人。不断提升自身法律意识，不给不法分子以可乘之机。

第二，严守个人信息及证件安全，规避个人信息风险。众多学生贷案例提供了重要的启示，面对纷繁复杂的网络信息，大学生要不断提高甄别能力。尤其在涉及填报或提供个人基本信息时，要倍加谨慎，对姓名、身份证号、银行卡账号、家庭住址等信息要严格保密。一旦被不法者利用，就会造成个人信誉和利益损失，甚至触犯法律。如果个人信息被网贷诈骗分子利用，个人遭受的不仅是现金损失，个人征信体系可能也会出现不良记录，严重影响自己未来的贷款融资。若出现相关不法案件，广大学生要善于拿起法律武器保护自己的合法权益。

### （三）民间借贷的规范和监管

第一，完善相关法律法规体系，规范监管民间借贷行为。其内容主要包括：明确民间借贷的法律地位，国家及相关部门应完善现行法制与民间借贷不相容的条款，尽快出台民间借贷的法制规范，保障民间借贷合法化；打击非法集资、地下钱庄、金融诈骗等违法活动，保障民间借贷合法权益；明确民间借贷范围，规范民间借贷主体权责、准入条件、投向范围、利率水平和违法惩处等；运用税收调控功能激励民间借贷的良性运行与发展，有效防控不良贷款的发生。

第二，加强服务监控体系建设，推动民间借贷良性运作。其内容主要包括：加快征信体系建设进程，共享征信资源，让民间借贷主体通过征信系统随时查询对方的信用状况，更好地规避民间借贷风险，减少民间借贷纠纷；加强对民间借贷的监控，人民银行和金融监管部门应密切监视民间借贷资金流向、利率变化情况，避免其违规操作；推进法律中介服务建设，鼓励公证机构和律师事务所开展公证和法律咨询及服务等业务，为民间借贷提供优质的法律服务。

第三，创新发展借贷运营模式，弥补常规借贷资金不足。其内容主要包括：创新社团互助型借贷模式，借助各种社会团体，开展有偿筹资，扩大民间借贷筹资面；创新自主投资型借贷模式，引导大额民营自有资本建立民间小额贷款组织从事专业放贷业务，满足不同群体的资金需求；创新个人委托型借贷模式，充分发挥银行等金融机构及专业投资机构的信用中介功能，为个人委托信贷服务，实现民间借贷主体双方有效对接，保障借贷双方的合法权益。

# 参 考 文 献

［1］北京师范大学教育改革与发展研究中心.2000年中国教育发展报告——教育体制的变革与创新［M］.北京：北京师范大学出版社，2000.

［2］［美］布里姆莱，贾弗尔德.教育财政学：因应变革时代（第九版）［M］.窦卫霖，主译.北京：中国人民大学出版社，2007.

［3］柴效武.高校学费制度研究［M］.北京：经济管理出版社，2003.

［4］陈共.财政学（第十版)［M］.北京：中国人民大学出版社，2020.

［5］陈国良.教育财政国际比较［M］.北京：高等教育出版社，2000：70.

［6］陈国良.中国基础教育财政政策的历史考察［J］.教育与经济，1997（4）：50-55.

［7］陈继勇，彭斯达.知识经济对美国经济周期的影响［J］.世界经济，2002（11）：43-46.

［8］陈朗平，付卫东，刘俊贵.免费义务教育政策下教育财政公平性研究［J］.教育研究，2010（12）：8-13.

［9］陈列.市场经济与高等教育：一个世界性的课题［M］.北京：人民教育出版社，1998.

［10］陈雪锐.我国重大公共政策制定的过程分析——以十八届五中全会为例［J］.智富时代，2016（4）：153-154.

［11］陈友松.中国教育财政之改进（120年纪念版）［M］.北京：商务印书馆，2017.

［12］陈振明.政策科学［M］.北京：中国人民大出版社，1998.

［13］陈志勇.英国高等教育财政拨款体制研究［D］.武汉：华中师范大学，2007.

[14] 储晓宇. 十九大报告与十八大报告教育发展思想之比较 [J]. 天水行政学院学报, 2018 (3): 30-33.

[15] 戴金南. 我国义务教育财政体制的演变及存在的问题 [J]. 当代教育论坛, 2011 (1): 55-57.

[16] 杜育红, 孙志军. 中国义务教育财政研究 [M]. 北京: 北京师范大学出版社, 2009.

[17] 范先佐. 教育经济学新编 [M]. 4版. 北京: 人民教育出版社, 2015.

[18] 方晓东, 等. 中华人民共和国教育史纲 [M]. 海口: 海南出版社, 2002.

[19] 费正清. 剑桥中国晚清史 1800—1911 (上卷) [M]. 北京: 中国社会科学出版社, 1985.

[20] 冯俏彬. 适应改革矫正扭曲 调整财政教育支出结构 [J]. 财政研究, 2002 (12): 21-25.

[21] [荷] 弗兰斯·F. 范富格特. 国家高等教育政策比较研究 [M]. 杭州: 浙江教育出版社, 2001.

[22] 高斌宇. 改革开放以来我国收入分配差距问题的研究 [D]. 兰州: 兰州理工大学, 2011.

[23] 官风华, 魏新. 高等教育拨款模式研究 [J]. 教育研究, 1995 (2): 23-29.

[24] 郭沫若. 关于文化教育工作的报告 [A]. 中央教育科学研究所. 中华人民共和国教育大事记 [M]. 北京: 教育科学出版社, 1983.

[25] 国家教育发展研究中心. 2001年中国教育绿皮书 [M]. 北京: 教育科学出版社, 2002.

[26] 韩保君, 韩晓东, 李丽. 论我国高等教育资源的有效供给 [J]. 西北大学学报 (哲学社会科学版), 2003 (1): 145-147.

[27] 韩民. 关于义务教育财政体制的改革 [J]. 国家高级教育行政学院学报, 2001 (1): 23-27.

[28] 何东昌. 全国教育事业十年规划和"八五"计划要点 [A]. 中华人民共和国重要教育文献 [M]. 海口: 海南出版社, 2003.

[29] 何东昌. 十二大指明了开创教育事业新局面的道路 [N]. 人民日报, 1982 – 10 – 03.

[30] 何东昌. 中华人民共和国重要教育文献 [M]. 海口: 海南出版社, 1998.

[31] 何振一. 理论财政学: 第二版 [M]. 北京: 中国财政经济出版社, 2005.

[32] 贺国庆, 等. 外国高等教育史 [M]. 北京: 人民教育出版社, 2003: 389.

[33] 贺祖斌, 等. 2012 年中国高等教育十大事件盘点——"2012 年高等教育大事"学术沙龙 [J]. 广西广播电视大学学报, 2013, 24 (1): 5 – 15.

[34] [瑞典] T. 胡森, [德] T. N. 波斯尔斯韦特. 教育大百科全书教育经济学 [M]. 重庆: 西南师范大学出版社, 2011.

[35] 胡德鑫. 国际比较视野下我国高等教育对经济增长的贡献研究——基于 1996—2014 年的数据 [J]. 现代教育管理, 2017 (9): 41 –46.

[36] 胡久权. 论积极的高等教育财政金融策略 [J]. 财经理论与实践, 2000 (5): 122 – 123.

[37] 黄令. 建国后我国高等教育学费制度变迁的路径与特征 [J]. 高教探索, 2010 (6): 54 – 58.

[38] 黄卫红. 我国农村基础教育发展的财政投入政策分析 [J]. 杭州电子科技大学学报 (社会科学版), 2005 (3): 17 – 20.

[39] 家庭经济困难学生资助政策概览 [N]. 中国青年报, 2012 – 08 – 31 (5).

[40] 贾士毅. 民国财政史 (第一编) [M]. 北京: 商务印书馆, 1911.

[41] 江泽民. 加快改革开放和现代化建设步伐, 夺取有中国特色社会主义事业的更大胜利 [A]. 何东昌. 中华人民共和国重要教育文献 [M]. 海口: 海南出版社, 2003.

[42] 焦青霞. 教育财政投入与经济发展 [M]. 北京: 经济管理出版社, 2014.

[43] 教育部. 共和国教育 50 年 [M]. 北京: 北京师范大学出版社,

1999.

[44] 教育部. 深化教育改革，全面推进素质教育——第三次全国教育工作会议文件汇编 [Z]. 北京：高等教育出版社，1999.

[45] 教育部统计室. 全国教育经费统计：二十二、二十三年度 [M]. 北京：商务印书馆，1937.

[46] 赖红梅. 中国高等教育财政政策的公平取向 [J]. 闽西职业技术学院学报，2014，16 (4)：62 –65.

[47] 黎军，宋亚峰. 我国民办高校发展现状及对策研究——高等教育普及化阶段到来前的思考 [J]. 教育与教学研究，2017 (2)：50 –57.

[48] 李嘉图. 政治经济学及赋税原理 [M]. 郭大力，王亚南，译. 南京：译林出版社，2011.

[49] 李文利，魏新. 论学生资助对高等教育入学机会的影响 [J]. 北京大学教育评论，2003 (3)：83 –89.

[50] 李振宇，王骏. 中央与地方教育财政事权与支出责任的划分研究 [J]. 清华大学教育研究，2017，38 (5)：35 –43.

[51] [美] 理查德·A. 金，[美] 奥斯汀·D. 斯旺森，[美] 斯科特·R. 斯威特兰. 教育财政——效率、公平与绩效 [M]. 3 版. 北京：中国人民大学出版社，2010.

[52] 栗玉香，冯国有. 我国教育财政效率的问题　影响因素　对策选择 [J]. 国家教育行政学院学报，2009 (11)：44 –48.

[53] 栗玉香. 我国教育财政资源配置理念变迁的逻辑与历程 [J]. 河北师范大学学报 (教育科学版)，2005 (3)：63 –69.

[54] 廖楚辉. 教育财政学 [M]. 2 版. 北京：北京大学出版社，2016.

[55] 林采宜. 公共财政教育支出的国际比较 [J]. 财新网，2019 –11 –06.

[56] 林日荣. 中国教育对经济增长的贡献测算 [J]. 有色金属高教研究，2000 (6)：31 –36.

[57] 林平. 论我国工业化的基本方针 [J]. 新建设，1953 (9).

[58] 刘俊贵，等. 中国教育财政研究报告 2012 [M]. 北京：教育科学出版社，2013.

[59] 刘连环，田平凤，魏志敏. 农村基础教育财政投入政策问题及对策 [J]. 经济与管理，2004 (2)：24 - 25.

[60] 刘明国，潘永波. 共同富裕视野下政府与市场的分工——兼论工业品和农业品之间单向价格传导机制 [J]. 河北经贸大学学报，2015，36 (5)：47 - 52.

[61] 刘明国. 新经济学原理（微观）[M]. 北京：中国社会科学出版社，2011.

[62] 龙舟. 我国教育财政制度改革变迁研究 [J]. 当代教育理论与实践，2009，1 (4)：7 - 9.

[63] 娄成武. 教育经济与管理 [M]. 北京：中国人民大学出版社，2008.

[64] 吕杰，冯晓. 我国义务教育财政政策演进、效果及述评 [J]. 北方经贸，2013 (4)：61 - 64.

[65] 吕炜，等. 高等教育财政：国际经验与中国道路选择 [M]. 大连：东北财经大学出版社，2004：44 - 45.

[66] 吕炜. 有中国特色的公共财政体系的三个层次 [J]. 经济研究参考，2003 (39)：13.

[67] 吕炜. 转轨过程中的财政职能界定与实现：基于体制的评价与改革 [J]. 世界经济，2006 (11)：85 - 94.

[68] 罗湖平. 中国农村义务教育经费投入体制的理性回归之路——基于公共产品理论的视角分析 [J]. 武汉科技大学学报（社会科学版），2010 (2)：68 - 71.

[69] 马克思. 资本论（第一卷）[M]. 北京：人民出版社，1975.

[70] 马陆亭. 高等教育财政拨款模式改革研究 [J]. 北京教育（高教版），2006 (5)：14 - 18.

[71] 马永霞. 改进中国高等教育财政的设想 [J]. 教育与经济，2002 (4)：29 - 31.

[72] 毛东庆，王逸辉. 不同层级政府的财政职能思考 [J]. 湖北社会科学，2007 (11)：84 - 86.

[73] 毛建青，谢玲霞. 我国教育财政支出与经济增长关系的研究综

述［J］. 现代物业，2014（5）：18 – 19.

［74］毛泽东. 毛泽东选集（第五卷）［M］. 北京：人民出版社，1977.

［75］闵维方，陈晓宇. 中国高等教育经费需求与投资体制改革［J］. 教育研究，1994（12）：30 – 38.

［76］闵维方. 高等教育成本补偿政策的决策依据［J］. 科学决策，1997（6）：3 – 7.

［77］宁本涛. 教育财政政策［M］. 上海：上海教育出版社，2010.

［78］牛定柱. 东西方财政职能演进的启示与思考［J］. 云南财贸学院学报，2006（2）：32 – 36.

［79］庞辉，兰文巧. 英国大学生资助政策的发展研究［J］. 世界教育信息，2006（8）：26 – 28.

［80］彭久麒. 财政集中收付制及其对高校的改革导向［J］. 人大复印资料·高等教育，2003（11）：36 – 40.

［81］彭久麒. 财政集中收付制及其对高校的改革导向［J］. 西南民族学院学报，2003（5）：89 – 91.

［82］［日］青木昌彦. 政府在东亚经济发展中的作用［M］. 北京：中国经济出版社，1998.

［83］璩鑫圭，唐良炎. 中国近代教育史资料汇编·学制演变［M］. 上海：上海教育出版社，1991.

［84］［美］萨克斯，［美］拉雷恩. 全球视角的宏观经济学［M］. 上海：上海三联书店，上海人民出版社，1997.

［85］商丽浩，田正平. 中国教育财政近代化研究［J］. 教育研究，2003（10）：56 – 61.

［86］商丽浩，田正平. 中国教育财政制度近代化的历史走向［J］. 教育研究，2001（4）：73 – 77.

［87］商丽浩. 中国教育财政史论［M］. 杭州：浙江大学出版社，2011.

［88］石中英. 教育哲学［M］. 北京：北京师范大学出版社，2008.

［89］宋秋蓉. 当今世界高等教育经费来源多元化趋势［J］. 教育与经济，2003（3）：47 – 51.

［90］宋友春，申琦. 构建和谐社会财政职能定位思考［J］. 财政研

究，2006（6）：30-32.

[91] 苏兆斌. 地方教育投融资创新研究 [M]. 北京：经济科学出版社，2018.

[92] 唐英. 高等教育财政体制改革：国际经验与中国选择 [J]. 高教发展与评估，2007（2）：47-57.

[93] 田恩舜. 试论高等教育的成本分担与补偿机制 [J]. 山西财经大学学报，2003（5）：22-27.

[94] 王秉琦，邱必震. 教育结果公平：大学提高教育质量的应然追求 [J]. 国家教育行政学院学报，2013（7）：9-12.

[95] 王炳明.21世纪初期我国义务教育财政政策变革探析 [J]. 赣南师范学院学报，2008（4）：41-44.

[96] 王红. 教育规划纲要实施以来教育经费投入情况分析 [J]. 教育经济评论，2016，1（1）：27-45.

[97] 王璐，孙明. 英国大学生学费与资助政策改革及启示 [J]. 比较教育研究，2006（7）：52-57.

[98] 王蓉，田志磊. 迎接教育财政3.0时代 [J]. 教育经济评论，2018，3（1）：26-46.

[99] 王善迈. 公共财政框架下公共教育财政制度研究 [M]. 北京：经济科学出版社，2012.

[100] 王善迈，袁连生，等. 重构中国公共教育财政体制 [A]. 从人口大国迈向人力资源强国 [M]. 北京：高等教育出版社，2003.

[101] 王曙光. 财政税收理论与政策研究 [M]. 北京：经济科学出版社，2019.

[102] 王小利. 中国教育投入的财政政策分析 [J]. 财政研究，2004（4）：14-15.

[103] 王孝泉. 福建财政史纲 [M]. 中国台北：文海出版社影印，1935.

[104] 魏新. 教育财政学简明教程 [M]. 北京：高等教育出版社，2000.

[105] 吴得民. 中国转型时期的收入分配差距问题研究 [D]. 成都：西南交通大学，2009.

[106] 吴忠观. 经济学说史 [M]. 成都：西南财经大学出版社，1995.

[107] [美] 小弗恩·布里姆莱，[美] 鲁龙·R. 加弗尔德. 教育财政学——因应变革时代 [M]. 9 版. 窦卫霖，主译. 北京：中国人民大学出版社，2007.

[108] 谢安邦，谈松华. 全国义务教育学生质量调查与研究 [M]. 上海：华东师范大学出版社，1997.

[109] 谢秀英. 我国义务教育财政问题探析 [J]. 陕西师范大学学报（哲学社会科学版），2003（1）：101－107.

[110] 辛涛，黄宁. 教育公平的终极目标：教育结果公平：对教育结果公平的重新定义 [J]. 教育研究，2009（8）：24－27.

[111] 许正中，等. 教育财政绩效与人力资本战略 [M]. 北京：中国财政经济出版社，2014.

[112] 杨东平. 教育蓝皮书：深入推进教育公平（2008）[M]. 北京：社会科学文献出版社，2008.

[113] 杨灿明. 财政职能辨析 [J]. 财政研究，2006（7）：22－25.

[114] 杨会良. 当代中国教育财政发展史论纲 [M]. 北京：人民出版社，2006.

[115] 叶世昌. 古代中国经济思想史 [M]. 上海：复旦大学出版社，2003.

[116] 袁贵仁. 深化教育领域综合改革 [N]. 中国教育报，2013－11－20（1）.

[117] 袁连生，何婷婷. 中国教育财政体制改革四十年回顾与评价 [J]. 教育经济评论，2019（1）：11－37.

[118] 袁连生. 中国教育财政体制的特征与评价 [J]. 北京师范大学学报（社会科学版），2011（5）：10－16.

[119] 袁连生. 转轨时期的教育财政 [M]. 北京：经济科学出版社，2016.

[120] 张红峰. 英国高等教育基金委员会拨款方法的变迁研究 [J]. 中国高教研究，2017（5）：62－67.

[121] 张民选. 理想与抉择——大学生资助政策的国际比较 [M]. 北京：人民教育出版社，1998.

[122] 张泰金. 英国高等教育历史·现状 [M]. 上海：上海外语教育出版社，1995.

[123] 张雨馨. 迎接教育财政 3.0 时代——访北京大学中国教育财政科学研究所所长王蓉 [N]. 中国财经报，2018 - 03 - 05 (3).

[124] 赵宏斌，孙百才. 我国教育财政决策机制的路径分析例 [J]. 教育理论与实践，2016 (4)：14 - 17.

[125] 赵晓江. 教育财政与经济增长 [M]. 北京：高等教育出版社，2014.

[126] 中国第二历史档案馆. 中华民国史档案资料汇编（第三辑）[M]. 南京：江苏古籍出版社，1991.

[127] 中国第二历史档案馆. 中华民国史档案资料汇编（第五辑）[M]. 南京：江苏古籍出版社，1994.

[128] 中华人民共和国教育部. 深化农村教育改革　加快农村教育发展：全国农村教育工作会议文件汇编 [M]. 北京：人民教育出版社，2004.

[129] 中华人民共和国教育部办公厅. 教育文献法令汇编（内部发行）[Z]. 1962.

[130] 中央教育科学研究所. 中华人民共和国教育大事记（1949—1982）[M]. 北京：教育科学出版社，1984.

[131] British Government. Further and Higher Education Act 1992 [EB/OL]. [2017 - 12 - 11]. http：//www. legislation. gov. uk/.

[132] Browne L. An Independent Review of Higher Education Funding and Student Finance [EB/OL]. (2011 - 12 - 12). http：//www. independent. gov. uk/browne-report.

[133] Charity Financials. Higher education spotlight report：income trends for UK [EB/OL]. [2017 - 11 - 15]. http：//secure. charityfinancials. com/reports. aspx?_ga = 1. 226223321. 2123895515. 1487502284.

[134] Department for Business，Innovation and Skills. Higher Education：Students at the Heart of the System [EB/OL]. [2017 - 02 - 02]. https：//www. gov. uk/government/consultations/higher-education-white-paper-students-at-

the-heart-of-the-system.

［135］ Ehrlich. On the Relationship between Education and Crim ［EB/OL］. 1973：313 – 338. http：//www. nber. org/chapterslc3702.

［136］ HEFCE. Business Plan 2015—2020：Creating and Sustaining the Conditions for a World-leading Higher Education System ［EB/OL］. ［2017 – 12 – 13］. http：//www. hefce. ac. uk/about/plan/.

［137］ HEFCE. REF 2014 Results ［EB/OL］. ［2017 – 02 – 10］. http：//www. hefce. ac. uk/.

［138］ HEFCE. Teaching Excellence Framework：Year Two Additional Guidance ［EB/OL］. ［2017 – 02 – 10］. http：//www. hefce. ac. uk/.

［139］ Johnston R. England's New Scheme for Funding Higher Education through Student Fees："Fair and Progressive"?［J］. Political Quarterly, 2013, 84 (2)：200 – 210.

［140］ Robbins Committee on HigherEducation. Report of the Robbins Committee on Higher Education ［R］. HMSO, 1963, Appendix L：60.

［141］ Salter B, Tapper T. The State and Higher Education ［M］. The Woburn Press, 1994：201.

［142］ The Department of Education. The Higher Education ( Higher Amount) (England) Regulations 2016 ［EB/OL］. ［2017 – 11 – 19］. http：//www. legislation. gov. uk/uksi/2016/1206/made.